Collection « L'esprit économique »

fondée par Sophie Boutillier et Dimitri Uzunidis en 1996
dirigée par Sophie Boutillier, Blandine Laperche, Dimitri Uzunidis

Si l'apparence des choses se confondait avec leur réalité, toute réflexion, toute Science, toute recherche serait superflue. La collection « L'esprit économique » soulève le débat, textes et images à l'appui, sur la face cachée économique des faits sociaux : rapports de pouvoir, de production et d'échange, innovations organisationnelles, technologiques et financières, espaces globaux et microéconomiques de valorisation et de profit, pensées critiques et novatrices sur le monde en mouvement...
Ces ouvrages s'adressent aux étudiants, aux enseignants, aux chercheurs en sciences économiques, politiques, sociales, juridiques et de gestion, ainsi qu'aux experts d'entreprise et d'administration des institutions.

La collection est divisée en six séries :

Dans la série *Economie et Innovation* sont publiés des ouvrages d'économie industrielle, financière et du travail et de sociologie économique qui mettent l'accent sur les transformations économiques et sociales suite à l'introduction de nouvelles techniques et méthodes de production. L'innovation se confond avec la nouveauté marchande et touche le cœur même des rapports sociaux et de leurs représentations institutionnelles.

La série *Economie formelle* a pour objectif de promouvoir l'analyse des faits économiques contemporains en s'appuyant sur les approches critiques de l'économie telle qu'elle est enseignée et normalisée mondialement. Elle comprend des livres qui s'interrogent sur les choix des acteurs économiques dans une perspective macroéconomique, historique et prospective.

Dans la série *Le Monde en Question* sont publiés des ouvrages d'économie politique traitant des problèmes internationaux. Les économies nationales, le développement, les espaces élargis, ainsi que l'étude des ressorts fondamentaux de l'économie mondiale sont les sujets de prédilection dans le choix des publications.

La série *Krisis* a été créée pour faciliter la lecture historique des problèmes économiques et sociaux d'aujourd'hui liés aux métamorphoses de l'organisation industrielle et du travail. Elle comprend la réédition d'ouvrages anciens, de compilations de textes autour des mêmes questions et des ouvrages d'histoire de la pensée et des faits économiques.

La série *Clichés* a été créée pour fixer les impressions du monde économique. Les ouvrages contiennent photos et texte pour faire ressortir les caractéristiques d'une situation donnée. Le premier thème directeur est : mémoire et actualité du travail et de l'industrie ; le second : histoire et impacts économiques et sociaux des innovations.

La série *Cours Principaux* comprend des ouvrages simples, fondamentaux et/ou spécialisés qui s'adressent aux étudiants en licence et en master en économie, sociologie, droit, et gestion. Son principe de base est l'application du vieil adage chinois : « le plus long voyage commence par le premier pas ».

L'économie sociale et solidaire à l'épreuve du terrain

Aspirations solidaires et réalités humaines

5-7, rue de l'École-Polytechnique ; 75005 Paris

http://www.editions-harmattan.fr/

ISBN : 978-2-336-64046-4
EAN : 9782336640464

Bernard Dumaz et Francis Odier

L'économie sociale et solidaire à l'épreuve du terrain

Aspirations solidaires et réalités humaines

L'Harmattan

Des mêmes auteurs :

Bernard DUMAZ :

- Guadeloupe : économie agricole – Le malaise à fleur de sable. Editions CETRAL * L'Harmattan, 1986
- Rencontres avec des bien-portants. Editions Jean Curutchet, 1998

Francis ODIER :

- Le Crollois – Essai de politique locale. Editions Groupe CCEE, 2018
- À quoi servent les enquêtes publiques ? Plaidoyer pour la démocratie participative, Editions Campus Ouvert, 2024.

Les auteurs ne souhaitent dégager aucun avantage financier de cet ouvrage. Les droits d'auteur seront reversés en intégralité au fonds de dotation familial *La Poule Rousse* qui a aidé les associations dans lesquelles nous sommes engagés :

- *AIMA*, *Allons Imaginer un Monde d'Amitiés*, pour stimuler le réemploi de mobilier professionnel
- *Passerelles*, pour l'accueil et l'accompagnement de personnes exilées.

Note des auteurs

Les outils numériques et l'intelligence dite *artificielle* permettront au lecteur de trouver aisément les sites internet des organismes cités dans le livre. De même, la littérature sur l'économie sociale et solidaire, son histoire, ses enjeux, est abondante et facilement accessible. C'est pourquoi nous avons modéré les références et notes de bas de page.

Pour des raisons culturelles, générationnelles et de lisibilité, nous n'avons pas adopté l'écriture inclusive. Nous espérons que ses adeptes ne nous en feront pas grief.

L'écriture à deux auteurs a conduit à des hétérogénéités stylistiques. Nous les avons conservées, notamment car nous sommes viscéralement attachés au respect et à la valorisation de la diversité.

Nous utilisons le *nous* pour le corps du texte, pour les analyses et opinions sur lesquelles nous sommes en accord, et le *je* pour les témoignages personnels.

Les exemples et cas réels rapportés ont un rôle illustratif pour appuyer le propos et accompagner la réflexion des lecteurs. Ils n'ont aucune valeur de preuve et ne se prétendent pas représentatifs, ce qui serait hors d'atteinte compte tenu de la diversité des situations réelles.

Le livre raconte une société, des structures et des personnes en mouvement. L'arrêt sur image des situations évoquées a été fait au printemps 2026.

Certains prénoms ont été changés. Nous sommes reconnaissants à toutes les personnes rencontrées dans nos activités professionnelles et bénévoles pour leur contribution, souvent involontaire, à notre formation humaine et intellectuelle et, in fine, au présent retour d'expérience.

Sommaire

Prologue

Ce livre est un travail en binôme. Il vient de l'idée que nous, les deux auteurs, avons le goût de l'action collective et, à notre manière, de la politique, au sens premier du terme, l'organisation des choses de la cité. Nous avons des parcours similaires : école d'ingénieur, implication continue dans le milieu associatif et une furieuse envie d'en discuter, d'en témoigner.

Peu enclins à œuvrer dans les domaines étudiés, nous avons opté, chacun de notre côté, pour des carrières professionnelles s'écartant des chemins proposés. L'un a choisi le conseil en entreprises, l'autre la formation. Parallèlement, nous nous sommes engagés dans des associations comme bénévoles, jusqu'à ce que nos engagements, à l'approche de la retraite, deviennent à temps plein avec des mandats à responsabilité.

Notre amitié, forgée sur les bancs d'une école d'agronomie, enrichie par nos proximités idéologiques et notre passion commune pour la montagne, l'escalade et les expéditions lointaines, a survécu à la fameuse crise des *amis de trente ans*[1] traversée par Chirac et Balladur en 1995. Nous nous sommes lancés dans cette écriture pour partager nos expériences. Celles-ci se sont construites au fil de rencontres, d'orientations guidées par nos présupposés en matière de relations humaines et de management, et à l'épreuve des réalités.

Un fil conducteur s'est imposé pour relier nos tranches de vie et la diversité des organisations que nous avons côtoyées, bien au-delà du secteur associatif : l'Economie Sociale et Solidaire (ci-après, l'ESS : vous ne serez pas surpris que le sigle apparaisse souvent). En effet, malgré tout le flou qui entoure cette notion, c'est elle qui rassemble le mieux les tentatives, plus ou moins abouties et fructueuses, de travailler pour le bien commun en s'efforçant de tenir à distance le pouvoir de l'argent.

L'ESS répond à des désirs de progrès. Elle mobilise *des gens* comme vous et nous qui, chacun à leur manière, pensent que *certaines choses* pourraient changer dans la société et agissent, travaillent, s'activent ou militent dans ce sens. En fédérant, au moins d'après la loi, les associations,

---

[1] Guillaume Tabard, 25 septembre 1993 : le divorce des « amis de trente ans » - dans La malédiction de la droite, Editions Tempus, 2022.

les coopératives, les mutuelles, les fondations et certaines entreprises commerciales triées sur le volet, l'ESS ressemble à la Terre : des grands continents qui dérivent lentement, dont le télescopage donne du relief aux problèmes sociétaux et suscite leur questionnement ; des frontières entre statuts issus de l'histoire et que l'on aurait tort de croire intangibles ; des îles et archipels aux identités incertaines ; des courants d'idées qui persistent au-delà des saisons et des époques ; du mouvement et des migrations partout car ce monde-là est ouvert.

Les préoccupations qui nourrissent les désirs de progrès abondent. Leur formulation dépend du moment et du regard. Aujourd'hui, tout le monde ou presque[2] ressent dans ses tripes ou son intellect que la société a besoin de plus de cohésion et de solidarité. Depuis les années 1980, la montée continue des inégalités, désormais bien documentée par Thomas Piketty et ses émules, mine le pays de l'intérieur, suscitant des tensions pouvant dégénérer en violences et en mises à distance de la politique, à rebours de l'idéal républicain. Les injustices et la pauvreté font prospérer les boucs émissaires, l'autoritarisme et les droites de toutes sortes en profitent indéniablement.

Compléter la liste des problèmes qui nous accablent ne requiert aucun effort : mal logement, sécession des élites, persistance du chômage de longue durée, incertitudes existentielles sur la pérennité des démocraties, érosion de la biodiversité, effets délétères du changement climatique, etc. Hier, nous avions le chômage de masse et bien d'autres maux encore. Demain, tout ne sera pas rose, il restera du gris. Le but de ce livre n'est pas de nous livrer à un inventaire des questions sociales, éthiques, environnementales, politiques ou économiques auxquelles nous sommes collectivement confrontés. Chacun a sa perception de ce contexte et lira les pages qui suivent à l'aune de sa situation et de sa subjectivité.

Le livre évoque l'ESS telle que nous l'avons vécue. À partir de récits sur des cas réels, complétés de lectures et entretiens autour de nous, nous essayons d'en cerner le cœur, ce qui fait sa force, et d'identifier les conditions de succès. Prenant de la distance avec la définition légale figurant dans la loi Hamon (2014), nous identifions un noyau spécifique centré sur des valeurs, des finalités, l'insertion dans les mouvements citoyens, la place des bénévoles, le tout pouvant constituer une cible désirable de société.

---

[2] Le *presque* vise les libertariens assumés, plutôt rares en France, qui défendent bec et ongles une liberté totale, l'individualisme, l'élitisme.

Notre regard sur l'ESS nous conduira à faire la part du feu, débusquer les faux-nez et renforcer les exigences requises pour faire vraiment partie de cette belle famille. Nous devrons être vigilants pour garder en ligne de mire les finalités. L'ESS n'est qu'un moyen, parmi d'autres, de progrès pour les sociétés. Compenser les failles, combler les trous et réparer les dégâts de l'économie *classique* ne feront jamais un projet de société. Il faudra pousser l'investigation plus loin, cultiver l'espérance et se demander si l'ESS, en prenant ces trois mots au sens propre, peut faire aussi bien et même mieux que les configurations sociales et économiques précédentes et existantes qui ont, ne l'oublions pas, apporté la prospérité dont nous, Bernard, Francis et beaucoup d'autres, bénéficions.

Au regard de l'immensité de la tâche, notre expérience vécue dans ou avec l'ESS est minuscule. Néanmoins, avec les années, notre binôme a parcouru de nombreux terrains sociaux et solidaires. Nous en avons côtoyé beaucoup que le lecteur verra mentionnés au fil des pages. Nous nous sommes enracinés dans quelques-uns, la formation pour adultes, l'insertion, l'économie circulaire, la protection de l'environnement. Bien sûr, l'expérience seule ne suffit pas. Nous sommes aussi nourris de rencontres et de lectures dont on trouvera un aperçu en fin d'ouvrage.

À la manière de l'éther, *fluide subtil emplissant tout l'espace*, l'ESS est insaisissable, partout. Elle ne se laisse pas cerner, mais seulement approcher, pas à pas.

Le livre est organisé en trois parties. Après une ouverture théâtrale qui vise à camper le décor et donner les premiers éléments de problématique, nous poursuivons par une approche à dominante théorique sur les origines, les *aspirations solidaires* et les spécificités éthiques de l'ESS. La seconde partie propose une immersion dans la vie des structures de l'ESS. C'est là que nous rencontrons les *réalités humaines*, les gens et la manière dont ils mettent en œuvre leurs principes de gouvernance et de gestion. Enfin, nous avons regroupé dans la troisième partie des chapitres qui illustrent la complexité des situations. Ce faisant, en montrant *le gris et le flou*, nous espérons écarter les conclusions définitives et nous souhaitons maintenir ouvertes les réflexions sur le bon usage de l'économie et de l'action collective au service des sociétés.

Les chapitres peuvent aussi être lus dans le désordre, c'est-à-dire dans l'ordre choisi par le lecteur. Par exemple, commencer par Les *Gens de l'ESS* pour se plonger dans l'humanité attachante des personnes impliquées dans les activités sociales et solidaires, puis découvrir les *Incohérences fertiles* et se prémunir ainsi de tout jugement simpliste ou binaire ; lire *Coopérer ici ou ailleurs* car agir pour la solidarité et les liens sociaux est certainement vain si l'on reste seul ; prendre un temps de respiration avec *l'Ouverture théâtrale* et enchaîner sur les panoramas un peu théoriques que sont les *Utilités sociales et discutables* et *Valeurs et éthique* ; atterrir avec la *Gouvernance* et le *Nerf des batailles* ; se projeter dans la société qui bouge avec le *Projet – sel de la vie* ; conclure par *l'Évaluation moteur de progrès* ; enfin, le livre presque clôt, approfondir la question démocratique en s'intéressant aux *Rituels du consentement* et aux subtilités du droit avec le *Bon usage du droit et des contrats.*

Ouverture théâtrale

La scène se passe dans un café. Mobilier de bric et de broc, mi vintage mi récup. Près du bar, une étagère avec des jeux empilés. Un jeu d'échecs est installé sur une table. Au fond de la salle, un micro et un clavier attendent leurs musiciens. Sur le mur en face du bar sont exposées les peintures d'un artiste en devenir de notoriété locale. Couleurs gaies, allusions inspirantes au Petit Prince. À droite en entrant, un grand tableau d'affichage nous invite à des événements de toutes sortes pour les jours prochains ou les semaines passées.

Scène 1 – deux visions, menace de division

Nathalie, une dame seule, chevelure flamboyante, attablée avec un grand verre de jus de gingembre chaud, s'active sur son smartphone.

Marc, soixantaine bien tassée, entre dans le bar. Salut amical à Ludo qui fait sa vaisselle de verres et prépare les tartines truite fumée du Vercors fromage de chèvre ou végé. Il embrasse du regard la salle, cherchant quelques connaissances avec qui se poser et se dirige vers Nathalie.

- Ah, salut Nathalie, tu vas bien ?
- Salut, attends une minute, j'ai encore deux mails à finir pour préparer l'AG de *Ensemble partout.*

Marc s'installe, laisse son petit sac à dos sur la table et va commander un grand café.

- Ça s'annonce bien cette AG ? Toujours pareil ? C'est encore le vieux Marcel aux manettes ? Qu'est-ce que vous allez dire de nouveau ?
- Oh, plein de choses ! Marcel arrête, il y aura une gouvernance collégiale. On va lancer un super projet d'épicerie solidaire. J'ai un bon contact à la Fondation du Crédit Rural, ils peuvent nous donner 20 k€ et nous aider à emprunter, on monte une SCOP, on lance une souscription, la mairie soutient le projet, on est à fond.
- Ouah ! Vous avez le moral ! Moi, je broie du noir. Regarde ce que j'ai acheté à la librairie *(il montre deux titres récents sur la montée des inégalités et la montée des totalitarismes)*. Dans six mois, on aura Jordan au pouvoir, on va déguster, t'auras zéro subvention et même pas le

droit d'ouvrir. Il faut se préparer à résister, c'est tout. Qu'est-ce que vous allez faire avec ces pourris du Crédit Rural ? C'est pas des philanthropes, ils financent n'importe qui, n'importe quoi, et même les marchands d'armes et les fabricants de pesticides.

- T'exagères. C'est les moins pires, une banque coopérative et mutualiste, ils soutiennent plein d'assos. Il faut savoir ce qu'on veut. Pour développer l'économie sociale, il faut aussi quelques gros.
- Économie sociale, mon œil ! T'as vu comme les patrons de ces boîtes-là se gavent ? L'ESS, je connais, j'ai bossé dans une vraie SCOP, on était cinq pour faire de la charpente, tous égaux, pas de chef et on gagnait pas grand-chose. C'est ça l'ESS, l'auto-gestion, lutter contre le capitalisme.
- C'est dingue, t'es resté gaucho comme si t'étais encore à la fac de Vincennes.
- Je sais, plus personne n'y croit. Giscard et Chirac ont rasé Vincennes, tout le monde a oublié. Mais on y reviendra. Ça va péter. Les gens n'en peuvent plus de ces riches qui nous gouvernent. Il faut monter des assos autonomes, des SCOP, travailler sans patron, échelle de salaire hyper réduite, avec, d'accord, un petit bonus pour les anciens et ceux qui ont une famille à charge.
- C'est pas comme ça, avec trois petites boîtes dans un coin, que tu vas changer le monde. Moi aussi, je connais l'ESS, j'ai passé plus de 30 ans dans le secteur social et la formation professionnelle. À la fin, je dirigeais tous les établissements de la région des Grandes Plaines. C'était dur, j'ai fait un burn out, mais j'aimais le boulot. Des salariés extra, engagés, enfin, presque tous, la plupart, au moins ceux que je voyais. T'imagines pas comme j'me sentais utile !
- T'étais fonctionnaire ! Tu t'es farcie les contrats d'objectifs, la négo des budgets, les pince-fesses avec les élus à la Chambre des métiers et tout le tralala. Pour moi, non merci.
- C'était une fondation privée, les Apprentis des Plaines
- Encore un truc catho …
- Peut-être, mais c'est pas gênant. D'ailleurs, c'était rempli d'éducs et de profs gauchos, ils m'en ont fait voir, jamais contents et j'ai même eu des grèves

- Ben oui, un salaud de patron, ça reste un salaud de patron, même avec un évêque dans son Conseil d'Administration. Non, je dis pas ça pour toi, le prends pas mal !

Agacée, Nathalie revient sur ses mails.

Scène 2 – découverte et réconciliation

Arrive Ludo avec le grand café.

- Marc, ton café va refroidir, je te l'apporte, parce que c'est toi.
- T'es sympa, merci. J'avais oublié, on discute de trop avec Nathalie, c'est top. Ça me fait du bien d'être ici, c'est cool. On peut rester sans consommer grand-chose, jouer, écouter des concerts gratos. Un vrai tiers-lieu comme il en faudrait partout. Vous êtes en SCOP ?
- Non, on est en SARL, normal quoi, c'est moi le gérant, Morane est salariée et Charlie, heu … il donne des coups de main de temps en temps, on s'arrange.
- C'est privé ici ?
- Ben oui, j'ai le fonds de commerce et je loue les murs.
- Je croyais que tu étais salarié du tiers lieu de la commune.
- Le tiers lieu, il a été liquidé l'année dernière. Je ne sais pas bien, je crois qu'il y a eu des problèmes de gestion.
- Attends, comment un tiers lieu collectif peut faire faillite ?
- Si c'est mal géré, c'est mal géré
- Pétard, j'avais tout faux ! Alors, ici, c'est toi le patron ? T'as fait un bar qui ressemble à un café associatif et t'as du capital ? ça marche ton affaire ? Tu vas faire une plus-value énorme en revendant le fonds ?
- Les bons mois, je me dégage un gros SMIC, pas tellement plus. Je gagnerais mieux ma vie en me faisant embaucher comme cuisinier à l'Ecole de la Terre, en plus c'est une asso bien vue par le Département, ils paient pas trop mal.
- En tout cas, vous avez bien aménagé. Le mobilier, tu l'as trouvé où, à la recyclerie ?
- Oui, beaucoup, un peu aussi chez le broc, tu sais, en haut de la côte en allant vers Les Vignes, et le reste chez Leroy Merlin ou Leclerc.
- Tu cotises à tous les râteliers, une asso, un petit commerçant, la famille Mulliez et même Leclerc, le roi des épiciers, invité

permanent à la télé. Finalement, t'as raison. Faut être pragmatique. Pour les appros, tu fais comment ? Le magasin de producteurs bio ?

- Quand je peux. Ils sont vite à sec et ils ne sont pas ouverts tous les jours …
- Il faut bien qu'ils soient aussi dans les champs et avec leurs animaux !
- Oui, bien sûr, mais du coup je vais aussi à Jolicoop
- Faut savoir que c'est une fausse coop, c'est juste des boites privées avec une centrale d'achat commune, une coop de riches.

Nathalie, délaisse ses mails et range son smartphone.

- Marc, laisse tomber. Asso, coop ou privé, je m'en fiche. Ce qui m'intéresse, c'est l'humain, les valeurs, à quoi on sert. Le capitalisme, ça ne veut pas dire grand-chose. On n'en sortira pas.
- Peut-être. Laisse-nous l'utopie, c'est la lumière. Nous sommes l'alternative qui vient. L'utilité, c'est fumeux, un vaste mythe, tout le monde se prétend utile.
- À propos de Lumières, la démocratie fout le camp, comment raccrocher ceux qui votent pour le Front ?
- Si quelqu'un le savait … Déjà travaillons ensemble, entre gens de ton ESS et avec mes potes un peu anars, quoi que certains gagnent bien leur vie …
- Ludo, on peut organiser un café philo politique ici, le soir vers 18 h ? quel jour irait bien ?
- Volontiers, quand vous voulez, pas le mardi où il y a le club de lecture, pas le mercredi qui est pour les enfants, pas le vendredi et le samedi où il y a trop de monde, dimanche et lundi on est fermé.
- Tu nous donnes un sacré choix … ça me rappelle les votes dans notre C.A.
- Alors on décide démocratiquement que ce sera le dernier jeudi du mois, d'ailleurs je ne suis pas dispo autrement.
- Faudra aussi se mettre d'accord sur ce qu'est la démocratie.
- On n'est pas sorti de l'auberge !

Scène 3 – complexification

Emilie, trentaine rayonnante, entre dans le bar, bise Ludo et sort de son cabas une affiche au format A3 et des flyers.

- Je peux la mettre là ? Je t'enlève ce qui est passé, et puis le concert des Loupfolk est dans un mois, c'est affiché trop tôt, tu la remettras. Je te laisse les flyers sur le comptoir, c'est hyper important, une réunion que fait la com com sur l'ESS. Faut bien que tu surveilles qu'il reste toujours des flyers. Nathalie, Marc, salut, je vous donne des flyers, c'est une réunion hyper intéressante, faudra que vous soyez là. Vous aurez sûrement plein de choses à dire. On va construire le plan d'action pour développer l'ESS sur le territoire. Allez, ciao, je reste pas, je suis en retard pour la commission « Déchets ».

Elle sort.

- Marc : non mais t'as vu comme elle s'incruste ! Ils se mêlent de quoi à la com com ? Ils veulent tout régenter ? Eux c'est eux, et nous c'est nous. On va pas se laisser bouffer. Sa réunion, pas question, je boycotte.
- Nathalie : avec Emilie, ça décoiffe. Elle est pêchue, trois idées à la seconde, ça bouge pas mal depuis qu'elle est là. *Elle prend son smartphone et se met fébrilement à envoyer des messages.* J'alerte mon C.A. Il faut qu'on s'organise pour la réunion. On vient à plusieurs, on se répartit dans les ateliers et on plaide tous avec des arguments différents pour que la distribution solidaire soit une priorité. On va arriver à faire passer le projet d'épicerie. Si la com com soutient, le département viendra aussi et c'est gagné.
- Gonflé mais pas bête. Quand même, l'ESS, normalement, c'est pour planter le capitalisme. Pas pour s'asservir à l'État ou à une collectivité publique. Tu crains pas de perdre un peu ton âme ? T'as bien dû disserter là-dessus en philo, au lycée : la fin justifie-t-elle les moyens ?
- Oui, bien sûr. Justement. La com com, c'est nous. L'argent public, c'est notre argent. Quand l'État nous finance, c'est comme s'il nous rendait l'argent en nous laissant décider ce qu'on en fait.
- Tu décides ce que l'État te laisse décider, c'est-à-dire pas grand-chose.
- Tu peux pas savoir, ça dépend, ça se joue, ça se tente, ça change tous les jours, les élus ne restent pas éternellement. Et puis, tu sais, les élus et les fonctionnaires n'ont pas toujours tort. Eux aussi veulent se sentir utiles. Viens à la réunion avec tes copains. Je parie qu'ils demanderont un peu de souplesse pour avoir le droit de

donner un coup de main bénévole, ou presque, sans avoir l'URSSAF aux fesses.

- Si je comprends bien, tu mélanges tout. Les assos, les capitalistes cachés dans des fausses coopératives, la com com et la mairie, les anars qui font un peu de black, et même ton évêque en embuscade pour envoyer ses ouailles faire leurs bonnes œuvres dans ton asso.
- C'est pas mon évêque … C'est vrai que c'est un peu compliqué, c'est la vie. Allez viens, on va dehors, prendre l'air, il fait beau, les orchidées sont en fleur dans les prés au-dessus du stade. Hier, j'ai vu un chardonneret élégant.

Partie 1 :
Aspirations Solidaires

Chapitre 1 : Une vieille idée fructueuse

Une histoire ancienne

Définir l'ESS est mission impossible, surtout si on cherche le consensus, car il s'agit d'une notion mouvante qui évolue avec la société dans laquelle elle est insérée. Un bref aperçu historique nous aidera à comprendre les diversités de statut et d'interprétation qui coexistent aujourd'hui.

Pour simplifier, disons que l'ESS est née du mariage de la misère sociale, des idéaux progressistes des Lumières et du fonctionnement grégaire des humains où l'entraide règne en *loi de la jungle*[3].

Les ancêtres de l'ESS, toujours vivants, sont notamment la charité, vieille comme le monde si on en croit les récits historiques et les grands livres religieux, et la solidarité de groupe. Sans remonter à Mathusalem, nous avons des formes d'aide sociale depuis le Moyen Âge et l'Ancien Régime avec de multiples institutions, surtout religieuses, d'accueil, de soutien et aussi de contrôle et parfois enfermement de pauvres et vagabonds… La solidarité est bien plus ancienne encore, l'altruisme et la prise en charge collective des plus fragiles étant des comportements animaux visibles dès que l'observation se fait un tantinet attentive[4] des fourmis à nos congénères primates en passant par les abeilles, les loups et les dauphins. Pour revenir aux mouvements sociaux en France, citons, parmi les précurseurs, les *corporations*, puis les *sociétés de secours mutuel* qui ont donné les *mutuelles* à partir du XIXème siècle, lesquelles ont nourri la réflexion du Conseil National de la Résistance et préparé l'avènement en 1945 de notre Sécurité Sociale d'aujourd'hui.

Le mouvement coopératif a aussi des racines très anciennes dans le secteur agricole (fruitières coopératives du Jura pour produire du comté

---

[3] Pablo Servigne et Gauthier Chapelle, *L'entraide, autre loi de la jungle*, Les Liens qui Libèrent, 2017.

[4] Jean-Marie Pelt, La solidarité chez les plantes, les animaux, les humains, Le Livre de Poche, 2006.

au Moyen Age[5], caves coopératives viticoles au début du XXème siècle) ou industriel, notamment à partir de la IIIème République[6].

Survolant les décennies, nous arrivons aux années 1970 avec la diffusion de la notion de *tiers secteur* entre l'État et les entreprises lucratives, puis aux années 1980 – 1990, fin de la croissance glorieuse, place aux *trente piteuses*[7] rongées par le chômage de masse. La deuxième gauche, Michel Rocard premier ministre, mise sur les entreprises d'insertion pour *lutter contre l'exclusion sociale et professionnelle de personnes trop longtemps écartées du marché du travail, notamment de jeunes, en favorisant leur insertion professionnelle par une mise en situation de travail*[8].

Depuis ces années-là, les dispositifs d'emplois aidés sont créés, rognés ou supprimés, puis réapparaissent sous un autre nom et une autre forme pas très différente de la précédente, mais toujours présentée comme une innovation sociale devant permettre, enfin, de résoudre un grave problème social trop longtemps délaissé par les gouvernements précédents. À l'heure où nous écrivons ces lignes, l'avancée la plus récente est la prolongation jusqu'à fin 2026 du dispositif expérimental TZCLD[9], vous apprécierez la beauté de l'acronyme, destiné aux personnes privées durablement d'emploi. Le dispositif s'appuie notamment sur le volontariat de collectivités territoriales et sur des EBE – Entreprises à But d'Emploi, nouveau statut qui rejoint la grande famille de l'ESS.

L'ESS institutionnelle

Mai 2012, Nicolas Sarkozy ne parvient pas à se faire réélire, voici François Hollande président. *Le changement, c'est maintenant* – et désormais, l'*ennemi* du chef de l'État, *c'est la finance*. Benoît Hamon est nommé ministre délégué à l'Économie Sociale et Solidaire et à la Consommation. C'est une nouvelle étape dans la popularisation du sigle et la reconnaissance politique de l'ESS en tant que famille d'activités économiques. La consécration

---

5 Philippe Frémeaux, *La nouvelle alternative – Enquête sur l'économie sociale et solidaire*, Alternatives Economiques – Les Petits Matins, 2011 – 2015.

6 Histoire des SCOP sur www.les-scop.coop

7 Belle trouvaille d'un décliniste fort en marketing nous invitant à travailler plus pour créer des richesses : Nicolas Baverez, *Les Trente piteuses*, Flammarion, 1997.

8 Claude Alphandéry, Les structures d'insertion par l'économique – Rapport au ministre de la Solidarité, de la Santé et de la Protection sociale et au ministre du Travail, de l'Emploi et de la Formation professionnelle, La Documentation Française, 1990.

9 Territoire Zéro Chômeur Longue Durée

légale viendra en août 2014 avec ce qu'il est convenu de nommer la loi Hamon. Celle-ci définit l'ESS et crée son instance représentative : ESS France[10] qui « *assure, au plan national, la représentation et la promotion de l'économie sociale et solidaire* ».

Loi du 31 juillet 2014 relative à l'ESS – Article 1 – extrait : *L'économie sociale et solidaire est composée des activités de production, de transformation, de distribution, d'échange et de consommation de biens ou de services mises en œuvre : 1° Par les personnes morales de droit privé constituées sous la forme de coopératives, de mutuelles ou d'unions relevant du code de la mutualité ou de sociétés d'assurance mutuelles relevant du code des assurances, de fondations ou d'associations régies par la loi du 1er juillet 1901 relative au contrat d'association (…) ; 2° Par les sociétés commerciales qui, aux termes de leurs statuts, remplissent les conditions suivantes (…)*

Le périmètre établi par la loi est si large qu'il est apparu nécessaire de le restreindre par l'agrément ESUS, Entreprise Solidaire d'Utilité Sociale, qui vise à identifier parmi les entreprises de l'ESS celles à forte utilité sociale répondant à des besoins sociaux spécifiques, et flécher vers ces structures certains dispositifs de soutien et de financement.

Pour être éligibles à l'agrément « ESUS », les structures et entreprises demandeuses doivent remplir les conditions suivantes :

- « Appartenir à l'une des cinq familles de l'ESS (au titre de l'article 1 de la loi ESS) : associations, mutuelles, coopératives, fondations, ou sociétés commerciales de l'ESS (enregistrement au RCS).
- Poursuivre une utilité sociale à titre d'objectif principal en soutien à des personnes en situation de fragilité ou en contribuant à la préservation du lien social, au maintien de la cohésion territoriale, à l'éducation à la citoyenneté ou à la réduction des inégalités sociales et culturelles. Des actions complémentaires peuvent être menées en faveur du développement durable, de la transition énergétique, de la promotion culturelle ou de la solidarité internationale.
- Prouver que cette recherche d'utilité sociale a un impact significatif sur le compte de résultat à hauteur d'au moins 66 % des charges d'exploitation.
- Adopter une politique de rémunération qui limite les écarts de salaires dans l'entreprise.
- Ne pas avoir ses titres de capital négociés sur un marché financier.

La catégorie dite « présumée d'utilité sociale » : En raison de leur activité et des agréments dont elles disposent, certaines structures de l'ESS

---

[10] www.ess-france.org

n'ont pas besoin de démontrer leur fort niveau d'utilité sociale. Il s'agit par exemple des structures d'insertion par l'activité économique (SIAE), des services de l'aide sociale à l'enfance (ASE), des régies de quartier ou encore des entreprises adaptées (EA). Elles doivent néanmoins solliciter l'agrément et justifier du respect des règles sur l'écart de salaire et l'absence de cotation de leurs titres. »

Au-delà du flou statistique, un monde qui bouge

Dès que l'on prononce le mot ESS, des chiffres sont énoncés en rafale : 10 % de l'emploi salarié, 200 000 établissements employeurs, 1,5 million d'associations actives, 140 000 salariés dans les mutuelles, 27 000 coopératives, près de 3000 entreprises agréées ESUS, 80 % des établissements employeurs du secteur du sport …

Les sources sont très officielles : l'INSEE, ESS-France. Néanmoins, il est raisonnable de les prendre avec des pincettes. Par exemple, selon les sources, nous aurions entre 12 et 20 millions de bénévoles, dénombrement impossible qui mélange tout, des zappeurs invétérés et des stakhanovistes de l'associatif, des choix et des marottes, des donateurs généreux et d'honnêtes consommateurs.

Sur le fond, la discussion sur les chiffres est stérile. Ce que disent les statistiques est déjà énorme, fabuleux. Nous avons là, avec l'ESS, un monde à découvrir, un monde qui grouille, s'immisce partout, cherche à se singulariser et à faire bouger la société.

L'ESS cherche à s'affranchir du profit et prend du recul vis-à-vis de l'impératif de performance. Elle s'écarte grandement, le plus souvent sans le dire, du mantra « 1 homme = 1 voix », ce qui nous oblige à réfléchir à la démocratie. De plus, l'ESS emprunte des valeurs et des pratiques à des sphères autres que l'économie et le droit, mais tout aussi nécessaires à l'épanouissement, à *la vie bonne* : la convivialité, les loisirs, l'engagement, le dévouement, la fidélité, etc.

L'ESS, la mal nommée

En donnant une définition réglementaire à ce qui était un concept en libre évolution, non stabilisé, évocateur d'une famille de pensées et de pratiques, la loi 2014 n'a pas clarifié le sujet : le concept ESS demeure, l'acronyme ESS nomme désormais, indistinctement, le concept et sa traduction juridique du moment. Heureusement, nul ne peut voler un mot, pas même le législateur ! Ce qui nous permet de conserver la notion nommée ESS et de la regarder de près afin d'explorer son potentiel émancipateur, productif, démocratique, humaniste.

Pour poser le décor et afficher, transparence oblige, la couleur de nos opinions, essayons de reformuler l'ESS, la mal nommée. Elle se revendique partie prenante de *l'économie* alors que sa force est de dépasser l'économie et d'esquisser un projet de société dans lequel l'économie ne serait ni centrale, ni envahissante, et n'aurait pas la primauté qu'elle a pris aujourd'hui dans le monde capitaliste. L'ESS, pour nous, c'est surtout un Espoir de Société Solidaire, un cadre d'Engagement Social et Solidaire. Il s'agit surtout de ne pas en rester à l'économie.

Nous parlerons d'espoir, donc de la démocratisation inachevée de l'économie et de la possibilité du progrès. Nous explorerons la notion de solidarité qui tient une grande place dans le cœur de l'ESS et motive bien des engagements. Pour écarter la polysémie du terme *social*, source de confusions[11], nous l'utiliserons au sens de la sociologie, les liens, les interactions et les organisations entre personnes.

Pourrions-nous changer de sigle pour marquer l'ouverture au-delà de l'économie ? Troquer le E contre le A des Activités sociales et solidaires, privilégiant ainsi le faire, l'action collective, quelles que soient les structures impliquées ? Retenir le I, insistant sur l'intention d'Innovation qui irrigue le monde de l'ESS ? Ajouter encore un S pour évoquer toutes les Structures agissantes, et pas seulement les entreprises ? Choisir le O qui sied si bien à nos Organisations sociales, syndicales, professionnelles, politiques ? Passer au pluriel avec le C des Communs Sociaux et Solidaires que l'on aspire à voir développer ?

Arrêtons-là ces élucubrations brouillonnes ! La langue, fut-elle technique, changeante et discutable, ne nous appartient pas. Un sigle existe, il est issu de l'histoire, respectons les précurseurs, acceptons le signifiant et travaillons le signifié.

Une oasis généreuse

L'histoire nous évite l'emballement sur une piste qui paraîtrait neuve. L'ESS n'a rien d'une initiative nouvelle. C'est plutôt une vieille idée sympathique qu'il convient de dépoussiérer pour la libérer des scories

---

[11] Nous n'étudions ici ni les *relations sociales* dans les entreprises, ni la *démocratie sociale* qui fait interagir les organisations syndicales représentatives, les parlementaires, le gouvernement et l'administration.

accumulées avec le temps, de démonter pour en comprendre les ressorts et de rénover pour en favoriser la diffusion et l'usage. Voilà, en quelques mots, une ambition pour ce livre.

L'Économie Sociale et Solidaire constitue, peut-être, c'est toute la question, une alternative concrète, accessible, au système économique dominant. Mais ce fameux « système » entremêle des entités et des règles de fonctionnement extraordinairement diversifiées. Avec le point de vue pragmatique que nous adoptons, notre but n'est pas de trouver des alternatives aux modèles ou aux principes économiques qui ne manquent pas et que nous n'avons pas la prétention d'étudier (capitalisme financiarisé, néo-libéralisme, économie sociale de marché, économie mixte, auto-entreprenariat ...), mais plutôt des alternatives à ce qui produit les effets délétères constatés : inégalités multiples (revenus, patrimoine, accès aux droits, environnement), fragmentation des sociétés, isolement, surconsommation et gaspillage, épuisement des ressources naturelles, pollutions, érosion de la biodiversité ...

Il ne s'agit donc pas d'opposer des modèles, mais d'identifier des pratiques vertueuses pour *l'intérêt général* et *l'utilité sociale*, notions subtiles qui suscitent en continu des flux d'ouvrages et des discussions infinies dans les sociétés savantes ou pendant les repas de famille.

L'ambition est prométhéenne et pourtant assez consensuelle.

La loi Hamon consacre l'élargissement du *social* et de la solidarité à la *citoyenneté* et à *l'écologie*. Le mouvement des Gilets Jaunes (2018) renforce le consensus politique et dans l'opinion sur le caractère indissociable de la solidarité sociale et de la transition écologique. Ce qui est souvent résumé par « pas d'écologie sans progrès social » car sinon les mesures dites écologiques sont massivement refusées ; « pas de progrès social sans écologie » car les pollutions, la dégradation des écosystèmes et le dérèglement climatique pénalisent d'abord et surtout les plus pauvres.

> Le rapprochement entre écologie et social s'est concrétisé, en 2019 – 2020, par la création de deux *alliances*, peu formelles et non exclusives, entre des syndicats et des ONG. Nous avons d'un côté, au sein du Pacte du Pouvoir de Vivre, ceux qui sont usuellement qualifiés de *réformistes* et bien installés dans le paysage institutionnel : CFDT, UNSA, Mutualité française, la Cimade, Forum Réfugiés, Secours Catholique, les Francas, Réseau Action Climat, etc. De l'autre, des organisations plus radicales regroupées sous le nom d'Alliance écologique et sociale : CGT, FSU, Solidaires, Confédération Paysanne, Attac, Greenpeace, Oxfam, Les Amis de la Terre, et beaucoup d'autres organisations qui ont rejoint l'alliance après sa création : UNEF, Alternatiba, CCFD, Droit au Logement, etc. Chaque association et syndicat peut ainsi trouver un collectif qui lui convient pour

marquer son attachement à l'autre rive, l'écologie pour les syndicats et les associations caritatives, le social pour les associations venant de l'écologie. France Nature Environnement, qui se veut rassembleuse, s'est inscrite dans les deux alliances, avec une participation effective fluctuante et qui dépend des départements ou régions.

Au-delà du symbole, ces alliances contribuent à une meilleure connaissance mutuelle d'acteurs qui partagent grosso modo des valeurs communes. Un premier pas de rapprochement a été fait. Cependant, pour avoir participé au groupe local de Grenoble du Pacte du Pouvoir de Vivre et pour suivre l'actualité de ce mouvement, je peux témoigner que les préoccupations sociales sont très largement prédominantes par rapport aux questions écologiques. On est encore très loin d'une vision globale intégrant social et écologie sans subordination de l'une à l'autre.

S'il fallait renommer l'ESS ou l'inventer aujourd'hui, il y aurait sans doute le mot *écologie* quelque part dans le nom pour accompagner le *social* et le *solidaire*. Inversement, la persistance du sigle ESS qui semble durablement installé dans le paysage politique et économique, traduit l'échelle de valeurs dominantes dans la société : d'abord l'économie, ensuite le social, enfin l'écologie.

Dans ce contexte, l'ESS est une oasis où des entrepreneurs, des coopérateurs, des mutualistes, des adhérents et dirigeants associatifs tentent, jour après jour et malgré les vicissitudes récurrentes, de réconcilier l'économie, la démocratie, la solidarité et l'environnement. On reconnaît ici les quatre piliers du *développement durable*, belle idée mais tellement dévoyée qu'elle appartient désormais à la langue morte du jargon technocratique.

Espérons que l'engouement pour l'ESS se confirmera sans lui faire subir le triste sort des idées généreuses qui ont mal tourné.

Chapitre 2 : Le statut ne fait pas vertu

La formule n'est pas de nous[12], elle nous donne un titre de chapitre.

En France, nous avons la chance d'être régi par le droit qui prescrit des institutions, des périmètres, des structures, des règles, des principes et critères de décision, des sanctions … N'en déplaise à l'éphémère ministre de l'intérieur Bruno Retailleau[13], l'État de droit est intangible, ne comptez pas sur nous pour proposer d'y déroger. Les acteurs de l'ESS sont légalistes, ils s'inscrivent dans l'État de droit. Indépendamment de toute discussion de politique, d'économie ou de sociologie, l'ESS existe par la force de la loi de 2014. C'est pourquoi nous commençons par un tour d'horizon des statuts juridiques qui fondent l'appartenance légale à l'ESS.

La question du statut des personnes morales apparaît très vite dès que l'on aborde l'ESS. Nous l'avons vu, l'histoire de l'économie solidaire est indissociable de celle des corporations, puis des mutuelles, des associations, des fondations et des coopératives. La loi Hamon ouvre aussi la porte de l'ESS aux sociétés commerciales, à la manière des dérogations dont les parlementaires et le gouvernement sont friands pour se prémunir du reproche de rigidité dogmatique, pour ne fâcher personne ou pour rattraper in extremis un ami menacé d'être exclu d'un dispositif potentiellement avantageux. Sans pour autant approfondir ce cas particulier, nous citerons ici ou là des sociétés commerciales qui, effectivement, méritent d'être rapprochées de l'ESS.

Chaque famille statutaire a son réseau et sa tête de réseau, sorte de confédération ou syndicat professionnel qui défend les adhérents au statut : le *mouvement coopératif* (Coop FR), le *mouvement associatif*, la M*utualité Française*, le *Centre Français des Fonds et Fondations*, *France générosités.* Nous conseillons ardemment la consultation des sites web de ces têtes de réseau qui proposent tous une vision historique (chaque famille a son récit sur sa

---

[12] Hugues Sibille, président du Labo de l'ESS, tribune publiée le 22 septembre 2016 sur www.lelabo-ess.org

[13] « *L'État de droit, ça n'est pas intangible, ni sacré* », interview dans Le Journal du dimanche, 28 septembre 2024.

contribution éminente au progrès sociétaux et humains), des actualités, de la documentation, des liens vers les fédérations régionales ou sectorielles.

Les mutuelles, précurseures fondues dans le marché

La solidarité organisée ne date pas d'hier, ni même du XIXème siècle, mais plutôt des corporations de l'Ancien Régime. Nous n'écrivons pas un livre d'histoire, alors disons seulement notre reconnaissance aux précurseurs qui ont inventé des mécanismes de solidarité dont nous bénéficions encore aujourd'hui.

Extraits du site www.mutualite.fr :

« Héritières de l'entraide rurale des ouvriers puis des sociétés de secours mutuel du XIXe siècle, les mutuelles incarnent depuis leurs origines les valeurs de gouvernance démocratique, de non-lucrativité et d'utilité sociale. Des principes qui résonnent pleinement avec ceux de l'économie sociale et solidaire, qu'elles ont contribué à forger. (…) Depuis 1902, la Mutualité Française représente et anime le mouvement mutualiste. Avec près de 450 mutuelles adhérentes, la Mutualité Française est une composante historique et le principal acteur et employeur de l'économie sociale et solidaire (ESS) en France (…)

Régies par le Code de la Mutualité, les mutuelles sont des sociétés de personnes à but non lucratif, qui appartiennent à leurs assurés.

- *Elles ne versent pas de dividendes à des actionnaires ; l'intégralité de leurs bénéfices est investie en faveur de leurs adhérents.*
- *Elles ne pratiquent pas la sélection des risques, c'est-à-dire qu'elles acceptent tous les adhérents sans discrimination d'âge, d'état de santé ou de profil de risque.*

Ce mode de fonctionnement les distingue des sociétés d'assurance qui sont, elles, soumises au Code des assurances. »

À la différence des coopératives et des associations qui peuvent couvrir tous les champs des activités humaines, les mutuelles ont des domaines d'intervention ciblés sur la santé, la solidarité, le social. Elles portent environ 50 % du chiffre d'affaires des assurances complémentaires.

Au fur et à mesure de leur extension, les mutuelles se sont banalisées et se sont fondues dans l'économie ordinaire de marché. Les sociétaires se vivent comme des clients et ils ne sont pas tous égaux : les questionnaires de santé, l'âge ou les conditions de vie n'influent-ils pas sur le montant des cotisations ? Les mutuelles sont en concurrence entre elles au même titre qu'avec les assurances privées. Elles ont largement recours à la publicité, y consacrant une part substantielle de leur chiffre d'affaires, pour, gagner ou éviter de perdre quelques faibles parts de marché[14]. Tout est professionnalisé – à l'exception marginale de délégués bénévoles. Les rémunérations des dirigeants sont plus faibles que dans les sociétés d'assurance privées, mais sont néanmoins très élevées (300 – 600 k€ / an, 800 k€ pour le Directeur Général de la MAIF[15]) pour des structures qui revendiquent la non-lucrativité et la solidarité.

La « démocratie », concrétisée par l'élection de délégués, paraît purement formelle. Les conditions de travail sont similaires à ce qui existe dans les sociétés privées de banque ou d'assurance. La plupart des mutuelles ont constitué des groupes qui mêlent caisses régionales mutualistes et de nombreuses filiales (assurances, sociétés financières ou immobilières, sociétés de service, etc.). Il est désormais impossible d'isoler ce qui est vraiment mutualiste au sens de l'utilité sociale, de la non lucrativité, du rôle des assurés dans la gouvernance.

Il reste toutefois un élément différenciant par rapport à une entreprise privée : il n'y a ni versements de dividendes, ni possibilité d'appropriation du capital par les dirigeants … sauf dans les filiales qu'il faudrait aller voir de près.

Une confusion entre *mutuelle* et *assurance* est née de l'utilisation du mot *mutuelle* dans deux configurations réglementaires bien distinctes mais indiscernables par le public : nous avons d'une part les *mutuelles de santé et prévoyance* qui relèvent du Code de la Mutualité, d'autre part les *Sociétés d'assurance à forme mutuelle* qui relèvent du Code des assurances.

Illustrons cette confusion par le cas de la MAIF. Son président est vice-président de ESS-France, ce qui manifeste ostensiblement l'appartenance revendiquée à l'ESS. L'entreprise se présente comme une « *mutuelle d'assurance* » avec « *un modèle singulier : Depuis 1934, MAIF développe un modèle d'assurance mutualiste centré sur l'humain. Chaque sociétaire y est à la fois assureur et assuré. (…) Ancrés dans l'économie sociale et solidaire, nous conjuguons éthique humaniste, performance économique et ambition environnementale : un modèle durable, responsable à l'égard des générations à venir.* » Mais juridiquement, la MAIF est une société d'assurance à forme mutuelle régie par le Code des assurances.

---

[14] Il faudrait regarder de plus près les coûts de « communication » des mutuelles. Les frais de gestion, dont la publicité, et de « services aux adhérents » représentent 19 % des cotisations encaissées (source : Mutualité Française), ce qui est énorme comparé à la Sécurité Sociale où les frais de gestion sont de l'ordre de 3 % (source : Alternatives Economiques, 2 décembre 2025).

[15] Le Canard Enchaîné, 19 octobre 2024.

Elle assure ses activités de complémentaire santé via la distribution de produits gérés par des partenaires qui, eux, relèvent vraiment de la mutualité.

Le concept de mutuelle s'est considérablement affaibli, dilué dans le secteur de l'assurance, victime de son succès.

> « Les mutuelles s'adaptent ainsi à cette réalité déplaisante qui veut que certains ménages, faute de moyens, soient contraints de choisir une couverture moindre, pour ne pas dire au rabais, tandis que d'autres, plus aisés, sont demandeurs de contrats plus étendus, quitte à payer davantage. On mesure ici combien la solidarité mutualiste ne joue pleinement qu'au sein de groupes aux revenus et au statut relativement homogènes ».[16]

Pour autant, l'utilité sociale des mutuelles est indiscutable, de même que celle de la Sécurité Sociale et des organismes publics œuvrant dans le secteur sanitaire et social.

Lors de l'institutionnalisation de l'ESS par la loi Hamon (2014), la Mutualité a été intégrée en raison de son appartenance historique à *l'économie sociale* et, sans doute, de son poids politique et économique, malgré la très grande imbrication avec l'univers capitaliste des banques, assurances et sociétés de service et malgré le fait que les mutuelles ne paraissaient pas prioritaires pour bénéficier de financements dédiés nouveaux. L'orientation sociale du gouvernement a fait long feu, mais la loi est restée. Les mutuelles, véritables ou non, ne se privent pas de s'honorer de l'appartenance à cette grande famille de l'ESS.

> Depuis très longtemps, je suis sociétaire d'un *assureur mutualiste*. J'ai toujours cru que c'était une mutuelle, mais c'est en fait une société d'assurance qui rassemble des millions de sociétaires qui *mutualisent leurs risques*. Il est temps d'explorer sa *gouvernance mutualiste*.
>
> Sur le site internet de l'entreprise, après m'être identifié comme sociétaire, je trouve les délégués de mon secteur géographique. En fait, seuls les noms sont indiqués. Pour contacter un délégué, il est proposé une adresse mail générique unique pour toute la mutuelle. Malgré la promesse de démocratie de proximité, l'entreprise met un intermédiaire qui fait obstacle entre les délégués et moi.
>
> A partir du formulaire de messagerie, je sollicite le contact avec un délégué pour une courte interview et pour recevoir le rapport RSE. *L'assistant* (le robot) ne comprend pas bien et me demande inlassablement de préciser ma demande (devis – sinistre – remboursement …). J'envoie

---

[16] Philippe Frémeaux, *La nouvelle alternative ? Enquête sur l'économie sociale et solidaire*, Les Petits Matins, 2015.

malgré tout le message à un conseiller. Pour manifester mon empathie avec *l'assistant*, je me déclare satisfait de l'échange.

En attendant une réponse (j'attends toujours …), je tente ma chance par téléphone. Le robot de la plate-forme d'appel ne comprend pas mieux ma question que son collègue chargé des mails. Je répète deux fois ma demande. De guerre lasse, le robot me met en relation avec un conseiller, un vrai, un humain. Cela se voit au téléphone, le conseiller est décontenancé par la question que, manifestement, il n'a jamais eu à traiter. Il me met « *en contact avec le siège* ». Le second conseiller, tout aussi étonné que le premier, me met en relation avec « *le service concerné* ». Me voilà au troisième niveau. J'imagine que j'ai affaire à un cadre ou un expert métier. Il m'interroge : s'agit-il d'une assurance complémentaire solidaire ? Je réexplique. Mon interlocuteur ne semble connaître ni l'expression « économie sociale et solidaire », ni la RSE. Il me propose de prendre un rendez-vous en agence, sinon il « *ne peut rien faire* ». J'en reste là pour cette expérience édifiante et néanmoins prévisible.

Quel avenir pour les mutuelles au sein de l'ESS ?

Le premier scénario, le plus probable, est le statu quo : confusion avec les assurances privées et illusion démocratique, fiction à laquelle personne ne croit mais qui n'est pas gênante et ne nuit aucunement à l'honorabilité des mutuelles.

Le second scénario, porté par des économistes progressistes, envisage la création d'une *Grande Sécu*[17] qui regrouperait la Sécurité Sociale actuelle et les assurances complémentaires, privées ou mutuelles. Ce nouveau dispositif réduirait les inégalités d'accès aux soins et permettrait des gains d'efficacité. Les mutuelles seraient considérablement appauvries en effectifs et chiffres d'affaires, mais retrouveraient une place digne de l'ESS : l'innovation pour des besoins nouveaux et la solidarité au sein de petits collectifs ne trouvant pas leur place dans les dispositifs publics. S'alléger et renaître, voilà un beau programme pour le mouvement mutualiste.

Les associations, à toutes les sauces

Tout le monde a entendu citer, un jour ou l'autre, la loi de 1901. Désormais, les *assos* sont partout et en particulier au cœur de notre sujet, l'ESS.

---

[17] Céline Mouzon dans Alternatives Economiques, 2 décembre 2025.

L'association est la forme légale la plus simple, la plus rapide à adopter, la moins contraignante, pour transformer un collectif en personne morale dûment reconnue par la société et l'administration. « *L'association est la convention par laquelle deux ou plusieurs personnes mettent en commun, d'une façon permanente, leurs connaissances ou leur activité dans un but autre que de partager des bénéfices.* » [Loi 1901, article 1].

Pour être concret et au plus près de la réalité, il faut cependant préciser les choses et, avec tout le respect que l'on doit à une œuvre ancienne qui a traversé les âges en irradiant la société de ses bienfaits, souligner quelques imperfections dans cette rédaction.

L'association est *permanente*, c'est-à-dire non ponctuelle (par exemple, seulement pour un événement) et à durée indéterminée, sans pour autant être éternelle. Se savoir mortel est une saine incitation à la prudence. L'acharnement pour maintenir en vie une association moribonde ou qui a perdu sa raison d'être est une dérive morale où la lutte pour les moyens l'emportent sur les finalités et fait obstacle à la renaissance ailleurs et sous une autre forme. Envisager la fin, par dissolution ou transformation dans un autre statut, et l'accompagner le mieux possible le moment venu, est un acte de sagesse, une prise de distance salutaire du corps de la personne morale au bénéfice de son âme, ce qu'elle a inspiré et diffusé et qui lui survit.

La mise en commun au sein de l'association porte en fait seulement sur *certaines* connaissances et activités (l'association n'est que rarement une communauté où les membres vivent ensemble) et, presque toujours, sur les moyens nécessaires aux activités. L'acquisition et l'usage des moyens sont des questions essentielles pour la vie des associations (cf le chapitre *Le nerf des batailles*). La loi de 1901 (article 6) n'apporte aucune restriction qualitative ou quantitative aux ressources financières collectées par les associations.

Signalons au passage le cas, relativement fréquent, où une personne crée une association pour promouvoir les produits ou les services qu'elle souhaite vendre. Elle prévoit d'y être salariée dès que les rentrées d'argent le permettront. Le Conseil d'Administration, composé de membres de la famille ou d'amis, est, au début, fictif et la dimension collective peu présente. Cette formule s'apparente à l'auto-entreprenariat. Si l'évolution est favorable, deux possibilités : la transformation en société commerciale, ce qui revient à une sortie de l'ESS ; ou l'affirmation de la nature associative, avec un collectif qui se construit et s'élargit autour du projet pour le soutenir et l'installer dans la durée.

La loi de 1901 a été fréquemment amendée, mais sans modification du cœur de sujet : l'exercice d'une liberté publique sans autorisation préalable, un but autre que de partager des bénéfices (non lucrativité), une ouverture aux mineurs et aux étrangers (au-delà du corps électoral), une reconnaissance juridique permettant d'ester en justice, de percevoir des subventions et d'agir en tant qu'acteur économique.

La souplesse du cadre législatif et règlementaire a favorisé un foisonnement associatif qui ne se dément pas. Il en résulte une très forte diversité qui interdit, pour revenir à nos moutons de l'ESS, de considérer l'ensemble des associations comme un mouvement suffisamment homogène pour le rattacher en totalité à l'ESS. C'est pourtant le choix qui a été fait par la loi de 2014, c'est pourquoi nous proposons de revisiter l'ESS.

Le statut associatif ne préjuge en rien de la finalité ou de la portée des actions menées. Le caractère social et solidaire est présumé par la loi de 2014, mais il n'a rien de systématique. Une association peut très bien avoir comme objet de défendre le cadre de vie d'un quarteron de bourgeois privilégiés retranchés dans leur résidence au milieu d'un parc magnifique clôturé et fermé aux intrus. Certaines associations sont proches de syndicats professionnels, avec une vocation essentiellement corporatiste qui peut être éloignée de toute préoccupation de solidarité ou de lien social en dehors de l'intérêt bien compris des membres de l'association.

> Aux lecteurs récalcitrants qui douteraient encore qu'une association n'est pas nécessairement vertueuse pour l'intérêt général, signalons, à titre d'illustration caricaturale, l'existence de l'ADMP, Association pour Défendre la Mémoire du Maréchal Pétain.

La loi de 1901 est-elle trop permissive ? Non, elle traduit une liberté, la liberté de s'organiser collectivement, de créer une force collective, sans l'autorisation préalable des pouvoirs publics ou de capitaux privés. C'est précieux. Il n'est pas nécessaire de corriger la loi de 1901, mais plutôt de faire évoluer la perception commune, simpliste et erronée, qui place l'association sur le podium des lieux d'engagement au service de la société[18].

---

[18] En cette période où fleurissent les discours sur la montée des menaces, les associations côtoient désormais les forces armées sur le podium des organisations d'utilité sociétale. Nous avouons préférer le mouvement associatif même s'il est ponctuellement infiltré par des éléments peu recommandables, défendant des intérêts étroits ou mettant en œuvre des moyens moralement incorrects. Mais le statut associatif est suffisamment malléable pour accueillir les causes émergentes, le soutien aux soldats en est une, en complément des associations d'anciens combattants.

L'association est un bon outil pour expérimenter l'action collective avec des principes démocratiques. En ce sens, elle a sa place dans l'ESS, non pour les liens supposés a priori avec la solidarité ou le social, mais au titre de variété de statut ayant un bon potentiel démocratique, social et solidaire.

Bien entendu, l'association n'est pas le seul cadre juridique qui permet à des personnes de s'associer pour entreprendre ensemble.

Pour illustrer la diversité du paysage associatif, nous pourrions combiner plusieurs critères, en sus des finalités qui sont innombrables (cf chapitre 3 sur les Utilités sociales) :

- Le nombre d'adhérents : de deux à plusieurs dizaines de milliers, ou zéro pour les associations tranquillement assoupies mais jamais dissoutes.
- Le nombre de salariés, de zéro à plusieurs milliers.
- Le périmètre géographique, de l'association de village ou de quartier à l'ONG internationale qui a son siège en France.
- La part des financements publics, de zéro à 99 %, ce qui permet de repérer les associations indépendantes financièrement des pouvoirs publics, les opérateurs du service public, les associations parapubliques.

Les coopératives, un foisonnement sans fin ni cohérence

La *coopérative* doit son existence à la propriété privée des moyens de production et à la liberté d'entreprendre. Elle crée une propriété collective de personnes physiques ou morales ayant un besoin commun, dans le but opérationnel de produire ou gérer des biens et services. Elle se distingue, en théorie, d'une entreprise classique par sa gouvernance dite démocratique et par ses modalités de partage des richesses créées, d'une association par le retour des bénéfices (de toutes sortes, pas seulement financiers) vers les sociétaires.

Selon Coop-FR, « le modèle coopératif c'est : entreprendre ensemble pour un profit partagé (…) Une coopérative est un modèle entrepreneurial dont la gouvernance est fondée sur le principe « *une personne, une voix* », quel que soit le nombre de parts sociales détenues (…). L'entreprise coopérative est un projet collectif *au service de ses membres*, dans le but de répondre à leurs besoins économiques ou sociaux. »[19]

Selon l'Alliance Coopérative Internationale (ACI), « une coopérative est une association autonome de personnes volontairement réunies pour satisfaire leurs aspirations et besoins économiques, sociaux et culturels communs à travers une entreprise détenue collectivement et contrôlée démocratiquement. ».

Le statut coopératif interdit l'accaparement des fonds propres par les sociétaires. Les dispositions anti-spéculatives, telle que la vente des actions à leur valeur nominale, protègent les structures en cas de départ d'associés.

Le socle du cadre juridique du statut coopératif est la loi de septembre 1947. Il a été amendé et complété par une foultitude de textes particuliers selon le type de coopérative (SCOP, SCIC[20], coopérative agricole, etc.) et modifié par la loi Hamon en 2014. Au final, le cadre juridique inclut des dispositions particulières qui affaiblissent la portée des principes « gouvernance démocratique » et « lucrativité limitée ».

> Par exemple, une coopérative peut admettre des *associés non coopérateurs* mais apporteurs de capitaux. Les *excédents de la coopérative sont prioritairement mis en réserve*, mais une partie peut rémunérer les associés au prorata du capital apporté. *Les statuts peuvent prévoir l'émission par la coopérative de parts sociales qui confèrent à leurs détenteurs des avantages particuliers*. Les directeurs ou gérants peuvent être rémunérés au prorata des opérations effectuées ou des bénéfices réalisés si ce mode de rémunération est prévu aux statuts.

La coopérative est un modèle entrepreneurial qui s'applique à tous les secteurs d'activité : commerce, agriculture, alimentation, industrie, artisanat, transport, banque, éducation, logement, etc. Il existe une diversité de modèles coopératifs.

Comme le modèle associatif, le modèle coopératif est adaptable à de multiples situations, ce qui a engendré des configurations très nombreuses interdisant d'exprimer simplement la contribution des coopératives à la solidarité et au progrès social. Quelques exemples contrastés montrent l'étendue du spectre coopératif.

> Une banque hors concours. « *Le Crédit Agricole est le premier groupe coopératif et mutualiste au monde*[21] ». Mais la banque est trop modeste. Toutes

[19] https://www.entreprises.coop/ Voir aussi la Loi du 10 septembre 1947 portant statut de la coopération – Article 1.

[20] SCOP : Société Coopérative Ouvrière de Production. SCIC : Société Coopérative d'Intérêt Collectif.

[21] https://www.creditagricole.info/les-valeurs-mutualistes/

ses entités ne sont pas des coopératives. Le Groupe lui-même est une société anonyme. Avec ses filiales, le Groupe agrège d'innombrables entreprises avec une grande diversité de secteurs et de statuts : caisses régionales et locales coopératives, banques privées, sociétés commerciales, GIE, agences immobilières … Ce qui crée une grande confusion sur la réalité du Groupe. Faut-il prendre en sérieux les *valeurs mutualistes du Crédit Agricole : proximité, responsabilité, solidarité et utilité ?* Oui, bien sûr, tout comme sont respectables les *convictions partagées* et la *mission* de BNP Paribas : *contribuer à une économie responsable et durable en finançant et en conseillant ses clients de manière éthique.*

Coopératives agricoles : à elles seules, elles illustrent l'histoire et l'ambiguïté des coopératives. Tout commence bien, avec des groupes d'agriculteurs qui s'organisent localement pour mettre en commun, solidairement, du matériel[22] ou des moyens de stockage, de transformation, de vente. Mais aujourd'hui, quoi de commun entre une coopérative regroupant quelques dizaines d'agriculteurs bio insérés dans des circuits courts et ces multinationales de l'industrie agro-alimentaires qui se gargarisent de leur statut coopératif mais poussent leurs adhérents dans des systèmes productifs intensifs dont on mesure les détresses humaines (surtravail, surendettement, pauvreté, suicides, …) et les nuisances écologiques (pesticides, engrais de synthèse, matraquage des sols, …) ? [23].

Coopératives de commerçants : E. Leclerc, Super U, Biocoop, La Vie Claire, Intersport, Optic 2000, Sport 2000 … On est loin du domaine social, sauf à considérer, ce qui n'est pas complètement faux, que le commerce en magasin est le premier vecteur de lien social. Les coopératives de commerçants sont conçues dans l'intérêt premier des entreprises commerçantes ainsi associées, notamment pour créer des centrales d'achat et mutualiser la publicité. L'écart avec les sociétés commerciales n'est pas évident à voir. Leclerc (coopératif) et Auchan (groupe familial) se ressemblent, ni plus ni moins que Auchan et Carrefour (deux groupes multinationaux représentatifs du capitalisme), ou que Leclerc et Système U (deux groupes coopératifs). La non lucrativité est battue en brèche car la coopérative a bien comme finalité de faire fructifier les affaires.

Mais ne lâchons pas l'affaire trop tôt et soyons résolument positifs. Oui, même dans le cas des coopératives de commerçants, au cœur du capitalisme, le modèle coopératif apporte sa pierre au progrès social. D'abord, il modère la concurrence en créant une entente légale entre

---

[22] Voir l'histoire des CUMA – Coopérative d'Utilisation du Matériel Agricole – sur le site de leur fédération : www.cuma.fr

[23] La bibliographie est pléthorique sur ces sujets…

entreprises[24], alors que les entreprises commerciales ne peuvent s'entendre que *sous le manteau*. Surtout, il permet à des entreprises de taille moyenne de jouer dans la cour des grands évitant ainsi que les plus grosses sociétés, les plus grosses fortunes, forment un oligopole dans un secteur donné. Pour faire simple, on peut dire que la coopérative a aussi un effet égalitaire parmi les riches.

Dans l'univers des coopératives, les plus proches de l'identité coopérative sont les SCOP et les SCIC : les SCOP qui sont gouvernées par les salariés, se rapprochant ainsi de l'idéal autogestionnaire, même si cet idéal reste très lointain, sans doute inaccessible et peu pertinent dès que l'entreprise grossit ; les SCIC par la diversité de leur capital[25], miroir de la diversité du monde économique, illustration de l'interdépendance et de la nécessaire solidarité entre les travailleurs, les investisseurs privés, les acteurs publics, les consommateurs.

> SCOP, Société Coopérative Ouvrière de Production - Duralex : le statut coopératif est le support de la reprise par ses salariés de l'usine qui avait été placée en redressement judiciaire. La coopérative permet la continuation de l'activité industrielle (intérêt pour l'emploi et le territoire) et l'autonomisation vis-à-vis du capital : changement de gouvernance, progression vers des principes démocratiques. De plus, le statut coopératif facilite la mobilisation de réseaux syndicaux et sympathisants. L'entreprise s'ouvre ainsi sur la société. En 2025, elle reçoit 20 millions d'euros de promesses d'investissement, bien au-delà des 5 millions qu'elle a décidé de lever sous forme de titres participatifs. Ici, le passage au statut coopératif est la porte d'entrée à l'investissement du public. La crise provoquée par la flambée des coûts énergétiques et la baisse des ventes a provoqué un sursaut, les parties prenantes ont trouvé une sortie par le haut.
>
> Mais la vie industrielle n'est pas un long fleuve tranquille. En juin 2026, Duralex est placée en redressement judiciaire. Le statut coopératif ne fait pas disparaître les réalités économiques. Il ne garantit pas non plus la non lucrativité : pour attirer les investisseurs, l'entreprise avait promis un rendement de 8 %, énorme. Les sociétaires étaient-ils solidaires ou cupides ? L'histoire ne le dit pas.

---

24 C'est un *principe coopératif* promu par l'Alliance Coopérative Internationale : « *Coopération entre coopératives* ».

25 Une SCIC a au minimum trois catégories de sociétaires : des salariés de la coopérative, des bénéficiaires (clients, usagers, fournisseurs), des personnes physiques ou morales qui contribuent aux ressources, notamment des collectivités publiques. Le statut de SCIC est fréquemment adopté pour permettre l'entrée au capital d'une collectivité territoriale ou d'un établissement public.

SCOP – société de conseil en organisation et systèmes d'information, Isère : La transformation en SCOP d'une SARL dans laquelle travaillent 5 à 7 personnes est décidée à l'approche du départ en retraite de deux associés gérants. Le troisième associé devient gérant de la SCOP. Le passage en SCOP permet d'associer tous les salariés au capital et initie une nouvelle étape de la vie de l'entreprise. L'Union Régionale des SCOP apporte une aide appréciable. Les statuts limitent à 10 k€ le capital social que peut acquérir chaque sociétaire, ce qui permet de maintenir une répartition égalitaire des dividendes et préserve l'égalité des associés dans la gestion de la structure. Les statuts prévoient aussi que toute personne quittant l'entreprise doit vendre ses parts, ce qui préserve l'esprit SCOP, une entreprise qui appartient à ses travailleurs. Sur le fonctionnement interne et la répartition des rôles, le statut SCOP ne change pas grand-chose par rapport à la configuration initiale en SARL : le faible effectif, la personnalité des sociétaires et la culture d'entreprise priment largement sur le statut.

Pour un témoignage en forme de plaidoyer sur les SCOP, nous recommandons le texte de Laurence Ruffin, ancienne présidente de la SCOP Alma (secteur informatique, environ 120 salariés sociétaires) et élue maire de Grenoble en mars 2026[26]. Les intertitres vous donnent un avant-goût de l'article : *Un continuum entre participation dans l'entreprise et implication citoyenne ; La gouvernance démocratique en renfort de l'intérêt général ; La démocratie en entreprise, vecteur de bien-être ; Plus de démocratie, plus de performance ; L'urgence d'instaurer la démocratie au sein des entreprises.*

La SCOP est un bel outil juridique pour favoriser la transmission d'une entreprise à ses salariés et pour encourager aux bonnes pratiques de participation dans l'entreprise. Elle bénéficie de dispositions fiscales avantageuses, ce qui ne gâche rien pour les entreprises qui adoptent ce statut.

Le statut de coopérative peut se marier avec toutes sortes de statuts. Voici un exemple de combinaison entre la coopérative et la société civile immobilière :

SCI coopérative, société civile immobilière coopérative - Coop Lucette : la coopérative vise à acheter et rénover une maison de village pour y accueillir des personnes exilées, ainsi que des ateliers pour des artistes locaux et un logement social. La gestion de la maison et l'accompagnement des personnes accueillies sont assurées par l'association Passerelles dont sont issus les fondateurs de la coopérative. L'originalité ici est que la

---

26 https://www.jean-jaures.org/publication/petit-manuel-de-partage-du-pouvoir-dans-lentreprise/ Sur Alma, voir https://www.alma.fr/le-groupe-alma/une-scop-et-ses-scopettes/

coopérative n'est pas *au service de ses membres pour répondre à leurs besoins*, mais au service d'un public spécifique, dans le cadre d'un projet social porté par une association. Le cadre légal (article 1 de la loi de 1947) est détourné au profit d'un intérêt social que n'avait pas prévu le législateur de l'époque. Le statut mixe la SCI, cadre juridique adapté à l'acquisition et la gestion d'un bien immobilier, et la coopérative qui évacue la question des plus-values éventuelles. Les sociétaires peuvent demander le rachat de leurs parts sociales, mais seulement à leur valeur initiale. Le statut coopératif affiche la dimension collective du projet et garantit aux sociétaires que leur investissement ne sera pas accaparé par des personnes privées. Le couplage SCI coopérative / association permet de sécuriser la propriété du bien immobilier, donc les sociétaires, en cas de disparition de l'association. Il y a ainsi un montage avec deux entités juridiques, mais une seule unité économique et sociale.

Les coopératives peuvent répondre à toutes les finalités imaginables des acteurs économiques.

Voici un exemple parmi les coopératives d'emploi et d'activités (CAE), encore une branche de l'arbre luxuriant des coopératives : Habitat Eco-Action évoluant dans les Pyrénées-Atlantiques et le sud des Landes. Avec ce nom, vous devinez quelles en sont les finalités : intégrer les préoccupations écologiques dans les métiers du bâtiment en promouvant l'éco-construction et l'éco-rénovation. Elle regroupe une soixantaine d'artisans qui gardent leur indépendance et décident, au mois le mois, de leur salaire en fonction du travail qu'ils veulent fournir. Une façon de repenser le rapport au travail… sans forcément suivre l'injonction de « *travailler plus pour gagner plus*[27] ». Ils accèdent à différents services ce qui leur permet de s'affranchir de tâches administratives et de se consacrer pleinement à leur art. En outre, ils bénéficient d'un certain nombre de garanties, façon de se prévenir des aléas du métier et de la vie. Focalisons-nous sur plusieurs caractéristiques de cette structure :

- Malgré son statut de SCIC, il n'y a pas de collège de collectivités territoriales afin de conserver une indépendance vis-à-vis des instances politiques.
- La contribution aux charges de fonctionnement et à la rémunération des 6 salariés du siège, est modeste : autour de 10 % du chiffre d'affaires de chaque entrepreneur. Elle est votée chaque année par l'ensemble des coopérateurs après mises à plat des informations nécessaires à la décision.

---

[27] Slogan de Nicolas Sarkozy durant la campagne présidentielle de 2007.

- Le tiers des salariés sont en Contrat d'Appui au Projet d'Entreprise : il s'agit bien de sensibiliser, former et élargir l'offre en matière d'éco-construction. Ces prosélytes de l'éco-construction bénéficient d'un accompagnement particulier de la coopérative.
- Les liens entre les coopérateurs sont essentiels. Au-delà des relations qu'ils peuvent avoir, compte-tenu de leur discipline ou pour écrêter des pointes de travail, des rencontres à thème mensuelles sont organisées pour partager réflexions et compétences.
- Le gérant fondateur, ayant souhaité moins s'investir, a laissé la place à une cogérance de trois personnes qui ont été élues lors d'une élection sans candidat, forme aboutie de la démocratie participative. Ces dirigeants sont épaulés par un conseil coopératif où chacun des 5 collèges est représenté par 2 personnes.

  Ainsi, entre ses finalités et ses modalités de fonctionnement, Habitat Eco-Action coche la plupart des cases de l'ESS telle qu'elle nous séduit.

Quand elles ne sont pas adossées à une association ou une fondation leur donnant accès à la générosité de donateurs, les coopératives sont pleinement soumises aux dures lois de l'économie de marché.

> Railcoop – une belle ambition en échec. L'entreprise en statut SCIC projetait de relancer le transport ferroviaire sur des liaisons délaissées par la SNCF, en commençant par une ligne Bordeaux – Lyon. Malgré des prises de participation de collectivités locales, malgré 14 000 sociétaires, malgré plus de 10 millions d'euros collectés pour alimenter les fonds propres, l'entreprise termina son parcours par une liquidation judiciaire avant d'avoir vraiment démarré son activité. La marche était trop haute. Quelle que soit l'ingéniosité du montage statutaire et organisationnel, le transport ferroviaire longue distance est trop gourmand en capitaux et dépendant de l'État pour relever de l'ESS.

Les Fondations, le meilleur et le pire

La fondation est une forme d'organisation très ancienne, peu connue du grand public qui peine à faire la différence avec l'association loi 1901.

Légalement, « la fondation est l'acte par lequel une ou plusieurs personnes physiques ou morales décident l'affectation irrévocable de biens, droits ou ressources à la réalisation d'une œuvre d'intérêt général et à but non lucratif » (loi du 23 juillet 1987). Il existe près de 6000 fondations et fonds de dotation en activité[28].

L'association réunit des personnes, la fondation est une mise en commun de biens.

Trois spécificités nous paraissent importantes à rapporter : la création d'une fondation se fait après autorisation préalable par l'administration, les enjeux fiscaux sont souvent déterminants dans le choix d'une entreprise commerciale de créer une fondation, les fondations ne revendiquent pas un fonctionnement démocratique. Les fondations jouent un rôle croissant dans le financement de l'ESS en raison de dispositions fiscales conçues pour cela.

On observe un grand écart entre la philanthropie sincère qui honore les donateurs de fondations que nous considérons comme réellement d'utilité publique et l'optimisation fiscale au service de la communication d'entreprise qui guide des fondations commerciales. Commençons par les *vraies* fondations sociales et solidaires.

> Fondation John Bost : j'en entends parler depuis que je suis gamin sous le nom de « La Force » en référence à la commune, proche de Bergerac, où la fondation a démarré ses activités en 1848. Ma mère en fut administratrice, elle s'occupa en particulier du centre de formation. Aujourd'hui, la fondation est une institution médico-sociale et sanitaire, protestante privée à but non lucratif reconnue d'utilité publique depuis 1877, ce qui lui permet de recevoir des dons et legs. Elle gère sous la forme d'un établissement de santé privé d'intérêt collectif 42 établissements qui accueillent plus de 2000 personnes en situation de handicap mental ou en perte d'autonomie. La fondation emploie plus de 2000 salariés. La vocation de son fondateur qui se perpétue actuellement est *d'accueillir ceux que tous repoussent, c'est à dire de venir en aide aux familles qui ne trouvent pas de structures adéquates pour leurs proches atteints de maladies mentales ou handicaps psychiques.*
>
> Fondation des Apprentis d'Auteuil : c'est un ancien client. Je me souviens d'une grande et belle organisation éducative et sociale avec de nombreux établissements ayant chacun leur identité, y compris managériale. Confidentialité oblige, j'ai oublié pourquoi j'avais été sollicité et ce que j'avais pu observer sur le fonctionnement interne. Après plusieurs missions et des dizaines d'entretiens avec des salariés, un constat était l'absence de différence notable avec de grandes associations du secteur social ou des établissements publics d'enseignement général ou professionnel. Avec une exception toutefois : des activités *pastorales* traduisant l'inscription dans l'enseignement privé catholique.

---

[28] Source : Observatoire de la philanthropie, Fondation de France.

Dans les deux cas cités, la fondation s'apparente à un groupe privé ou à une grande association professionnalisée, sous contrat avec l'État, dans laquelle les bénévoles conservent une place limitée dans les activités opérationnelles : participation au conseil d'administration, accompagnement scolaire, enseignement aux adultes, éducation religieuse, visite aux malades. La singularité de la fondation ne réside ni dans les finalités qui pourraient être couvertes par des entités publiques, associatives ou commerciales, ni vraiment dans les valeurs que l'on retrouve aisément ailleurs avec seulement des nuances terminologiques, mais plutôt dans la gouvernance. Statutairement, les membres du Conseil d'Administration sont nommés par d'autres personnes morales ou par cooptation, il n'y a ni Assemblée Générale ni référence à la démocratie. Par ailleurs, bénéficiant de la générosité de donateurs fidèles, de contributions financières des familles et parfois de locaux magnifiques issus de donations ou héritages, il n'est pas rare que les établissements gérés par des fondations disposent de moyens supérieurs aux établissements publics qui remplissent des missions similaires.

> Reconnaissance et gratitude à La Poule Rousse. Voilà un fonds de dotation qui a aidé nos associations respectives. Christophe, ami de longue date que nous avons connu sur les bancs de notre école d'ingénieur, a créé une entreprise commerciale qu'il a développée avec un beau succès pendant près de quarante ans, en parallèle d'autres engagements, notamment d'élu local. Au moment de sa retraite et de la cession de l'entreprise, ayant toujours eu un niveau de consommation modéré et n'envisageant pas de changer de mode de vie, son épouse et ses enfants ne zieutant pas davantage les actifs accumulés, il plaça le produit de la vente de la société dans un fonds de dotation familial créé pour l'occasion, La Poule Rousse, qui accompagne des projets à finalité sociale ou écologique. En quelques années, plusieurs centaines de structures ont bénéficié d'un appréciable coup de pouce. Voilà comment le fonctionnement capitaliste peut accoucher d'une philanthropie financièrement désintéressée.

Maintenant, venons-en à quelques cas de fondations plus litigieux. Il s'agit des fondations d'entreprise, environ 10 % en nombre de structures. Un seul exemple suffit pour illustrer notre réticence à rattacher en bloc toutes les fondations à l'ESS. C'est du lourd, voici TotalEnergies, bien connue des activistes et militants pour le climat et les droits humains.

> La Fondation TotalEnergies soutient des projets à fort impact social, en faveur de la jeunesse, l'éducation, l'insertion, l'inclusion et la culture. Budget annuel autour de 40 M€. En 2023, la Fondation « répond à l'appel des Restos du Cœur et fait un don de 5 millions d'euros ». Pendant ce temps, TotalEnergies est accusée devant de nombreux tribunaux pour violations des droits humains (Mozambique, Ouganda, Tanzanie,

Birmanie), pollutions, non-respect de l'Accord de Paris sur le climat, communication mensongère, mise en danger d'autrui et diverses atteintes au devoir de vigilance qui s'impose aux grandes entreprises.

Après ce cas extrême, revenons vers des zones grises.

> L'association Mountain Wilderness (MW), dont je fus trésorier il y a fort longtemps, compte parmi ses mécènes les fondations Petzl, Patagonia, Nature et Découvertes et d'autres mentionnées sur le site de l'association. Nous avons là trois fondations d'entreprises dont le marché inclut les adhérents et sympathisants de MW. Je fais même le pari que presque tous les adhérents de MW ont, un jour ou l'autre, été clients de Petzl, belle PME industrielle basée en Isère. La vocation de la fondation Petzl est de promouvoir la marque Petzl, l'utilité sociale étant une retombée annexe de cette entité qui est un prolongement direct de l'entreprise. Nous avons *en même temps* la lucrativité privée, la philanthropie généreuse pour une association d'utilité publique et un mécénat intéressé car en préservant la montagne *sauvage* l'association MW favorise aussi les marchés visés par ces entreprises.

Les fondations d'entreprise ne devraient pas être vues comme des entreprises d'ESS, mais plutôt comme des dispositifs de financements de l'ESS.

Pour être vertueux, préserver l'indépendance des structures aidées et donc acceptable du point de vue du bénéficiaire, il doit y avoir séparation nette, cloison étanche, entre le secteur d'activité du Fondateur et le secteur d'activité aidé. Le financement par TotalEnergies d'une structure d'aide sociale n'apparaît alors pas scandaleux. Sachant qu'en économie néolibérale, le « privé » ne vit qu'avec le soutien de l'État[29], un financement privé n'est pas si différent du fléchage d'une subvention publique. Total hérite d'une longue histoire où l'État est omniprésent et tire ses revenus du soutien des pouvoirs publics, de la fiscalité et de notre addiction collective aux carburants fossiles. Une minuscule partie est redistribuée vers l'ESS. Certes, la structure aidée contribue à la notoriété de Total, mais on peut considérer qu'il s'agit d'une compromission acceptable au regard de l'intérêt social ainsi facilité. Pour une structure sociale, accepter un financement de Total pose une question éthique similaire à l'acceptation d'une subvention venant d'une collectivité territoriale dirigée par des élus d'un mauvais bord. Dans les deux cas, le financeur cherche à s'honorer via

[29] C'est une définition du néolibéralisme : l'État est au service du monde économique. Voir l'article de Timothée Duverger dans Alternatives Economiques : *Les entreprises de l'ESS sont moins subventionnées que celles du privé marchand*, 30 septembre 2025.

l'honorabilité de la cause financée. A chacun d'apprécier la situation et de se décider en âme et conscience.

En conclusion – au-delà du statut, voir les œuvres

Nous pourrions continuer à l'infini cette revue des entreprises de l'ESS au sens statutaire. Une conclusion s'impose : l'habit ne fait pas le moine, mais peut aider à le repérer. De prime abord, il est surprenant d'embarquer sous la même bannière de l'ESS toute la foule hétéroclite des associations, coopératives, mutuelles et fondations et, de surcroît, d'y associer certaines entreprises commerciales. Mais pourquoi pas ? Chaque statut possède sa petite touche qui, cultivée loyalement, dans le souci de ne pas en rester à l'intérêt pécuniaire, est un ingrédient utile pour instiller une dose de social et de solidarité dans un monde mû par l'argent, l'égoïsme et les ego : la mutuelle, c'est la solidarité dans l'entre-soi des cotisants ; la coopérative, c'est la mutualisation de moyens et d'efforts ; l'association, c'est la liberté de se regrouper pour agir en commun ; la fondation, c'est l'art de valoriser un patrimoine ou d'orienter des profits vers de nobles causes.

Dans une perspective historique, il n'y a pas de doute : tous les statuts retenus au titre de l'ESS ont contribué, à leur manière, un jour ou l'autre, au progrès social et à la solidarité. Pourquoi en irait-il autrement à l'avenir ? Les règles de la personnalité juridique sont l'ossature de la société, leur diversité est nécessaire tant pour l'innovation sociale que pour la robustesse sociétale.

A défaut d'être un rempart suffisant, à elle seule, contre nos faiblesses collectives, malgré les moutons noirs et les passagers clandestins qui se glissent dans les statuts pour des fins peu honorables, l'ESS statutaire ralentit les dérives du capitalisme vers l'oligarchie des plus riches et le glissement de la démocratie vers l'autoritarisme.

Cependant, la grandeur de l'ESS serait d'autant mieux reconnue si elle n'était pas parasitée par des failles règlementaires, volontaires ou non, véritables marchepieds pour des détournements de statuts préjudiciables aux entités œuvrant sincèrement pour l'intérêt général. Un ménage de printemps s'imposerait parmi les associations, les coopératives et les fondations, de manière à sortir du périmètre de l'ESS les entités qui, dans les faits, relèvent bien plus du secteur privé lucratif ou du secteur public. La loi Hamon, bien trop ouverte, mériterait d'être revue.

Quant aux *mutuelles*, elles ont toute leur place dans le secteur de l'assurance et pourraient tout à fait, dans une démarche de transparence, s'honorer d'une origine sociale et solidaire, mutualiste, sans pour autant revendiquer aujourd'hui l'appartenance à l'ESS.

Cela dit, si l'entrée par le droit est un prérequis pour naître en tant qu'entité légale, si le statut donne une présomption sur le potentiel social et solidaire, la noblesse de l'ESS se joue ailleurs, dans ses œuvres, dans la manière dont elle fait fructifier son enracinement démocratique au sein de la société.

Continuons notre parcours au sein de l'ESS en nous intéressant à ses utilités sociales, avec une vision externe : à quoi ça sert ? Nous aurons ensuite une approche interne : quelles sont les valeurs motrices ? Les principes éthiques.

Chapitre 3 : Les utilités sociales et discutables

Laissée à l'interprétation de citoyens et de collectifs libres, généreux, territorialisés, tous différents, l'utilité sociale part dans tous les sens.

Dès lors, la loi de 2014 tente un cadrage dont « l'approche inclusive permet de prendre en compte à la fois la diversité des acteurs (finalités, formes juridiques, modèles économiques, tailles, activités) de ce secteur, et les principes fondateurs qui les fédèrent »[30]. Mais, nous l'avons vu, la loi privilégie le statut des structures sur le fond de leurs activités et de leur fonctionnement. En déclarant que les associations, les coopératives, les mutuelles et les fondations appartiennent de droit, d'emblée, à l'ESS, la loi écarte, de fait, l'utilité sociale comme critère déterminant de l'ESS, à rebours de l'histoire des mutuelles et des coopératives et de l'opinion commune d'aujourd'hui pour lesquelles la solidarité est au cœur de notre sujet.

C'est donc dans le silence de la loi qu'il nous appartient maintenant de donner notre point de vue sur ce que peut être cette fameuse utilité sociale si ardemment recherchée.

Une notion socialement construite

Chaque auteur propose sa vision de l'utilité sociale et nous ne dérogerons pas à la règle.

Pour introduire le chapitre, nous avons choisi la définition d'un acteur de référence, l'association Avise, qui s'identifie comme « le Centre national de compétences et de l'innovation sociale pour la France en Europe », mandaté par la Commission Européenne :

« L'utilité sociale désigne la qualité d'une activité menée par une organisation de l'économie sociale et solidaire dont l'objectif ou le résultat principal est de contribuer à la cohésion sociale, la solidarité, et l'amélioration des conditions de développement humain et durable. »

---

[30] https://www.avise.org/

Nous devrions arriver à préciser et concrétiser les notions de *cohésion sociale* et de *solidarité*. En revanche, cerner *les conditions du développement humain et durable* paraît être soit mission impossible, soit un exercice hautement politique, clivant. Mission impossible car un bon plaideur fera entrer n'importe quelle activité dans cette catégorie d'évidence si plastique. Elon Musk nous dira que la conquête spatiale est indispensable à l'avenir durable de l'humanité. Donald Trump et ses amis en Europe nous expliqueront que la lutte contre l'immigration illégale est un préalable à la survie de la civilisation. Quant à vos serviteurs, auteurs de ces lignes, ils militent pour l'extension du domaine du don et de la gratuité[31].

L'utilité sociale est donc un objet socialement construit, de nature politique, souvent brandi comme un étendard pour justifier une préférence fort difficile à argumenter.

Une émotion collective

Comme la foi, *l'utilité sociale* existe. Nous sommes des millions, bénévoles, travailleurs associatifs, philanthropes, à le savoir, convaincus de – et par - nos engagements[32] dans des causes immensément variées.

> L'actualité locale me donne un point d'entrée dans cette question centrale pour l'ESS. Lors d'un contrôle, les services vétérinaires découvrent la présence de salmonelles dans un poulailler. Les animaux sont abattus, les locaux doivent être désinfectés. Privés de revenus pendant plusieurs mois, sans réserve financière pour amortir le choc, le couple d'agriculteurs se trouve en difficulté. S'agit-il d'une cause sociale justifiant une mobilisation collective ?
>
> Oui, répondent les amis qui lancent une cagnotte de soutien. Ce sont de *petits* agriculteurs bio, avec des revenus modérés, parfaitement insérés dans l'économie locale en circuit court, produisant une alimentation de base de qualité. Ici, dans le pays dieulefitois, pas de doute, personne ne conteste que leur activité soit d'utilité sociale. Mais si je relis mes classiques, manuels d'économie et textes réglementaires, pas de doute, il ne s'agit pas d'ESS mais d'entrepreneurs privés menant des activités couvertes par le marché et non ciblées sur des publics vulnérables, la gouvernance est réduite au colloque intime avec décisions dans la cuisine ou sur l'oreiller, les bénéfices des bonnes années sont conservés par les exploitants qui

---

31 Alain Caillé, Extension du domaine du don. Demander – donner – recevoir – rendre, Actes Sud, 2019. Paul Ariès, Gratuité vs Capitalisme, Larousse, 2018.

32 Selon la théorie de l'engagement, ce ne sont pas les convictions ou les valeurs qui génèrent l'action, mais plutôt l'inverse : l'action qui forge les opinions.

épongent leur dette et, parfois, épargnent, changent de voiture ou se paient enfin de vraies vacances.

De tels exemples se ramassent à la pelle.

A Dieulefit, il suffit pour cela de traverser la rue et d'entrer dans cette boutique vieillotte nommée avec humour Les Grands Magasins, vrai bazar où l'on trouve tout sur place, rue du Bourg, économisant ainsi un trajet coûteux et polluant vers la zone commerciale moche de Montélimar. Là aussi, une cagnotte fut lancée il y a quelques mois, pour favoriser la transmission à une jeune entrepreneuse après le décès du propriétaire – gérant de l'affaire. Pour respecter les standards de l'ESS, il aurait fallu créer une coopérative et lancer un appel à souscription. Mais les villageois n'en ont eu cure et ont donné des milliers d'euros pour une entreprise capitaliste dans laquelle ils n'ont aucun droit à participer aux décisions.

Dernier exemple où l'utilité sociale ne se déduit pas du statut : si la municipalité a décidé d'afficher, au rond-point le plus fréquenté du pays, une grande banderole « Nous cherchons un médecin », c'est bien qu'elle considère qu'un professionnel libéral de santé est d'utilité sociale.

Sur un autre registre lexical, mais proche sur le fond, nous avons eu durant la période Covid de longues discussions sur la notion d'activités et de services *essentiels*. Les listes établies par décret ont fluctué au fil des confinements et en fonction de la vigueur des lobbies. Chacun a pu constater la grande part de subjectivité et d'arbitraire qui présidait au classement « ouvert / fermé » durant ces séquences de confinement qui furent fort instructives à bien des égards.

Maintenant, regardons la situation géopolitique et imaginons un instant que la France soit plongée dans la guerre contre un envahisseur. Alors, pas de doute, la fabrication de drones sera une priorité absolue qualifiée de grande cause nationale avec des modalités similaires à celles de l'ESS : reconnaissance d'utilité pour les entreprises industrielles concourant à la production, reconnaissance sociale des personnes directement engagées dans l'activité productive, soutien des pouvoirs publics, implication probable de bénévoles (par exemple pour héberger, transporter, nourrir les travailleurs), dénonciation des profiteurs qui s'accaparent les bénéfices de l'activité.

L'utilité sociale est donc une notion politique, territorialisée, circonstanciée, morale, subjective. C'est une forme d'émotion collective, positive : un groupe de personnes éprouve un élan pour une cause qui lui semble juste et qui justifie une mobilisation collective, privée ou publique.

Le sentiment d'utilité sociale fait écho, en miroir, aux indignations et aux sentiments d'injustice. D'ailleurs, l'expression *justice sociale*, très présente dans les cercles syndicalistes, traduirait mieux l'état d'esprit de bon nombre de militants de l'ESS[33]. La notion de *justice* mériterait de se voir reconnue au panthéon des valeurs de l'ESS. Dans son sens commun, elle fait référence au respect des personnes et de leurs droits fondamentaux, au rejet des inégalités les plus criantes, à l'équité.

Les émotions et les indignations collectives jouent un rôle important dans la genèse et le développement des structures de l'ESS. Ainsi, les morts dans la rue, les noyades lors des tentatives de traversée de la Méditerranée ou de la Manche, la misère dans les camps de tentes de réfugiés ont suscité bon nombre d'initiatives de solidarité d'abord informelles, puis structurées et pérennisées. Depuis 2022, nous avons vu naître ou croître subitement les associations d'amitiés avec l'Ukraine et avec la Palestine. L'Histoire dira s'il s'agit d'émotions fugaces ou de la relance de mouvements pérennes internationalistes.

Un réservoir de pratiques justes en économie

Inventorier les utilités, les finalités et les secteurs d'activité de l'ESS, même avec beaucoup de nuances et de flou, conduit à prendre position sur une question de fond relative à la nature politique de l'ESS : s'agit-il d'une alternative généralisable[34], la fameuse 3ème voie, que l'on aspire à développer jusqu'à remplacer le modèle capitaliste et néolibéral dominant (le pouvoir appartient aux détenteurs de capitaux, les propriétaires d'une entreprise peuvent en conserver les profits, la concurrence tient une place importante, l'État encourage les entreprises, soutient et régule les marchés) ? Ou s'agit-il d'une variété d'économie destinée à cohabiter avec le capitalisme ?

La définition légale de l'ESS, fondée sur le statut, est tellement extensive qu'elle peut englober tout secteur d'activité, ce qui la rattache à l'hypothèse « alternative généralisable ». L'ironie de l'histoire est que la loi de reconnaissance de l'ESS a été adoptée juste avant un virage politique accentuant la « politique de l'offre », le soutien aux entreprises privées, la réduction de la fiscalité sur le patrimoine, l'affaiblissement de la démocratie sociale, toutes choses qui vont largement à l'encontre des

---

[33] Au Nouvel An, nous avons souvent reçu et adressé des vœux de *santé*, *épanouissement*, *paix* ou *justice sociale*. Jamais personne ne nous a souhaité d'être *utiles* – et pourtant le sentiment d'utilité est bénéfique à la santé mentale.

[34] Option soutenue notamment par Jérôme Saddier, président d'ESS France, du groupe Crédit Coopératif et de l'Avise, auteur de « *Pour une économie de la réconciliation – Faire de l'ESS la norme de l'économie de demain* », Les petits matins, 2022.

principes de l'ESS. En 2014, Benoît Hamon quitte le gouvernement et Emmanuel Macron y entre, tout un symbole !

La réalité est cruelle. Elle conduit à deux constats.

Certes, on peut imaginer, en forçant l'optimisme, que la place du capital et des profits dans l'économie régresse, au moins en France, au moins pour les petites et moyennes entreprises, à l'inverse des tendances récentes d'augmentation des dividendes au détriment de la rémunération du travail dans les grosses entreprises et les multinationales. Cependant, sauf à se projeter dans l'incertain du long terme où tout est possible, il est fantaisiste d'espérer la généralisation des fondamentaux de l'ESS : non lucrativité effective, principes démocratiques réellement appliqués, insertion dans les mouvements citoyens, territorialisation. La mondialisation et la complexification technologique sont là, elles pérennisent une économie avec des entreprises étendues incluant des filiales et des relations clients – fournisseurs avec des sociétés étrangères, privées ou parfois en partie publiques, le tout constituant des entités multinationales aux limites difficiles à discerner et qui n'ont aucune raison d'entrer dans les clous de l'ESS à la française.

Voir l'ESS comme une utopie réaliste[35] est un stimulant politique fructueux qui peut susciter des changements législatifs, réglementaires ou comportementaux bienvenus. Mais de là à envisager un grand soir, il y a un grand pas que nous ne franchirons pas.

Un parcours parmi les entreprises de l'ESS au sens légal du terme, où l'on croise des grandes banques, des multinationales, des associations puissamment corporatistes et des fondations sans scrupule, montre assez vite qu'en rester aux statuts ruine l'identité de l'ESS et trahit sa promesse d'une autre économie porteuse de progrès social.

Nous adoptons donc résolument l'idée que la vocation de l'ESS n'est pas de conquérir de nouveaux territoires pour abolir le capitalisme, mais de faire vivre, si possible de manière visible, des singularités porteuses d'humanité, de solidarité, de générosité pour le monde vivant. Dès lors, il est pertinent de préciser le périmètre de l'ESS avec l'hypothèse que tous les secteurs d'activité ne seront pas obligatoirement présents.

Un détour par l'écologie corrobore cette vision. La diversité est au cœur de la vie. Elle est à la fois un aboutissement et une source de l'évolution. Elle est gage de robustesse, indispensable pour la pérennité et l'adaptabilité

---

[35] Robert Boyer, L'économie sociale et solidaire – Une utopie réaliste pour le XXIème siècle ?, Les petits matins, 2023.

des écosystèmes. Pourquoi en irait-il différemment pour l'économie ? La vie économique et sociale d'un territoire, quelle que soit l'échelle à laquelle on se situe, est d'autant plus florissante, fructueuse et robuste qu'elle procède de modèles d'organisation différents. C'est ce qui a fait le succès de l'écosystème grenoblois où sciences, industries, multinationales et PME coopèrent pour innover, produire et capter les fonds publics de soutien à la microélectronique. Les démarches de développement local appliquent la même logique : faire travailler ensemble des acteurs de statuts, tailles, cultures différentes.

Pour préserver la biodiversité et *raviver les braises du vivant*[36], deux leviers d'aménagement du territoire sont à combiner : les réservoirs de biodiversité sont des zones ouvertes, protégées, où peuvent s'épanouir librement les phénomènes naturels et prospérer les espèces ; les corridors écologiques favorisent la communication, la fluidité, la mixité, les échanges entre les réservoirs et les zones ordinaires, non ou peu protégées, cultivées, utiles à la production alimentaire ou forestière. Voyons l'ESS comme un réservoir d'espèces économiques à protéger et les zones grises, les entreprises qui mêlent capitalisme et modes alternatifs, comme des corridors d'hybridation. La société marchande, quant à elle, se promène librement et doit être surveillée pour qu'elle ne supplante pas tout.

Allons maintenant identifier les sujets, les finalités, qui nous paraissent dignes d'activités vraiment sociales et solidaires. Nous restreignons ainsi le périmètre de l'ESS en le rapprochant de son sens commun, historique. Dans le même temps, nous élargissons la solidarité et les liens sociaux au monde *vivant non humains*, ce qui permet d'intégrer explicitement les préoccupations nommées « écologiques ».

Liens sociaux

Si nous prenons l'intitulé ESS au sérieux, il faut commencer par cette finalité centrale qui se doit d'être explicitement présente dans toute organisation d'ESS : cultiver les liens sociaux. Il s'agit de créer des conditions favorables aux rencontres créatrices de liens entre personnes, d'abord pour celles qui en ont le plus besoin, mais aussi pour tout le monde car les liens sociaux sont un besoin universel.

La forme réparatrice de cette finalité se nomme lutte contre l'isolement, lutte contre le délitement de la cohésion sociale. Nous recommandons de

---

[36] Baptiste Morizot, *Raviver les braises du vivant*, Actes Sud, 2020.

la voir comme une mission permanente à exercer avant tout constat de misère ou de détresse sociale. Une telle approche préventive conduit à viser une mixité sociale qui sera bénéfique à tous, aux personnes en manque de lien social comme à ceux qui se sentent repus de socialité.

Les structures et activités dédiées aux liens sociaux sont innombrables et couvrent des champs spécifiques de l'ESS : insertion par l'emploi, accueil de personnes handicapées, associations caritatives, culturelles ou sportives locales, comités des fêtes, tiers lieux, habitats partagés, clubs de jeux, associations d'anciens élèves, clubs du 3ème âge ... Bien que généralement privés, les bars et cafés apportent leur éminente contribution, notamment en milieu rural.

Les ingrédients communs indispensables sont l'ancrage local, la possibilité de s'insérer dans un groupe à *taille humaine* (15 à 30 personnes maxi[37]), une fréquence de rencontres suffisante, hebdomadaire ou mensuelle, pour l'approfondissement et l'entretien des liens, une animation consciente de sa responsabilité dans la culture des liens sociaux.

Ces ingrédients déterminent des exigences organisationnelles et logistiques. Ainsi, a contrario, les entités virtuelles, qui ne se réunissent qu'à distance ou qu'une fois par an, ne peuvent prétendre contribuer aux liens sociaux. De même, les collectifs inorganisés, informels, où se mettent en place les rôles usuels spontanés de leader, suiveur, boute-en-train ... n'apportent pas de contribution pérenne ou fiable aux liens sociaux. C'est une des raisons qui justifient que la « constitution en personne morale » figure parmi les critères de caractérisation de l'ESS.

Au-delà des structures et activités dédiées, favoriser les liens sociaux doit être une préoccupation constante au sein de toute entité se revendiquant de l'ESS, y compris si cela nuit apparemment à la performance. L'application de ce principe est évidente et relativement

---

[37] Cela peut sembler mission impossible de définir la taille optimale d'un groupe du point de vue de la qualité des liens sociaux qu'il peut susciter. Mais il y a néanmoins des ordres de grandeur vraisemblables. A partir de 4 ou 5 personnes, un groupe devient presque inéluctablement inégalitaire, avec une structuration implicite, l'apparition de leader(s) et des rôles qui se mettent en place. Au-delà de 8 ou 10 personnes dans un groupe de travail ou de discussion, il est impossible d'assurer l'égalité des temps de parole. Au-delà d'une vingtaine de personnes, des sous-groupes se créent spontanément et certains membres du groupe peuvent ressentir de l'isolement. Dans le cas d'AIMA, c'est à partir d'une trentaine de salariés que l'on a vu apparaître des changements notables : rivalités, jeux de pouvoir, concurrence entre les sites, perte de cohésion, dégradation de l'ambiance... Avec, comme conséquences, départ de quelques salariés et désengagement de plusieurs bénévoles.

facile dès qu'il s'agit d'animer l'activité de bénévoles. Il convient d'organiser des moments de convivialité et de présentation mutuelle, de respecter les temps d'expression de tous, y compris des incompétents notoires, de ceux centrés sur eux-mêmes ou *à côté de la plaque*, de prévoir des horaires surdimensionnés par rapport aux besoins stricts de l'activité etc. L'affaire se corse et devient parfois périlleuse quand œuvrent ensemble salariés et bénévoles ou quand la structure se met à courir après la performance en raison, par exemple, d'un manque d'effectif salarié. C'est là qu'il faut tenir bon et que la noblesse de l'ESS se révèle : aucune fin, aucune contrainte, ne doit annihiler complètement l'attention portée aux liens sociaux. Autrement dit, une surcharge récurrente de travail, situation fréquente dans toute organisation, ne doit pas envahir tout l'espace-temps. Les moments de respiration sont précieux et doivent être protégés.

De même, les liens sociaux entre visiteurs et permanents (salariés ou bénévoles) supposent que ces derniers conservent du temps d'accueil disponible.

> Pensons à cette personne âgée, vivant seule, qui passe deux ou trois fois par semaine dans une de nos ressourceries, souvent sans rien y acheter. Elle est connue, reconnue, et il n'est pas rare de la voir parler cinq minutes, de choses et d'autres, avec un salarié ou un bénévole, ou de s'asseoir dans un coin pour observer « *ce qui va, ce qui vient, ce qui bouge et, surtout, ce qui ne bouge pas* »[38]. Voit-on ça partout ?

La notion de lien social s'étend aisément à la nature. Nous souhaitons aux lecteurs d'avoir expérimenté comment l'immersion dans la nature favorise la création des liens interpersonnels. Nul besoin d'une opération commando ou d'un team building en accrobranche pour l'éprouver. Il suffit de comparer une réunion en salle aveugle et une discussion un peu désordonnée dans un parc arboré. Comme le lien social, le lien à la nature renvoie aux ancrages territoriaux, aux moments de pause (ralentissement, silence) et, pour la plupart d'entre nous, à la limitation des interlocuteurs : je ne connais pas tout ce qui vit dans mon entourage, je m'intéresse surtout aux fleurs, d'autres aux arbres ou aux oiseaux.

La foule et la saturation par la surcharge de travail inhibent les liens sociaux au même titre que l'extension et la surdensification urbaines coupent les liens à la nature. Nos villes devraient être des mosaïques avec des zones construites denses et des espaces généreux de respiration. En ville comme partout, la proximité à la nature est indispensable à la proximité entre humains. Plus généralement, les liens entre vivants se font

[38] François Mitterrand, *La paille et le grain*, Ed Flammarion.

dans la proximité physique. Qu'il y ait enracinement ou contact fugace durant une migration, les rencontres sont nécessaires pour créer des liens.

Les liens sociaux ne sont pas qu'une finalité intrinsèque de l'ESS. Ils sont aussi un moyen pour d'autres buts, notamment la capacité à faire face aux catastrophes[39] et un facilitateur de solidarité.

Solidarité

Solidarité bien ordonnée commence par ses alter egos sociétaires. Telle est, en quelque sorte, la devise du mouvement coopératif et de la mutualité. Ce principe fut bénéfique au plus grand nombre car il déboucha sur la Sécurité Sociale. Il profita aussi à des entrepreneurs avisés qui transformèrent des coopératives agricoles ou bancaires en groupes multinationaux prospères. Cela dit, il serait triste d'en rester là, à cette solidarité entre semblables, entre pairs ou confrères. Ce qui fut innovant est maintenant étriqué.

Nous avons besoin d'une vision renouvelée de la solidarité en revenant à la source de toute action solidaire : les besoins des personnes. Par ailleurs, il nous faut sortir de l'idéal mythique de l'égalité qui prévalait, au temps des corporations, lors de la création des sociétés de secours et, plus tard, des premières mutuelles.

La solidarité inorganisée, spontanée, entre voisins ou au sein d'un collectif, demeure précieuse. Elle se traduit par des élans, des moments de générosité et de partage. Pour être là le moment venu, elle doit être préparée en cultivant les liens entre les membres, ce qui nous ramène au sujet précédent. Mais il ne s'agit pas d'économie. L'ESS n'a pas le monopole de la solidarité.

La lucidité nous impose, aujourd'hui, de constater que la solidarité inscrite dans des structures et participant peu ou prou à l'économie se rapproche de situations de services avec des prestataires, des donateurs ou des bénévoles, et des bénéficiaires ou usagers. Certes, il faut aménager de la fluidité entre ces deux rôles pour qu'ils ne deviennent pas des blocs rigides. Certes il est bienvenu de compenser l'asymétrie de la situation par des gestes de réciprocité, pour se rapprocher autant que faire se peut des logiques de dons et contre dons. Mais l'asymétrie demeure et nous éloigne radicalement de la fiction d'une solidarité entre égaux.

---

39 Pablo Servigne et Nathan Obadia, *Le pouvoir du suricate*, Points, 2025.

Une action de solidarité pourrait se définir comme une intervention conditionnée par les seuls besoins de la personne, non par une cotisation préalable ou tout autre dispositif liant un paiement à un service futur éventuel de solidarité. Dans l'ESS telle que nous la concevons, la solidarité est complémentaire des dispositifs publics ou privés de redistribution (sécurité sociale, assurances, mutuelles). Elle est idéalement inconditionnelle[40], ce qui nous fait sortir de l'ESS les mutuelles et les dispositifs de solidarité entre-soi que nous rattachons plutôt au monde syndical (syndicats de salariés ou syndicats d'entrepreneurs, la démarche est similaire, il s'agit de s'organiser pour se défendre ensemble).

Ainsi définie, la solidarité se traduit dans d'innombrables activités de redistribution sous forme financière, de produits consommables ou de biens matériels, et de services de soutien aux personnes : aide alimentaire, épicerie solidaire, aide aux victimes, aide juridique, hébergement d'urgence, accueil et accompagnement de personnes exilées, personnes âgées dépendantes, mineurs isolés, handicapés …

> Une initiative exemplaire : la Sécurité Sociale Alimentaire (SSA), Caisse locale de Dieulefit. Inspirée de la Sécurité Sociale, basée sur le volontariat, la caisse collecte des cotisations dont le montant dépend des revenus, elle affecte des budgets d'achat variables selon la composition des foyers et utilisables dans des magasins conventionnés pour des produits déterminés. C'est un dispositif de solidarité conditionnelle qui répond à un besoin essentiel (l'alimentation), en intégrant une finalité écologique (soutien à l'agriculture bio et locale) et un but politique (plaidoyer pour l'extension de la SSA), le tout en s'efforçant d'appliquer en interne des principes de fonctionnement démocratique.

Quand la solidarité, suite à un choc émotionnel, est spontanée, la question de la conditionnalité ne se pose pas :

> Une mobilisation générale permet à une famille dont la maison a été ravagée par un incendie de disposer d'un toit, d'un peu de mobilier et de vêtements. De même, quand des inondations, en 2018, ont noyé des logements et de nombreux commerces de Salies-de-Béarn, notre ressourcerie du coin a prêté mobilier et matériel. Mais rapidement des questions surgissent : quid de ceux qui n'avaient pas l'information sur cette possibilité d'aide ? Quid de ceux qui en ont abusé ? Quid de ceux qui n'ont pas osé demander ? Quid du matériel prêté et quelques fois non rendu alors

---

[40] La notion d'inconditionnalité mériterait bien sûr d'être discutée. L'inconditionnalité est rarement absolue. Le bénéficiaire de solidarité doit se plier à certaines règles, se conformer à des pratiques comportementales recommandées, implicites ou exigées. La solidarité *inconditionnelle* s'oppose surtout à la solidarité conditionnée par une cotisation préalable ou par un statut d'ayant droit.

que les assurances avaient indemnisé les victimes ? Une facette des réalités humaines et de l'infinie diversité des situations …

Pour la solidarité moins spontanée, réfléchie et organisée, des tourments peuvent aussi nous saisir : pour qui, quoi, combien, pendant combien de temps ? Deux exemples, pour faire court … tout en alimentant l'éternel débat où les idéologies, les systèmes de valeur, les opinions politiques, et quelques aspects techniques, se mêlent et s'entrechoquent :

Lors d'une livraison de mobilier d'urgence à une famille en difficulté, les valoristes d'AIMA constatent que l'appartement est équipé d'une télévision home cinéma flambant neuve. Ce n'est pas à nous de définir les critères d'attribution de l'aide, demandée d'ailleurs par une assistante sociale qui connait le dossier et avait sans doute de bonnes raisons de l'accorder. Néanmoins, on peut comprendre le malaise de ceux qui ont connaissance de besoins non satisfaits d'autres familles.

Est-il encore justifié d'envoyer gratuitement du matériel médical dans des institutions publiques de Lettonie alors que ce pays a connu depuis vingt ans une forte croissance et, en tant que pays de l'Union Européenne, reçoit des subsides conséquents ? Nous avons expliqué notre embarras. Et, depuis peu, certaines institutions baltes acceptent de participer à nos charges de collecte, de préparation du matériel et de chargement des convois. Comme quoi, « qui ne demande rien n'a rien » … et on peut se mordre les doigts de ne pas avoir levé le lièvre plus tôt et d'avoir freiné nos actions pour des pays vraiment dans le besoin.

Les services fournis par des associations asservies à des critères définis par l'État ne relèvent pas vraiment de la solidarité. Par exemple, la gestion d'un CADA est une activité d'opérateur de l'État que l'on doit considérer comme une sorte de délégation de service public, non comme une activité sociale et solidaire.

Pour terminer ce propos sur la solidarité, faisons un pas de côté pour signaler une utilité méconnue des structures de l'ESS : nous pensons à l'accueil de personnes atypiques.

Voyez cet ingénieur brillant, diplômé d'une très grande école, qui œuvre maintenant dans la ressourcerie. Vous croyiez que la solidarité était destinée aux personnes à faible revenu, privées d'emploi ou exilées ? Et bien apprenez qu'elle s'exerce ici en faveur d'un exfiltré du capitalisme, ne supportant plus la vacuité de son précédent job et la cupidité de son ancien employeur.

Une économie différente permet d'accueillir des personnes différentes. C'est la magie de la diversité, une des vocations de l'ESS.

Santé

Voilà un paradoxe soumis à la sagacité du lecteur. Alors que le secteur sanitaire et social mobilise la plus grande part des effectifs de l'ESS, alors que nous en avons une connaissance de l'intérieur pour avoir séjourné dans plusieurs de ses établissements[41], nous n'accordons qu'un maigre paragraphe au secteur du soin.

Pourquoi ? Paresse ? Manque de temps ? Peut-être aussi car la spécificité ESS ne saute pas aux yeux, ni des salariés, ni des patients ou de leurs familles. Les métiers de la santé sont très encadrés par l'État et par la profession (déontologie, pratiques, corpus scientifique de référence). Les différences réelles entre structures dépendent des moyens disponibles, des compétences, du management, ce qui dépend peu et indirectement du statut.

A défaut d'étudier le sujet, nous renvoyons la charge de la distinction aux établissements administrés par des fondations ou des associations et à leurs organes directeurs. Dites-nous ce qui vous différencie vraiment du secteur public et du secteur privé lucratif. Ne cherchez pas à forcer le trait. Se différencier n'est pas une fin en soi, l'essentiel est le service rendu. Le plus souvent, l'origine de la cartographie des établissements et professionnels de santé dans un territoire donné est à chercher dans l'histoire, non dans des explications liées au statut, public, privé (avec ou sans but lucratif), libéral.

L'important, disait le Baron de Coubertin, est de participer. C'est aussi le cas pour l'ESS. Elle participe à la santé publique et, pour cela, mobilise des ressources spécifiques, recrute des administrateurs atypiques qui n'auraient jamais eu un mandat dans un établissement public ou une société anonyme, met ici ou là sa touche propre, apporte des éléments de diversité diffus et méconnus, contribuant à la couverture des besoins de la population et à l'amélioration continue des systèmes de santé.

Osons la confiance sans évaluation !

Soutien aux personnes en situation de handicap

Les associations de toutes tailles et les fondations sont très nombreuses à œuvrer dans le secteur du handicap. Ici plus qu'ailleurs, elles pallient le

[41] Bernard Dumaz, *Rencontres avec des bien-portants*, Ed. Jean Curutchet. 1999.

manque de structures publiques dédiées à l'accueil et à l'accompagnement des personnes porteuses de handicap.

Mais l'apport de l'ESS va bien au-delà du comblement d'une carence de service public. L'autonomie de gestion facilite l'intégration de représentants des familles dans la gouvernance (sauf dans les fondations), ainsi que la présence de proches et de bénévoles auprès des personnes concernées. Par ailleurs, l'agilité et la capacité d'innovation des structures de l'ESS permettent de démultiplier les initiatives, les sites, les modalités d'accueil, au plus près des besoins. Les fédérations et la culture du réseau, très fortes dans ce secteur, jouent un rôle important de coordination locale, de transfert d'expériences entre structures, de mutualisation des ressources juridiques et de plaidoyer.

Nature et Environnement

L'acronyme vaut reconnaissance institutionnelle : voici les APNE, Associations de Protection de la Nature et de l'Environnement. Elles œuvrent pour la préservation et la restauration des milieux naturels. Elles sont Sentinelles de la Nature, justicières de l'environnement, éducatrices à l'environnement et au développement durable dans les écoles, expertes en ingénierie écologique, exploitantes de bases de données naturalistes, lobbyistes auprès du Parlement, réservoirs de contributeurs aux réunions et enquêtes publiques, nurseries de naturalistes et mouroirs de militants. Médiatiques en diable ou animant discrètement une amicale de quartier, elles sont l'ennemi parfait dont a besoin le monde agricole en détresse[42].

Les APNE démentent l'idée naïve d'une ESS consensuelle travaillant pour l'intérêt général, menant des activités d'utilité sociale incontestée. Dès lors, nous avons des structures d'ESS vraiment contributrices à la démocratie au sens où celle-ci est l'expression organisée, pacifique, des débats d'opinions et des arbitrages d'intérêts.

À elles seules, les APNE rassemblent maintes caractéristiques de l'ESS.

C'est un monde hétérogène, avec des petites associations rassemblant une poignée d'adhérents et des ONG avec des centaines de salariés et des milliers d'adhérents. Nous avons l'ancrage territorial, l'insertion dans des réseaux et fédérations, la concurrence apparente limitée (chaque association a son territoire ou sa spécificité) et la concurrence réelle non dite pour les bénévoles, les financements, la notoriété.

---

[42] Umberto Eco, *Construire l'ennemi*, Grasset, 2014.

L'intrication, la confusion disent ceux qui n'aiment pas les écologistes, est permanente entre les intérêts privés (défense du cadre de vie) et la générosité pure, la défense de la nature pour sa valeur intrinsèque, indépendamment de tout service rendu à l'humanité. En sus de la participation aux activités qui concourent aux finalités de l'association, les adhérents viennent presque toujours pour tisser des liens amicaux, profiter de moments de convivialité, s'aérer le corps et l'esprit.

Tous les modes de financement se rencontrent : prestations pour l'État et des collectivités territoriales, vente de services ou produits aux particuliers, dons et legs, mécénat. Tous les statuts de travailleurs cohabitent tant bien que mal, et pas toujours bien : salariés, bénévoles, apprentis, services civiques, auto-entrepreneurs sous-traitants.

L'État est omniprésent (même si les APNE ne ménagent pas leurs critiques à son égard) : donneur d'ordres, et parfois opérateur direct, d'actions de préservation ou restauration, financement direct via des appels à projets, financement indirect via la défiscalisation des dons, cible fréquente des recours contentieux, interlocuteur important pour les plaidoyers, organisateur des procédures de participation, etc.

Les zones de recoupement avec le secteur privé concurrentiel sont la marque du cycle « Innovation – Croissance et diffusion – Banalisation ». Elles portent notamment sur l'éducation à l'environnement où officient maintenant des animateurs indépendants et sur les missions d'expertise qui peuvent être confiées à des bureaux d'étude en société.

Les APNE ont été précurseurs. Elles doivent se réinventer continûment. Il faut dire, hélas, que les pollutions n'ont pas cessé, l'érosion de la biodiversité devient palpable et de plus en plus menaçante, de même que le changement climatique.

S'agissant de questions non consensuelles, l'intervention d'un acteur-tiers, ni public soumis à une majorité électorale, ni lucratif, est la meilleure assurance possible du maintien de la diversité des opinions, d'une esquisse de contre-pouvoir et des actions de progrès (préservation, restauration, acquisition et diffusion des connaissances, etc.). L'ESS a donc encore et toujours toute sa place dans le secteur de la nature et de l'environnement, en interaction avec les acteurs publics et privés.

L'ESS est d'autant plus incontournable pour la nature et l'environnement qu'une bonne part des activités (la veille écologique, la participation à la démocratie environnementale, le plaidoyer, le contentieux …) n'intéressent pas le secteur privé, ne sont pas financées par le secteur public et requièrent impérativement des bénévoles.

Finances solidaires, monnaies locales

Née comme une alternative au capitalisme, il n'est pas étonnant que l'ESS s'intéresse à l'argent, depuis longtemps, avec des coopératives aux trajectoires qui ont dépassé l'imagination des plus optimistes et en poursuivant aujourd'hui avec des alternatives mobilisant tout un mouvement associatif.

La coopérative qui n'avait pas prévu de grossir autant, c'est le Crédit Agricole, désormais premier financeur de l'économie française, 10ème banque mondiale, premier gestionnaire d'actifs européen, premier bancassureur en Europe … et nous nous arrêtons là car tout le monde a compris que cette banque n'a plus rien à voir avec l'ESS même si elle se revendique d'essence mutualiste avec 5,7 millions de sociétaires.

En France, rares sont les banques qui s'écartent significativement du système capitaliste avec recherche de profit pour les actionnaires ou les dirigeants. On peut citer le Crédit Coopératif, peut-être le Crédit Mutuel. La seule banque qui mérite, à notre avis, de conserver une place dans la famille de l'ESS est la NEF. Sa vertu sociale et solidaire ne tient pas dans son statut coopératif, mais dans les critères de choix des projets financés et dans la transparence complète sur les financements accordés.

> Comme toutes les coopératives et mutuelles, la NEF revendique le principe « une personne = une voix ». La lecture des statuts montre, sans surprise, que toutes les voix ne se valent pas. Ainsi, il existe plusieurs catégories de sociétaires. « *Chaque sociétaire usager bénéficie d'une seule voix, quel que soit le nombre de parts sociales dont il est titulaire. Les sociétaires non usagers disposent d'un nombre de voix proportionnel au capital qu'ils ont souscrit* ». La NEF ne pousse pas sa promesse de transparence jusqu'à publier la liste de ses sociétaires non usagers avec les droits de vote associés.
>
> Sur le site de la NEF, j'apprends que mon brasseur préféré, La Vieille Mule, à Poët-Laval, a emprunté 100 k€ en 2024. S'agit-il d'une entreprise sociale et solidaire ? Certes, on peut discuter le fait que la bière soit – ou non – un bien essentiel. Certes, il s'agit d'une société commerciale (SAS). Cependant, la bière est bio, produite avec du houblon cultivé à proximité de la brasserie et de l'orge qui vient de quelques kilomètres. La brasserie récupère et réemploie les bouteilles vides. Enfin, la brasserie propose une consommation sur place, dans le jardin, en partenariat avec le fournil, en statut SCOP, installé dans le même hameau. Bref, le brasseur coche plusieurs cases de l'ESS : agriculture bio, circuit court, économie circulaire, partenariat et ancrage local, contribution aux liens sociaux ! Tout cela mérite bien que j'y retourne allègrement. Je ne connais pas les résultats financiers de La Vieille Mule. La lucrativité est sans doute honnête, ni misérable, ni excessive pour une entreprise qui peut se revendiquer de l'ESS

et bénéficie aussi de soutiens publics (notamment, programme FEADER, Fonds Européen Agricole pour le Développement Rural).

L'ESS n'a pas abandonné la finance, loin s'en faut. Elle a repris son implantation dans ce secteur périlleux en innovant : microcrédit, placements solidaires, contribution à l'évolution des normes comptables[43] … L'ESS a vocation à s'exprimer sur toutes les composantes de l'économie.

Depuis 2008, les Restos du cœur, initialement centrés sur la distribution alimentaire, ont une activité d'accompagnement budgétaire et de microcrédit personnel.

Pour l'épargne solidaire, voir les CIGALES[44], clubs d'investisseurs pour une gestion alternative et locale de l'épargne solidaire. Un réseau né en 1983, environ 200 clubs recensés.

L'ESS s'intéresse aussi à la monnaie, vue comme un bien commun. Le rattachement des monnaies locales à l'ESS n'est guère contestable : ancrage territorial, promotion des circuits courts, partenariats fréquents avec d'autres structures de l'ESS (AMAP, NEF, etc.), portage associatif et surtout bénévole, mécanismes anti-spéculatif.

À l'exception de l'Eusko au Pays Basque qui est vraiment entré dans le paysage économique et qui a mis en place des systèmes d'aides aux associations locales, les monnaies locales sont à la peine. La Pêche, à Paris, a été dissoute en 2023. Le Cairn, dans la région grenobloise, a connu une baisse significative durant la période Covid, une nouvelle équipe s'efforce de le relancer en 2025.

L'Eusko est une monnaie solidaire, et le mécanisme du ***Don 3 % Eusko*** en est une illustration très concrète. Le principe est simple et vertueux : chaque adhérent peut parrainer une association de son choix parmi les plus de 300 du réseau. Dès que celle-ci réunit au moins 30 soutiens, elle reçoit chaque année un don équivalent à 3% des euros changés en eusko par ses parrains et marraines. C'est un don qui ne coûte rien à l'utilisateur, mais qui devient une ressource précieuse et pérenne pour les associations. Par exemple : 40 soutiens qui changent 70 € par mois en

---

[43] L'évolution des normes comptables est un sujet de recherche qui donne lieu à une coopération entre acteurs de l'ESS, chercheurs et spécialistes travaillant dans le secteur privé. L'idée, utopie stimulante, est de développer une comptabilité *écosystème-centrée.* Voir l'association CERCES, fondée en 2020, Cercle des comptables environnementaux et sociaux – www.cerces.org

[44] Clubs d'Investisseurs pour une Gestion Alternative et Locale de l'Epargne Solidaire.

eusko permettent de générer 1000 euskos par an pour l'association parrainée[45].

En sus de leur fonction officielle de « monnaie complémentaire », les monnaies locales ont deux utilités.

Elles contribuent d'abord à créer de la cohésion locale, ce qui prédispose à la solidarité, via le sentiment d'appartenance à une même communauté. Dans la région grenobloise, où le Cairn est resté jusqu'à présent très confidentiel, la communauté est un entre-soi homogène socialement, mais elle a vocation à grandir et à se diversifier. Au Pays Basque, l'eusko consolide le sentiment d'appartenance locale, déjà très fort. Dans le pays de Dieulefit, nous avons la June qui joue aussi ce rôle de rassembler un collectif : la monnaie fédère les *junistes* qui procèdent à des achats groupés, gèrent un local café et mini-boutique, organisent deux fois par an un marché.

Les monnaies locales ont aussi un rôle politique, d'éducation populaire sur les mécanismes financiers et leurs implications dans les sociétés. Les promoteurs des monnaies locales suscitent immédiatement réflexions et controverses sur la nature de la monnaie, son rôle dans l'économie et la politique, la mondialisation financière, le fonctionnement des banques.

Indépendamment de toute évaluation quantitative des valeurs, le plus souvent en billets, en circulation, ces deux utilités suffisent à justifier l'engagement bénévole, militant, en faveur des monnaies locales. Celles-ci illustrent bien notre propos en début de chapitre sur « l'ESS variété d'économie cohabitant avec le capitalisme ». À tort ou à raison, nous n'imaginons pas les monnaies locales supplanter l'euro, ce qui n'enlève rien à leur intérêt pour la société.

Économie circulaire

La visibilité, dans ce livre, d'AIMA, *Allons Imaginer un Monde d'Amitiés*, association de réemploi solidaire, n'a rien du hasard ou de l'anecdote. Elle est reconnaissance de la place éminente de l'économie circulaire dans l'ESS.

« L'économie circulaire est un modèle de production et de consommation qui consiste à partager, réutiliser, réparer, rénover et recycler les produits et les matériaux existants le plus longtemps possible.

[45] Extrait du site de l'Eusko : https://www.euskalmoneta.org/7-bonnes-raisons (d'utiliser l'Eusko)

De la sorte, le cycle de vie des produits est étendu afin de réduire l'utilisation de matières premières et la production de déchets ».[46]

On le voit : ce concept, et cette qualification, apparemment novateurs, sont en pratique depuis la nuit des temps. Comme celui de l'Économie de la Coopération et de la Fonctionnalité. Nos sociétés modernes ont le goût de réinventer l'eau chaude… Nos anciens n'avaient-ils pas l'habitude de coopérer ? De faire durer jusqu'à la corde leurs vêtements par des raccommodages minutieux ? De prolonger la vie de meubles ou de machines par des rafistolages ingénieux ? L'économie des ressources et d'argent étaient évidemment plus prégnantes avant que s'installent la surconsommation et le gaspillage, moteurs du capitalisme triomphant.

Depuis quelques dizaines d'années, deux préoccupations se rejoignent :

Celle du pouvoir d'achat, pour que le maximum de personnes puissent conserver ou augmenter leurs biens matériels, acquérir des objets plus récents, … ou suivre la mode.

Celle de la gestion des déchets, conséquence de la vie réduite des produits. Car il faut bien jeter avant d'acheter, pour que les chaînes de production et de distribution fonctionnent.

Alors, des associations se créent, à l'initiative de bénévoles engagés et épousant l'une ou l'autre de ces problématiques, parfois les deux. Quand le social et l'écologie se rejoignent…

Pendant longtemps, ces structures n'ont fonctionné qu'avec le don de particuliers partageant les mêmes fibres. Depuis les années 1980 et jusqu'à il y a une dizaine d'années, ce secteur a vivoté, presque uniquement porté par des structures de l'ESS dont la plupart considérait l'insertion comme prioritaire. En effet, les activités qu'elles proposent demandent peu de qualifications ou celles-ci peuvent être acquises par des formations relativement courtes. Plus récemment, les urgences sociales et écologiques s'imposant, le nombre de ressourceries/recycleries a cru fortement. Des réseaux se sont mis en place pour, entre autres, amplifier leurs relations avec les pouvoirs publics, les organisations professionnelles et les éco-organismes, sociétés de droit privés agréées par l'État afin de gérer les déchets et favoriser le réemploi par des soutiens financiers.

Si les sociétés à but lucratif se sont, depuis longtemps, intéressées au recyclage et à la gestion des déchets, nécessitant l'un et l'autre des processus industriels, elles ne se sont jamais immiscées dans le réemploi de matériel de particuliers. Objets disparates, acheteurs assez peu

---

[46] https://www.europarl.europa.eu/topics/fr/

nombreux, dispersés et parcimonieux : les plus-values potentielles n'étaient guère alléchantes ! Les structures de l'ESS, dont la plupart œuvraient principalement avec des bénévoles et des personnes en contrats aidés, ouvraient la voie et étaient les seules à se soucier du réemploi.

Mais, depuis une dizaine d'années, s'est posée, et se pose de plus en plus, la question du mobilier et du matériel dont veulent se séparer les structures professionnelles. Les organisations sont incitées à ne pas jeter et à donner le matériel déclassé, pour de multiples raisons : logique de l'amortissement, évolution des normes, présentation commerciale quand elles recherchent à être plus attirantes, effets de mode, dispositions légales et réglementaires, françaises et européennes comme la Responsabilité Elargie du Producteur (REP) et la comptabilisation des émissions de gaz carbonique. Alors, des brokers et des organisations à but lucratif se sont positionnés sur ce marché en expansion. Et on voit même maintenant des fabricants et de gros distributeurs élargir leur offre[47] avec du matériel reconditionné ou prêt au réemploi[48].

Opérant dans un champ concurrentiel, tant pour l'accès aux gisements pour les collectes, que pour l'écoulement des produits, les structures de l'ESS n'ont d'autres choix qu'emprunter le chemin d'une professionnalisation plus poussée. Tout en conservant les valeurs humanistes qui peuvent les différencier et pour lesquelles elles sont appréciées.

> Le Triporteur à Dieulefit est une recyclerie associative, créée il y a une quinzaine d'années à l'initiative de la Communauté de Communes. Elle dispose d'un local de stockage et vente dans un lieu commercial et artisanal, d'un point de collecte à la déchetterie (partenariat avec la communauté de communes). Elle fonctionne avec des bénévoles et des emplois d'insertion. Nous avons tous les ingrédients majeurs de l'ESS : utilité écologique, sociale et solidaire, ancrage territorial, non lucrativité, partenariats avec le secteur public.

Cependant, en matière de circularité, beaucoup reste à faire ! Car si l'aval du cycle de vie des produits manufacturés est désormais pris en charge (réemploi, recyclage), l'amont, à savoir la production à partir de

---

[47] La demande étant stimulée par la loi pour l'Anti Gaspillage et l'Economie Circulaire (AGEC) qui incite (puisqu'il n'y a ni contrôle, ni dispositif de sanction) les collectivités territoriales à ce que 20 % du mobilier dont elles s'équipent viennent des filières de réemploi ou de reconditionnement.

[48] Pour s'éviter les difficultés et les incertitudes des collectes, certains achètent ce mobilier aux rares ressourceries spécialisées dans le réemploi de matériel de professionnels.

biens et matières réutilisés ou recyclés, est encore marginal : des artistes plasticiens, des entreprises artisanales, certaines « à but d'emploi », qui fabriquent des meubles et petits objets d'équipement, quelques entreprises textiles qui incorporent des matières issues de plastiques recyclées … et des entreprises performantes en greenwashing qui survalorisent la part de leurs intrants qui proviennent du recyclage.

Nos économies productives étant d'abord des économies extractivistes, nous avons du pain sur la planche pour étendre l'économie circulaire afin qu'elle réponde à une préoccupation émergente, de plus en plus critique : économiser les ressources fossiles, carburants et minerais. Sans doute un chantier immense pour l'ESS car il faudra des ateliers localisés au plus près des points de collecte, de l'imagination et l'appui de mouvements citoyens pour faire évoluer les pratiques de consommation.

Médias

Alternatives Économiques, Reporterre, Médiacités, Vert, AOC, Politis, l'Age de Faire, Le Crestois … le statut coopératif ou associatif est particulièrement prisé par la presse alternative, indépendante de groupes financiers ou de capitaines d'industrie. Rattachons aussi à ce secteur de la communication les éditeurs indépendants : REPAS dans la Drôme qui publie notamment des témoignages d'*alternatives sociales, créatives et soutenables*, Campus Ouvert à Grenoble spécialisé en sciences humaines, Presses Universitaires de Grenoble (PUG), les éditions Terre Vivante, pionnières de *l'écologie pratique*, etc.

Il y a là tout un mouvement vivant, avec de nouveaux entrants presque chaque année, bien sûr des sorties par épuisement ou insertion dans l'économie marchande, et des *revues* vénérables installées depuis des décennies dans le paysage intellectuel : Esprit, Etudes, Projet, etc.

Sur le fond, tous ces médias ont en commun d'œuvrer en faveur d'une société plus humaine, démocratique, écologique, solidaire. En lisant les projets éditoriaux, on retrouve sans peine les valeurs et orientations affichées par les acteurs de l'ESS.

La non lucrativité de ces médias est acquise car il n'y a pas d'argent à gagner avec la presse libre qui modère la publicité et ne bénéficie pas, ou fort peu, de ruissellement en provenance des grandes fortunes.

Chaque média s'efforce de trouver un modèle économique garantissant *en même temps* indépendance et pérennité. Reporterre réussit le tour de force d'être *indépendant, en accès libre* (gratuit), *sans publicité, financé par les dons de ses lecteurs*.

Il ne s'agit pas ici de discuter l'utilité sociale de cette presse alternative, mais plutôt de faire le constat de sa nécessité pour faire vivre le pluralisme dans une société qui se veut démocratique mais dans laquelle presque tous les grands organes de communication appartiennent à de riches entrepreneurs.

Subsidiairement, rappelons que tout média, mais ceci est aussi vrai de la presse Bolloré, contribue, quelque part, à tisser des liens entre les personnes. Ce qui nous donne un nouveau critère pour identifier les médias dignes de rattachement à l'ESS : ils n'ont ni pour but, ni pour effet, d'attiser les tensions entre les personnes, entre les groupes sociaux.

Dans la zone grise de la famille ESS-presse, nous avons les think tanks, miroirs de la diversité idéologique et sociologique de la société, êtres hybrides inclassables mêlant des appartenances politiques, institutionnelles, scientifiques. En cherchant bien, on en trouverait qui s'apparentent à l'ESS dont il faut définitivement renoncer à tracer les frontières au cordeau.

Gestion des communs

Comme souvent pour l'ESS, c'est un domaine très ancien et de plus en plus d'actualité. Les *communs*, ressources gérées collectivement par une collectivité, existaient du temps de l'Ancien Régime, avant que la propriété ne fût déclarée sacrée par les révolutionnaires. Des communs d'antan, il nous reste surtout les estives et les alpages.

> **La gestion des estives en bien commun dans la vallée d'Ossau**, un combat pluriséculaire et des solidarités à recomposer[49]
>
> Dans la vallée d'Ossau, Pyrénées Atlantiques, le pastoralisme reste un élément central et fédérateur des projets de territoires, mais les sources de tensions n'ont pas pour autant disparu. Elles se sont même diversifiées. Au-delà des éternels conflits pastoraux internes à la communauté, l'arrivée de nouveaux acteurs (Parc National des Pyrénées, professionnels et structures de tourisme, …) et la montée en puissance d'institutions chargées du contrôle environnemental (ONF, Office Français de la Biodiversité, services préfectoraux, …), complexifient la donne.

[49] Nous donnons ici un bref aperçu d'un article de Danielle Lassalle et Sigrid Aubert, *La gestion des estives en bien commun en Béarn, Pyrénées Atlantiques, un combat pluriséculaire* - en cours de publication au pôle foncier du CIRAD.

Les élus et les éleveurs transhumants sont désarmés par la complexité imposée par la coexistence des multiples usages susceptibles d'être accueillis par la montagne au gré des saisons et des années. Leurs conséquences sur l'évolution des ressources et des paysages, sur l'espace de travail des bergers, est difficile à apprécier. En outre, le contexte juridique est de plus en plus contraignant. La superficie non négligeable de ces territoires et les mesures de gestion de la biodiversité imposées par le pouvoir central remettent en cause la légitimité des gestionnaires d'estives.

Les pâturages de montagne restant des surfaces collectives dans lesquelles il est primordial de cultiver le lien social, la reconstruction de cette légitimité se fait en Béarn principalement à l'échelle des communes ou des commissions syndicales. Une initiative inter-valléenne a consisté à réunir un certain nombre de communes (propriétaires d'estives) et de commissions syndicales (gérant les indivisions entre communes) au sein d'une même assemblée dans le but de faire valoir la gestion en bien commun des estives et de reconfigurer les solidarités au sein des territoires, que celles-ci soient économiques, sociales, ou écologiques.

Aujourd'hui, un enjeu essentiel est l'ouverture de la gestion en bien commun à de nouveaux entrants, souvent promue par le pouvoir administratif et qui est perçu comme une dépossession par les ayants-droits. En effet, au-delà de l'accueil du bétail des éleveurs transhumants, les estives sont le lieu d'un nombre croissant d'autres usages. Le tourisme se développe et de nouveaux habitants s'installent dans les vallées. Les nouveaux usagers de la montagne posent de nouveaux défis à la culture des prairies de fauche, à l'aménagement et à l'équipement des estives ou aux techniques non animales visant à conserver l'ouverture des milieux (écobuage et interventions mécaniques). Les solidarités qui rassemblaient les habitants des vallées, leurs représentants et les visiteurs se recomposent.

La gestion en bien commun des estives passe par la mise en œuvre de cadres de réflexion et d'action permettant de dynamiser (et parfois même de réactiver) le dialogue avec les usagers de la montagne et leurs représentants. L'administration de la montagne nécessite une volonté tenace pour :

- Stimuler à l'échelle des territoires un dialogue transversal sur le lien entre le passé, le présent et le futur comme fil directeur d'un partage de connaissances et de compétences entre usagers de la montagne.
- Répondre aux enjeux de reconnaissance et de transmission des usages pastoraux et faire valoir les devoirs et les prérogatives de ceux qui vivent de la montagne.
- Identifier les interstices entre le droit coutumier et le droit de l'État, pour faire commun autour d'un projet de territoire partagé.

> La gestion en bien commun des pâturages repose sur un dialogue constant entre la valorisation de la propriété privée et les conditions du partage de l'accès aux biens communs entre les habitants des vallées qui utilisent cette ressource. La qualification en « bien commun » implique, tant pour les gestionnaires modernes, que pour les éleveurs transhumants, de s'outiller sur le plan technique et scientifique pour conserver la maitrise des contours et des limites de cette qualification.
>
> Le droit étatique contemporain associe cependant souvent ces biens, et notamment l'eau, les paysages et la biodiversité, à des biens « publics »[50] qui doivent être régis par les lois et règlements en vigueur, sauf démonstration de l'existence de droits antérieurement établis. Le Parc National des Pyrénées, presque entièrement composé d'estives, s'emploie ainsi à protéger le patrimoine naturel et culturel de la nation et à le rendre accessible au public.
>
> Les éleveurs, les bergers et les gestionnaires d'estives conservent pourtant leurs prérogatives en matière pastorale. Cette distribution des tâches est historique, mais elle illustre également l'intérêt de la reconnaissance en 2023 de la transhumance comme *patrimoine culturel immatériel* par l'UNESCO: « *Les modes d'élevage, les pratiques de gestion pastorales en altitude, les pratiques coutumières de gestion collective des territoires pastoraux, les savoir-faire liés à l'artisanat et à l'élaboration de produits alimentaires* »[51] peuvent être associés à des biens communs immatériels qui n'existent qu'au travers de ceux qui mettent en pratique les connaissances acquises par les anciens, qui les font évoluer pour les adapter aux nouveaux contextes, et qui s'efforcent de les transmettre.

Les communs apparaissent aujourd'hui comme une nouvelle 3ème voie en s'insérant non entre le public et le marché libéral, mais entre la propriété publique et la propriété privée. L'économie s'intéresse à des biens et services. La gestion des communs porte sur des ressources : les pâturages de montagne, les bois et forêts, les logements, les espaces publics, l'eau, l'énergie, les connaissances, les sciences, les logiciels etc. Pour chaque ressource et chaque territoire, on peut imaginer un mode collectif de

---

50 « L'eau fait partie du patrimoine commun de la nation. Sa protection sa mise en valeur et le développement de la ressource utilisable, dans le respect des équilibres naturels, sont d'intérêt général. L'usage de l'eau appartient à tous dans le cadre des lois et règlements ainsi que des droits antérieurement établis » (Article L210-1 du Code de l'environnement) ; « Les espaces, ressources et milieux naturels terrestres et marins, les sites, les paysages diurnes et nocturnes, la qualité de l'air, les êtres vivants et la biodiversité font partie du patrimoine commun de la nation. Ce patrimoine génère des services écosystémiques et des valeurs d'usage. » (Article L110-1 du Code de l'environnement).

51 https://agriculture.gouv.fr/la-transhumance-reconnue-au-patrimoine-culturel-immateriel-de-lhumanite-de-lunesco.

propriété et de gestion. C'est là qu'interviennent les ingrédients de l'ESS : l'association, la coopération, les finalités de liens sociaux et de solidarité, les principes démocratiques.

La gestion d'un commun (par exemple, une estive ou un bois) demande de repérer quels en sont les usagers (exploitants, visiteurs), les habitants (humains, non humains), les contraintes (phénomènes naturels, impacts des activités humaines ...) et, ce qui est le plus difficile, d'établir au cas par cas les modalités démocratiques de gestion : qui a droit à la parole ? Sur quoi ? Comment ? ... On retrouve des questions qui se posent dans une entreprise de l'ESS lorsque celle-ci prend en compte son environnement et ses externalités.

La *démocratie des communs* pourrait s'épanouir dans de multiples domaines :

- L'habitat, comme dans les coopératives d'habitat ou la Coop Lucette, maison d'accueil de personnes exilées
- L'eau, bien commun vital, avec des instances telles que l'Assemblée du Rhône ou le Parlement de l'Isère, en complément des instances de concertation et de gestion actuelles (comité de bassin, commission locale de l'eau) ;
- Les connaissances et les logiciels, biens communs évidents quand on prend conscience de la dépendance aux monstres technologiques que sont Google et consorts.

Artisanat et industrie

Si nous ne craignions pas de trahir notre âge, nous dirions que l'ESS, c'est un peu la Samaritaine : on y trouve tout ! Le mouvement coopératif est très présent dans l'univers productif. Produire des biens ou construire des équipements peut-il être une fin en soi, une finalité de l'ESS ? Pour répondre, il faut élargir la question : ces biens sont-ils essentiels ? Quels sont les intrants et comment ont-ils été obtenus ? Quelles sont les externalités ?

A partir de là, un regard subjectif peut voir apparaître des nuances d'utilité.

> Ambiance Bois : une aventure entrepreneuriale solidaire à connaître absolument. Lire Michel Lulek, *Scions ... travaillait autrement ? Ambiance Bois, l'aventure d'un collectif autogéré*, Editions Repas 2002, 2009, éditeur engagé au statut associatif. L'ouvrage est en diffusion libre en version numérique. C'est un témoignage magnifique sur une expérience particulièrement réussie. Le livre raconte la continuité avec les années scoutes aux éclaireurs

unionistes, il décrit le partage du travail, les relations humaines dans leur collectif, le PDG tiré au sort, un accident du travail dramatique, l'ancrage dans le Limousin, les approvisionnements en circuits courts, la vitalité associative et citoyenne locale, la participation à des réseaux, la coopération avec d'autres SCOP …

Il est sans doute vain de s'interroger sur la reproductibilité de l'expérience d'Ambiance Bois. Les événements, les personnes et les circonstances sont uniques. Mais il est enthousiasmant de constater qu'une telle entreprise existe vraiment. Ensuite, à chacun son chemin.

… et le tout-venant associatif

Terminons ce tour d'horizon par les gros bataillons associatifs dans les domaines du sport, des loisirs, de la culture, du patrimoine. Les associations, véritables ou faux-nez d'activités professionnelles d'animateurs sportifs et autres coachs, contribuent à la santé et aux liens sociaux, sans enrichir outre mesure les professionnels qu'elles emploient, souvent avec des contrats précaires et à temps partiel.

Dans cette myriade d'associations, nous avons des entités qui sont de fait parapubliques en gérant, avec les conseils directifs et sous le contrôle d'agents territoriaux, des activités étroitement cadrées par les subventions reçues, les locaux mis à disposition par une commune et la réglementation Jeunesse & Sports. Nous avons les ACCA, associations communales de chasse agréées, dont les fédérations départementales et nationales travaillent main dans la main avec l'État pour gérer la chasse et encadrer, autant que faire se peut, les chasseurs, tout en cultivant la convivialité et les traditions du monde rural. Nous avons aussi des clubs qui cultivent un entre-soi distingué où on peine à voir les vertus solidaires et démocratiques.

Dans ce fouillis, chacun reconnaîtra les siens et ceux qu'il peut rejoindre, choisira ses engagements et, s'il est élu d'une collectivité locale, établira ses préférences pour l'attribution de la manne publique.

Une grande famille en devenir

Avec cet exercice d'inventaire non exhaustif, nous parcourons un vaste champ d'activités. En examinant l'utilité sociale et la lucrativité, nous avons bien du mal à rattacher à l'ESS les coopératives de commerçants, les grandes coopératives agricoles[52], les mutuelles et les compagnies d'assurance, les banques (à l'exception de la NEF), bien que toutes ces entreprises réalisent la très grosse part du chiffre d'affaires de l'ESS au sens légal. Ajoutons l'éducation sous contrat pour laquelle, il faut se rendre à l'évidence, il s'agit d'un prolongement de l'éducation nationale.

Cependant, même avec un périmètre réduit par rapport à l'approche officielle, l'ESS conserve une grande diversité interne, ce qui est très bon signe sur sa capacité d'évolution et de développement. L'ESS n'est pas une niche économique, elle est trop hétérogène pour cela. Nous la voyons plutôt comme une grande fratrie fragile qu'il faut accompagner pour que chacun trouve sa voie et vole de ses propres ailes. En ce sens, l'implication et le soutien actif du secteur public sont indispensables.

52 L'effet taille est déterminant. Ainsi, les petites coopératives viticoles, fruitières ou fromagères conservent bien l'esprit de la coopération, avec quelques dizaines de producteurs dans un territoire donné. De même, les CUMA, forcément territorialisées et limitées en nombre de coopérateurs, relèvent pleinement de l'ESS telle que nous la concevons.

Chapitre 4 : Valeurs et éthique

Si nous tirons quelque fierté de notre compagnonnage avec l'ESS, c'est qu'il nous a permis d'aligner nos valeurs et nos engagements. Reconnaissons-le : le sentiment du devoir et la satisfaction d'avoir des activités qui ont du sens ne sont jamais très loin quand on s'approche de l'ESS car celle-ci, dans son essence même, est affaire de valeurs. Certes, le plaisir, l'opportunité, l'égo, le besoin de reconnaissance sociale, le goût du confort et parfois le conformisme, toutes choses légitimes et qui n'ont rien d'infamantes, sont naturellement présentes dans le choix de s'impliquer dans l'ESS. Mais le moteur dans la durée, ce qui fait tenir alors que l'on pourrait partir[53], ce sont les valeurs, la conviction ou seulement l'espoir, selon les cas, que la cause est juste, que ce monde-là est le nôtre et qu'il mérite qu'on s'y accroche en le cultivant.

Maintenant, revenons sur terre. Les difficultés commencent. Car que sont ces valeurs qui valsent dans nos têtes ? Chacun a les siennes et, pour être solidaires, encore faut-il que l'on tienne un fil commun.

Les *valeurs* tiennent une place importante dans l'identité choisie et affichée par les structures de l'ESS. On les trouve facilement sur les sites web de présentation ou dans les statuts. Elles accompagnent la *vocation* qui intègre valeurs et finalités dans une même expression concise, savamment travaillée.

La loi 2014 *relative à l'ESS*, dite loi Hamon, ne revendique pas explicitement de porter des valeurs. En première lecture, c'est une loi que l'on pourrait qualifier d'idéologiquement neutre. L'ESS, nous dit la loi, est « *un mode d'entreprendre et de développement économique adapté à tous les domaines de l'activité humaine* ». La loi, se voulant opérationnelle, est définie de manière procédurale. Elle mentionne les *conditions* d'éligibilité en termes de principes de gestion et d'objectifs poursuivis.

En revanche, pour présenter la loi, le discours officiel, public et pédagogique, n'a pas les pudeurs du législateur. Les valeurs sont énoncées clairement … et mises en valeur ! Ce sera notre base de discussion[54].

---

[53] Inversement, rester car l'on ne peut pas partir est une souffrance individuelle et un problème collectif que nous aborderons au chapitre 6.

[54] Brochure ESS-école, réalisée par le Secrétariat d'État chargé de l'Economie Sociale, Solidaire et Responsable, 2021. Le terme *Responsable*, accolé à l'ESS, n'apporte rien sur le

« Les valeurs de l'ESS, l'humain avant le profit :

Une gestion démocratique. Le fonctionnement des entreprises de l'ESS permet la participation de tous dans la prise de décisions. Beaucoup d'entre elles sont fondées sur le principe « une personne = une voix ».

Une entreprise au-delà de l'entreprise. La structure peut s'appuyer sur l'engagement personnel et collectif de très nombreux volontaires (salariés mais aussi adhérents, bénévoles, bénéficiaires, coopérants, militants …).

Une recherche de l'intérêt général ou collectif. Le projet d'entreprise vise à répondre à des enjeux qui nous concernent tous, comme la protection de l'environnement ou la lutte contre la pauvreté.

Une lucrativité limitée. Quand elle fait des profits, l'entreprise doit obligatoirement en réinvestir une partie dans le projet. Elle doit également le répartir équitablement, c'est-à-dire qu'il n'y a pas de grands écarts entre la rémunération des salariés et des dirigeants. »

L'humain avant le profit

La formule est inspirante. En creux, elle souligne, ce qui est rare sur un document gouvernemental, que l'économie non sociale ou solidaire, c'est-à-dire 90 % de l'économie, place le profit avant l'humain … En quelque sorte, nous dit cette brochure, l'ESS est la part de l'économie où triomphe le slogan « *Nos vies valent plus que leur profit* »[55].

Plus prosaïquement, la valeur distinctive citée est la *lucrativité limitée.* Comment l'apprécier ? La loi ne le dit pas, ce qui est cohérent avec la présence dans le périmètre ESS institutionnel de grands groupes bancaires mondialisés, de coopératives agricoles aux chiffres d'affaires stratosphériques et de coopératives de commerçants où les revenus des dirigeants sont certes limités, mais à un haut niveau. La lucrativité *limitée,* si on en reste là, n'a pas grand sens.

---

fond car qui voudrait d'une économie irresponsable ? Il signale que les concepts et la terminologie ne sont pas stabilisés et alerte sur l'omniprésence de la *communication* (le marketing politique, le plaidoyer, la propagande) dans les discours publics autour de l'ESS. La durée de vie de cette *ESS responsable* a été brève : apparu en 2020, le terme *responsable* a disparu en 2022 des textes officiels relatifs à la gouvernance de l'ESS.

[55] Slogan du NPA, Nouveau parti anticapitaliste. Repris par Emmanuel Macron le 2 avril 2022, en campagne pour son second mandat, à propos du sort des personnes âgées dans les Ehpad – voir article de Clara Degiovanni dans Philosophie magazine, 6 avril 2022.

L'agrément ESUS, établi par décret du 23 juin 2015, vient combler le silence de la loi. Il fixe deux critères : un rapport au plus de 1 à 7 entre le plus bas salaire et la moyenne des 5 plus hauts salaires ; de 1 à 10 avec le plus haut salaire.

Si le salaire minimum est au SMIC, ce qui est très fréquent, le plus haut salaire pourrait être de 219 k€ brut / an, les 5 plus hauts dirigeants pourraient recevoir 153 k€ / an, ce qui est largement suffisant pour différencier les revenus selon les personnes, les emplois tenus, les responsabilités assumées, y compris dans des grandes entreprises.[56]

La très grande majorité des structures de l'ESS ont des échelles de revenu beaucoup plus resserrées que l'écart maximum autorisé par l'agrément ESUS. Un écart de 1 à 3 est fréquent et souvent considéré comme optimum. Un revenu de l'ordre de 3 x SMIC permet d'entrer dans le dernier décile des salariés. La convention collective de l'animation prévoit un écart de salaire maximum de 1 à 2, sachant que les dirigeants sont hors grille de qualification. Pour l'association AIMA, l'écart est de 1 à 1,5 … et certains trouvent que c'est encore trop !

Le salaire brut médian en équivalent temps plein est environ de 32 k€ / an (INSEE, 2021), soit 1,5 SMIC. En bloquant les salaires à ce niveau, on condamnerait les salariés de l'ESS à rester dans la moitié la plus pauvre de la population travailleuse, ce qui n'est souhaitable ni pour l'équité des rémunérations, ni pour l'attractivité des emplois dans l'ESS.

En bilan, l'échelle de rémunération ainsi définie par l'agrément ESUS nous paraît un compromis, plutôt généreux, qui pourrait aisément être généralisé, notamment dans la fonction publique, dans les entreprises bénéficiant de marchés publics et pour servir de référence à une dernière tranche avec un taux élevé d'impôt sur le revenu.

Proscrire l'accaparement : Dans le modèle capitaliste, les profits transférés aux personnes privées ne proviennent que pour une faible part des rémunérations en salaires ou autres indemnités de fonction. Les fortunes se font plutôt par les dividendes et surtout par les plus-values sur le capital. Pour limiter les profits, sources d'injustice, il faudrait proscrire l'accaparement du patrimoine des entreprises de l'ESS par des entités privées. Or, ce sujet est mal verrouillé dans la loi. Les fuites d'argent vers les intérêts privés restent possibles via des montages juridiques (filiales,

---

[56] Pour une personne seule, l'Observatoire des Inégalités définit le seuil de la richesse à 4293 €/mois, soit 51 k€ / an. Guère plus, et même moins en monnaie constante, que les 4000 € proposés par François Hollande en 2007, ce qui avait, à l'époque, provoqué un tollé.

holdings …) et des prix de transfert qui permettent de loger les bénéfices là où ils sont peu imposés et plus facilement récupérés par le privé. Les structures mères (mutuelle ou coopérative) contrôlent les filiales et reçoivent des dividendes, mais une part des profits peut aussi être distribuée à des investisseurs privés.

Ecarter vraiment les intérêts privés des structures de l'ESS suppose des gouvernances réellement démocratiques et sérieusement impliquées dans la surveillance des opérations et de la gestion financière pour éviter toute manœuvre d'accaparement des bénéfices.

Il est aussi parfois prudent, pour rester dans l'esprit social et solidaire, de savoir renoncer à la croissance.

Modération étendue

Comment étendre la notion de limitation volontaire pour répondre à la fois au souci d'égalité, valeur démocratique essentielle, et aux préoccupations écologiques ?

Les notions de sobriété et de frugalité pourraient convenir, mais elles sont trop connotées *écologie* pour l'une, *austérité* pour l'autre. Alors, pour dépasser la lucrativité *limitée* et ne pas penser qu'à l'argent, nous proposons un terme neutre, presque insipide, qui a l'avantage de banaliser cette vertu et d'en faciliter l'acceptabilité : la *modération.*

La modération contribue à la réduction des inégalités (dimension solidaire et sociale) et à la limitation de l'empreinte environnementale (dimension écologique). Elle s'applique idéalement aux pouvoirs, aux salaires (échelle de salaire limitée), aux moyens matériels, aux consommations de ressources et de biens, à la technique gestionnaire, aux méthodes de travail, à tous les outils et artifices que le génie humain est capable de produire.

Les convivialistes en font un impératif universel : l'impératif de maîtrise de l'hubris[57]. « La condition première pour que la rivalité serve au bien commun et ne débouche pas sur la barbarie et le brutalisme, est de faire en sorte qu'elle échappe au désir de toute-puissance, à la démesure, à l'hubris, et a fortiori à la pléonexie, au désir de posséder toujours plus. Elle devient alors émulation en vue de mieux coopérer. (…) L'impératif de

---

[57] Les convivialistes associés, *Convivialisme ou Barbarie, Le nouveau manifeste convivialiste*, Le Bord de l'Eau, 2025. Le convivialisme est une sorte de philosophie politique, transnationale, au service de l'humanité. « *Il se veut une philosophie de l'art de vivre ensemble en s'opposant sans se massacrer* ».

maîtrise de l'hubris est en réalité un méta-principe, le principe des principes[58]. Il imprègne tous les autres et doit leur servir de régulateur et de garde-fous ».

Proche de l'hubris, il y a l'omniprésence envahissante. Or, modérer sa présence dans un groupe, modérer ses prises de parole, c'est faire de la place aux autres. S'engager *à fond* n'est pas toujours bénéfique pour le collectif.

> Dans cette boutique de commerce équitable, le président est presque toujours présent. Il ne peut s'empêcher de donner son avis sur tout. Consciemment ou non, il abuse de sa fonction pour interférer sur les tâches assumées par d'autres bénévoles. Certains se lassent et quittent l'association. Un autre s'emporte, provoque un clash et calme les ardeurs du président … pendant quelques semaines.

Une notion positive proche de la modération qui mériterait d'être popularisée est le *contentement*. On y trouve l'idée d'une réponse à un besoin, ce qui renvoie à notre vision de la solidarité, de l'autolimitation et de la joie, si nécessaire pour nourrir l'action collective militante.

Une gestion démocratique, vraiment ?

« *Le fonctionnement des entreprises de l'ESS permet la participation de tous dans la prise de décisions. Beaucoup d'entre elles sont fondées sur le principe « une personne = une voix »*[59] ».

L'appariement de deux notions aussi éloignées que la *gestion* et la *démocratie* peut surprendre. Fusionner Sciences Po et les Ecoles de commerce, pourquoi pas ? Bon nombre de hauts fonctionnaires, cadres dirigeants ou personnalités politiques ont un double cursus[60]. A de nombreuses reprises, par exemple en proposant de faire une *start-up nation* et en appelant à une culture du résultat, le président Macron a exprimé son intention de rapprocher la gestion et la démocratie. Hélas, l'expérience suggère que cette idée n'était pas très heureuse. Nous n'avons eu ni la bonne gestion (cf la dette et la déshérence des services publics, lire les

---

[58] Les convivialistes identifient cinq principes à respecter par toute société humaine se voulant suffisamment bonne à vivre et donc durable : naturalité, humanité, socialité, individuation, opposition créatrice.

[59] Brochure ESS-école – op.cit.

[60] Jean-Noël Barrot, Agnès Pannier-Runacher, Amélie Oudéa-Castéra, Nicolas Dufourcq, Olivier Ferrand, Marc Ferracci, Alexis Kohler, Emmanuel Moulin, Pierre-Louis Bras … On va s'arrêter là pour ne pas trop épaissir cet ouvrage !

rapports de la Cour des comptes), ni la bonne démocratie (les exemples sont trop nombreux, ne digressons pas !).

La *gestion démocratique* traduit le désir louable de se différencier de la gestion classique, de concilier *démocratie* et efficacité. Cependant, les communicants du gouvernement s'avèrent bien incapables de donner du contenu à cette notion fort mystérieuse. La référence à « *la participation de tous* » est bien trop vague et générale pour avoir du sens, d'autant que l'immense majorité des entreprises, quel que soit le statut et le domaine d'activité, se targuent de faire participer leurs salariés aux décisions. Soulignons aussi que la gestion n'est pas une discipline figée, elle évolue sous l'influence des outils, des contraintes socio-économiques, des aspirations sociétales, des discours académiques, des modes professionnelles, du marketing des prestataires etc. La gestion s'applique en de nombreux domaines : la finance, la production, les stocks, les projets... L'approche démocratique est-elle toujours pertinente ? On peut en douter.

Mettre en avant le principe « *une personne = une voix* » pour justifier la dimension démocratique, c'est regarder la question par le petit bout de la lorgnette. La démocratie mérite mieux que cela[61] ! Par ailleurs, nous verrons à propos de la gouvernance (chapitre 5) que ce principe est une belle incantation qui ne résiste pas à l'observation des statuts et des pratiques réelles, sauf si on précise « *une personne = une voix avec un droit d'expression* ». Il s'agit alors d'une banalité à la portée de tout commerçant offrant un numéro vert à ses clients, de tout industriel disposant d'un service consommateur.

Dans ce contexte mouvant où les acteurs socio-économiques sont en permanence en interaction, il serait naïf et simpliste de croire qu'il y aurait d'un côté la gestion démocratique et de l'autre une gestion classique qui serait non-démocratique. Faute d'être définie, la référence à la gestion démocratique ne dit rien de l'ESS.

La loi est d'apparence plus précise que la communication gouvernementale, tout en ouvrant considérablement les portes. Il ne s'agit pas de gestion mais de « *gouvernance démocratique, définie et organisée par les statuts, prévoyant l'information et la participation, dont l'expression n'est pas seulement liée à leur apport en capital ou au montant de leur contribution financière, des associés, des salariés et des parties prenantes aux réalisations de l'entreprise* ». La formulation

---

[61] Pour une approche large, historique et conceptuelle, de la démocratie, lire Pierre Rosanvallon, en particulier : *La légitimité démocratique*, Editions du Seuil, 2008 et *Le bon gouvernement*, Editions du Seuil, 2015.

est absconse, ne nous demandez pas d'en justifier la qualité sémantique. On comprend que le législateur a été soucieux de ne pas écarter le capital et la finance en tant qu'agents de l'ESS, mais de s'assurer qu'ils ne sont pas seuls critères de participation aux décisions. Le texte de loi élude en fait la problématique de la gouvernance qui est renvoyée d'une part aux statuts, d'autre part aux travaux du Conseil supérieur de l'Economie Sociale et Solidaire, lequel est mandaté pour les « *bonnes pratiques* » qui concernent notamment « *les modalités effectives de gouvernance démocratique* ».

Le discours officiel nous laisse donc sur notre faim quant aux valeurs démocratiques présentes dans l'ESS.

Pour nous, il ne s'agit ni de gestion, ni de gouvernance, mais plutôt d' « *une manière de vivre ensemble, une expérience commune* »[62]. La démocratie est *une forme de vie*, une *méthode*[63]. Une structure de l'ESS qui mérite de se revendiquer *démocratique* s'efforce[64] de mettre en œuvre des principes démocratiques qui irriguent son fonctionnement, à tous les niveaux, dans tous les collectifs interagissant.

L'ESS n'est pas une forme de gestion, mais la mise en action de valeurs et d'une éthique démocratique.

Les valeurs et les principes démocratiques que nous proposons ci-après pour constituer le cœur de l'ESS esquissent une société désirable. L'ESS joue ainsi un rôle d'expérimentation et de démonstration porteur de progrès sociétal.

Si l'ESS préfigure, en partie, *la société qui vient*[65], il ne sera pas surprenant d'y trouver des ingrédients déjà banalisés indépendamment de tout rattachement à l'ESS.

Respect des personnes et de l'environnement

Il peut sembler paradoxal de placer cette valeur en tête de liste. D'un côté, elle est basique, triviale, évidemment non spécifique de l'ESS. Inscrite dans la Constitution, abondamment déclinée dans le Code du travail et le Code de l'environnement, tout acteur socioprofessionnel, public ou associatif, tout capitaine d'industrie ou fonctionnaire se dit haut et fort

---

[62] John Dewey, Democracy and Education, 1916.

[63] *Désobéissance*, Sandra Laugier dans *La société qui vient*, sous la direction de Didier Fassin, Editions du Seuil, 2022.

[64] « *La démocratie n'est pas de l'ordre de la perfection, mais de la perfectabilité* », Dominique Schnapper.

[65] *La société qui vient*, ibid.

respectueux des personnes et de l'environnement. Mais d'un autre côté, les situations de non-respect, ce que l'on peut nommer le mépris ou l'atteinte, abondent et génèrent tensions, souffrances, contentieux. Répondre au non-respect (avéré ou suspecté) et le prévenir sont des activités majeures des organisations syndicales, des associations de protection de la nature, des structures d'accompagnement social.

Faire respecter les personnes, le vivant, l'environnement, est une grande vocation de l'ESS dont les membres se voient parfois en justicier du monde.

Qu'est-ce que le respect ? Pour les écosystèmes, le critère de jugement proposé par Aldo Leopold (1949) dans *l'Ethique de la terre* reste très pertinent : « *Une action est juste si elle tend à préserver l'intégrité, la stabilité et la beauté de la communauté biotique. Autrement, elle est mauvaise* ». Le respect des écosystèmes implique de revoir le droit de propriété, nous y reviendrons.

Pour les individus, le respect pourrait se définir en référence à la santé au sens de l'OMS : le respect est ce qui préserve l'intégrité et le bien-être physique, mental et social des personnes.

En dépassant le périmètre du monde vivant, nous proposons une vision élargie du respect : le respect est ce qui préserve l'intégrité, la beauté, la valeur intrinsèque et l'utilité des *êtres*[66].

La reconnaissance est une condition nécessaire du respect. Nous y reviendrons lors du chapitre 6 sur *les gens de l'ESS*. Par exemple, le respect doit se manifester vis-à-vis des bénévoles, pour le temps qu'ils donnent et ce qu'ils apportent. Nous avons vu et eu connaissance de situations où des salariés semblaient oublier qu'une partie de leur rémunération provenait du travail et de l'investissement gratuits de bénévoles…

Reconnaître et, s'il y a lieu, valoriser, les causes, parfois lointaines, des situations d'aujourd'hui, nous paraît également essentiel. Lever le rideau sur la petite histoire de tout projet, de toute réalisation, n'est que justice rendue aux acteurs qui y ont contribué.

S'agissant de respect, la réalité invite à l'humilité car les cordonniers ne sont pas toujours les mieux chaussés. Les structures d'ESS ne sont pas à l'abri des accidents du travail, de défaillances managériales irrespectueuses de leurs salariés, de comportements déloyaux, voire de violences morales vis-à-vis de bénévoles, d'achats irresponsables d'un point de vue écologique. Bref, la vie n'est pas toujours rose pour les membres de l'ESS.

---

[66] « *être* » au sens de Bruno Latour, dans *Enquête sur les modes d'existence*, La Découverte, 2012.

En tant que consultant auprès de mutuelles, de grandes associations ou fondations, j'ai vu, comme ailleurs, le meilleur et le pire, le bonheur au travail et la souffrance. Des salariés épanouis dans des structures cochant toutes les cases des conditions de travail respectueuses des personnes : des missions claires avec des moyens adaptés, un management à l'écoute, une charge de travail maîtrisée, un collectif bienveillant et aidant, de la souplesse pour faire face aux aléas personnels, etc. Aussi, parfois dans les mêmes structures, des salariés épuisés, dépassés par leurs tâches, démunis devant les problèmes à surmonter, écartelés dans des conflits de valeur, se disant abandonnés par leur hiérarchie. A chaque fois, se pose, d'une manière ou d'une autre, la question du respect.

J'ai le privilège d'avoir (presque) toujours été respecté dans mes activités associatives, y compris dans les instances pilotées par l'État auxquelles j'ai participé au nom de FNE : reconnu, aidé, remercié, accepté dans mon rôle, toléré dans mes absences et erreurs. Autant de conditions nécessaires pour un engagement dans la durée.

Je n'en dirais pas autant de mon expérience bientôt lointaine de conseiller municipal où le respect des collègues n'était pas la préoccupation du maire, ce qui explique en partie ma démission à mi-mandat. J'ai aussi eu une expérience douloureuse en milieu associatif : des injonctions du niveau supérieur que j'ai vécues comme autant de manque de respect de mon engagement et de mes responsabilités, ce qui a accéléré un départ de la structure. Peut-être ai-je moi-même manqué de respect au rôle de garant national assumé par mes interlocuteurs, ou étais-je dans une posture rigide contraire aux bonnes pratiques de délégation et de coopération qui auraient dû régir la situation ? Toujours est-il que j'ai ressenti la puissance destructrice du mépris.

Le manque de respect peut venir des subordonnés et concerner leur hiérarchie. Moins reconnu, il est autant destructeur pour les personnes qui le subissent. Il peut s'exprimer par une distorsion des faits ou par des fausses informations. Plus souvent, par une mise en cause de la contribution du cadre : mieux payé, réalisant un certain nombre d'actions peu évaluables ou aux effets différés (communication, représentation ...), combien de fois ai-je entendu : « *il ne sert pas à grand-chose* » ou plus vulgairement « *payer à rien foutre* » ?

Le respect, c'est à la fois le B.A BA et le graal, le droit et l'idéal. La règle, pour qui revendique d'appartenir à l'ESS, est de faire *mieux que la loi* … et peu importent les discours, les statuts, le règlement intérieur, les chartes et autres déclarations d'intention, ce qui compte vraiment ce sont les faits, notamment pour le respect de l'environnement, et la subjectivité des personnes : « je suis respecté là où je suis, où j'agis » doit pouvoir dire chaque partie prenante de l'ESS.

Le non-respect a plusieurs causes durablement installées.

D'abord, l'incompétence relationnelle s'il s'agit d'autrui ou l'ignorance écologique en matière d'environnement. L'hypothèse de l'erreur par incompétence, inattention ou bêtise[67] ne doit jamais être écartée, en particulier dans les petites structures peu professionnalisées de l'ESS. Dans un tel cas, le dialogue peut aider à recoller les morceaux, mais il n'y a pas de miracle : le sentiment de mépris et la violence produisent le plus souvent des séquelles durables, notamment l'éloignement ou la sortie du groupe. Ce point doit susciter une grande vigilance dans les relations avec les bénévoles dont les liens d'attachement à la structure sont moraux, psychologiques ou idéologiques, sensibles aux valeurs, très souvent fragiles.

Dans la plupart des cas, le non-respect est conscient, assumé comme un choix responsable, au nom de valeurs supérieures. C'est évident dans le cas de l'environnement où, situation fréquente, un préfet autorise la destruction d'espèces protégées au nom de l'emploi, du développement économique, de la réindustrialisation, du désenclavement … L'administration n'a jamais de difficulté à justifier une entorse au principe de respect de l'environnement. Quand il s'agit de personnes humaines, le non-respect résulte fréquemment de la conjonction entre une valeur supposée supérieure (un intérêt général, une règle ou un principe) et la relativisation de l'atteinte à la personne (« ce n'est pas si grave »). Exemple classique dans les structures sociales : l'employeur accepte une surcharge de travail qui pèse sur la santé d'un salarié en arguant que les services à rendre le nécessitent et en contestant toute gravité des effets négatifs sur la santé[68].

Les dérives sur les conditions de travail surviennent quand la fin abolit le discernement et le jugement éthique sur les moyens.

Enfin, les collectifs de l'ESS n'échappent pas aux dérives et pathologies néfastes que l'on trouve partout et qui sèment la désolation dès que les honnêtes gens les laissent prospérer : l'hubris, la volonté de puissance, la perversité …

> En tant que consultant, j'ai eu à étudier des situations de travail avec présomption de harcèlement. Le plus souvent, il s'agissait d'incompétence crasse de management, par exemple de l'idée qu'il fallait « remettre de

---

[67] Olivier Postel-Vinay, *Homo cretinus – Le triomphe de la bêtise*, Les presses de la cité, 2024.

[68] Simon Cottin-Marx, *C'est pour la bonne cause ! Les désillusions du travail associatif*, Les Editions de l'Atelier, 2021.

l'ordre » dans une équipe ou « mettre la pression » pour obtenir des résultats.

Parmi les rares cas avérés de harcèlement volontaire, il faut citer la triste référence de France Télécom dans les années 2006 – 2009. J'en ai eu une connaissance directe pour y avoir mené plusieurs missions. Ce qui provoquait la souffrance d'agents, jusqu'à en pousser plusieurs au suicide, provenait de l'extrême détermination de la direction à réduire les effectifs pour améliorer la compétitivité (valeur considérée comme supérieure, à la manière d'une raison d'État) conjuguée à la relativisation des souffrances (« c'est dur, mais ça passera »).

Malgré tous les efforts de recherche, d'éducation et de pédagogie que l'on peut faire, il n'y a ni remède définitif ni vaccin contre l'incompétence, l'ignorance ou la bêtise. En revanche, on peut s'en prémunir via une approche collective de l'action. Assurer le respect implique de valoriser l'action collective, d'où les principes de participation et de délibération que nous examinons plus loin.

Retenons aussi que le respect suppose d'écarter ce qui s'apparenterait à une raison d'État. Les difficultés financières d'une entreprise ou association ne justifient jamais de brutaliser les salariés. Les dirigeants de structures de l'ESS se doivent l'exemplarité en de telles situations, d'autant plus que des salariés, par exemple en insertion, ou des bénévoles, en recherche de deuxième souffle, peuvent avoir un passé professionnel ayant généré blessures et traumatismes qu'il s'agit de ne pas faire revivre.

Le droit fixant un minimum exigible en matière de respect des personnes et de l'environnement, les parties prenantes de l'ESS doivent disposer d'une capacité à agir au plan juridique pour *faire respecter le respect*. Les réseaux et les fédérations (cf chapitre 9, Coopérer ici et ailleurs) contribuent à la mutualisation des compétences juridiques qui sont couteuses à acquérir et à mobiliser.

Attachés à la valeur *respect*, les acteurs de l'ESS agissent pour faire progresser le droit. De belles avancées sociales, à commencer par la sécurité sociale, ont ainsi été poussées par des acteurs de la solidarité. Aujourd'hui encore, la plupart des grandes ONG mènent des activités de plaidoyer auprès des parlementaires. Ce sont aussi des collectifs et des associations qui mènent les mouvements actuels en faveur des droits de la nature, de la reconnaissance de la personnalité juridique d'entités vivantes (rivières, glaciers).

On le voit, le fil conducteur « respect » est très productif, il nous mène loin !

Liberté, diversité et pluralisme

La *liberté* est reconnue comme droit fondamental dès la Déclaration de 1789. Le *pluralisme* des opinions est garanti par la Constitution de la Vème République. La Charte de l'environnement introduit la *diversité biologique* parmi les éléments constitutifs de l'environnement, mais la loi Barnier (1995) avait déjà reconnu la biodiversité parmi les sujets d'intérêt général.

Les liens entre liberté et diversité ne sont pas (encore) reconnus par la loi, mais sont certains avec un point de vue ESS.

L'accueil des exilés suppose la reconnaissance de leur culture, de la personnalité et de l'histoire des personnes, et de leur liberté de mouvement. Inversement, les politiques anti-migration contestent la liberté de déplacement et exigent l'assimilation rapide des réfugiés acceptés ou tolérés, au prix du déni de leur bagage social et culturel.

De même, le respect du loup[69], prédateur honni des éleveurs ovins, passe par l'acceptation de sa grande liberté de mouvement et par la prise en considération de ses comportements sociaux et alimentaires.

Au sein des structures d'ESS, la liberté, le pluralisme et la diversité consistent notamment à accepter que tout le monde (salariés, bénévoles, administrateurs) ne soit pas sur la même ligne, ne partage pas le même degré d'engagement. A cet égard, nous avons horreur des expressions toutes faites et d'une banalité affligeante telles que « on est tous dans le même bateau » ou « tout le monde se mobilise ». Halte au toutisme ! Il y a là une différence notable avec les entreprises ou les administrations dans lesquelles la diversité est occultée par les règles et procédures qui imposent une homogénéisation artificielle, différence aussi avec les sectes où l'emprise du gourou interdit tout écart à la norme. Transformer un collectif en groupe fusionnel est une méthode fiable et rapide pour l'affaiblir et le conduire à sa perte, de même que l'érosion de la biodiversité menace tout le monde vivant.

La liberté et la diversité, au-delà du droit, peuvent se concrétiser par des comportements qui irritent, agacent, désolent et parfois enragent les militants les plus engagés et les responsables de structures : le départ sans raison d'un bénévole, les phénomènes de zapping (les bénévoles qui

[69] Le rapprochement, dans un même paragraphe, entre les exilés et le loup a comme seule et unique origine mes engagements actuels. Que le lecteur n'y voit aucune autre proximité sociale ou conceptuelle. Je contribue à une coopérative qui prépare une maison d'accueil de personnes en exil et j'appartiens à un mouvement qui défend avec ténacité le loup contre le désir irrépressible d'une partie du monde agricole de le chasser.

passent d'une structure à l'autre, sans jamais s'implanter vraiment), les critiques exprimées par ceux qui n'ont pas fait grand-chose. C'est le prix à payer dans une structure qui n'est pas une force armée d'un pays totalitaire, mais une organisation sociale et démocratique dans un pays libre, riche de bonnes volontés bénévoles. La sagesse est de se féliciter de tout engagement, aussi fugace et léger soit-il. L'art du management en ESS est de savoir tirer profit de toute compétence, de toute énergie, qui passe à proximité, jette un œil dans une porte entr'ouverte, vient un jour boire un verre attiré par la convivialité.

Pour nous, l'engagement, si souvent mis en avant à propos des bénévoles et des travailleurs du secteur social[70], n'est pas une valeur en soi, d'autant qu'il peut exister partout, indépendamment du statut. C'est un paramètre qui caractérise la relation entre une personne et une structure, paramètre qu'il faut connaître pour en tenir compte dans l'organisation et le fonctionnement de la structure.

Dans le travail comme en alpinisme, le niveau d'engagement se mesure par les risques pris, les difficultés à revenir en arrière (réversibilité des choix), la part des ressources propres mobilisées (dans un engagement *total*, la personne mobilise toutes ses ressources), l'exclusivité – ou non – de l'action engagée.

En théorie, une structure d'ESS peut très bien fonctionner avec des personnes peu engagées : mandats à durée limitée, partage des responsabilités faisant en sorte que personne ne porte entièrement les risques d'échec, implication non exclusive. En pratique, l'expérience montre que les structures qui réussissent s'appuient sur un petit nombre de personnes très engagées. La clé du succès est alors de faire travailler en bonne intelligence des personnes avec des niveaux d'engagement très variés.

S'interdire toute pression culpabilisante sur les gens *différents*, à l'intérieur ou à l'extérieur de la structure, n'exclut pas, bien au contraire, les invitations, les propositions d'action ou d'engagement, les demandes explicites de soutien. Certaines personnes se tiennent dehors et attendent une sollicitation pour entrer. Ce fut parfois notre attitude et nous remercions celles et ceux qui nous ont poussé à faire le pas décisif.

Liberté et diversité, allant de conserve, ont d'autres conséquences prégnantes en ESS, notamment vis-à-vis des bénévoles. La progressivité

---

[70] Claire Thoury et Patrice Douret, entretien avec Laurent Berger, *L'engagement associatif, poumon démocratique*, Editions de l'Aube, 2026.

et l'évolutivité des engagements est typiquement une conséquence de la liberté de chacun et de la diversité des situations individuelles. L'ESS est rarement dans une logique contractuelle pure et dure où une personne est dedans ou dehors, mais pas entre deux. En ESS, les entre deux, les périodes floues ne sont pas rares : un adhérent qui démarre petitement avant de monter en charge et de prendre des responsabilités explicites, un ancien salarié qui continue à *grenouiller* avec la structure (situation parfois malsaine mais qui existe), un bénévole très actif dont un petit nombre d'heures sont rémunérées comme salarié.

La cohabitation entre bénévoles et salariés est toujours délicate car les droits et devoirs des uns et des autres sont très éloignés. Au sein de la population de salariés, les différences de traitement, les dérogations et arrangements au cas par cas sont périlleux et souvent mal vécus.

Le désordre est une expression de la libre diversité, voyez le chaos qui règne dans une forêt en libre évolution. Le dosage n'est jamais simple, mais, comme dans les milieux naturels, le désordre apparent dans une structure est parfois signe de vitalité et potentiel de créativité. Il n'y a pas de critère rigide permettant de régler l'équilibre entre l'ordre et le désordre, entre ce qui est prescrit par les règles et procédures et ce qui est improvisé par les acteurs sur le terrain le moment venu. Le seul critère, le juge de paix, est peut-être l'appréciation collective de la situation, ce qui nous mène au sujet suivant : l'organisation.

Partage généralisé

Le partage, valeur démocratique par excellence, est l'inverse de la concentration. Il s'applique en tout domaine et doit être un leitmotiv pour les acteurs de l'ESS.

La *transparence* est le partage de l'information et des opinions. C'est un prérequis au partage du pouvoir[71] (cf le chapitre 5 sur la Gouvernance), à la confiance nécessaire à toute coopération, ainsi qu'à la délégation et à la participation que nous aborderons plus loin. La transparence porte sur les faits qu'ils aient ou non une composante matérielle : décisions, événements, travaux, mouvements, actions, etc. Elle contribue à la visibilité[72] de la vie des structures d'ESS.

---

71 « *Knowledge is power* », Francis Bacon, 1597.

72 Cf Rosanvallon « Le bon gouvernement », ? visibilité comme valeur démocratique

Les modalités de transparence ne sont pas identiques en interne et vis-à-vis de l'extérieur, mais le principe de transparence est général. En ce sens, une structure d'ESS se distingue nettement d'une entreprise classique qui limite la transparence à ses obligations réglementaires ou qui la trahit en adoptant une communication relevant de la propagande, d'une entreprise innovante mobilisant le droit de la propriété intellectuelle pour protéger ses découvertes, d'une entreprise déloyale qui engage des procédures baillons pour faire taire les médias ou lanceurs d'alerte gênants, d'une secte qui impose le secret à ses membres.

La transparence est limitée par un principe de réalité évident : de même qu'il n'existe pas de carte à l'échelle 1[73], on ne peut envisager une transparence totale sur tous les faits et gestes dans une structure d'ESS. La transparence est donc un sujet de réflexion permanent et, en conséquence, un motif de controverse fréquent. Il faut alors accepter que la délégation joue son rôle : dans une structure, la régulation de la transparence est déléguée aux instances de gouvernance pour les informations macro, aux pilotes de projet ou responsables de tâches pour *le tout-venant*.

En exception à la règle de transparence, plusieurs domaines requièrent le plus souvent de la confidentialité et sont passés sous silence ou ne sont communiqués que sous forme statistique, anonymisée ou abstraite : l'identité des adhérents et des usagers (bénéficiaires, clients ...), les efforts humains ou financiers, les événements personnels et interpersonnels, les dysfonctionnements mineurs corrigés avant de produire des effets graves, la stratégie (alliés, cibles, objectifs stratégiques). Dans certaines organisations ou pour certaines personnes, l'anonymat est parfois nécessaire pour permettre une expression libre, sincère. Le droit à la parole n'est pas en usage partout et tout le monde n'a pas la capacité de s'exprimer *sans peur et sans reproche*.

Les principales pathologies de la transparence sont la propagande et la manipulation où l'information est triée et dévoyée, le dénigrement (propagation d'informations fausses ou déformées ou d'informations personnelles dans un but malfaisant), et le questionnement sans fin, insatisfaction chronique de râleurs invétérés, bons candidats au complotisme pour qui il manque toujours un détail, une explication, une cause ou qui voudraient être branchés en temps réel sur le cerveau de ceux qui font et décident quelque chose.

---

[73] Umberto Eco, *De l'impossibilité de construire la carte de l'Empire à l'échelle 1*, dans *Comment voyager avec un saumon*, Grasset, 1998.

De toutes ces pathologies, la propagande est la plus répandue, la moins grave. Enseignée dans les écoles sous les termes de communication, publicité, rhétorique, art de convaincre, elle est facile à repérer pour peu qu'on soit attentif à inscrire les discours dans la réalité. Dans le monde de l'ESS, la propagande se traduit souvent par la glorification de ce qui est fait et des effets produits. Elle est petit péché d'orgueil, nourriture parfois utile pour mobiliser les troupes, excipient toléré et que plus personne ne remarque pour ornementer un dossier de demande de subvention ou de mécénat.

L'insatisfaction chronique de ceux qui demandent toujours plus d'information est agaçante, voire usante. En voici un exemple cocasse que nous avons subi plusieurs fois : une idée a germé, un projet est envisagé, une consultation sous forme de questionnaire ou d'appel à contributions est lancée auprès des adhérents ou des salariés. Réponse du râleur de service : « On n'a pas été consulté sur la consultation ! ».

> Dans la structure de formation que je dirigeais, des doléances s'exprimaient régulièrement sur le manque d'information. Jacques Dutronc, et sa chanson « on nous cache tout, on nous dit rien », avait fait des émules. Alors, toutes les semaines, je passais une heure ou deux à compiler des informations et à les diffuser sous forme d'une page recto-verso, « Les brèves ». Presqu'à chaque fois, j'étais ensuite interpellé sur un sujet déjà retranscrit : il semblait plus important de se plaindre d'une communication insuffisante que d'être convenablement informé.

Quant au dénigrement, il est délétère et, s'il devient public, fait tomber les plus fragiles ou les personnes isolées.

> Je peux témoigner de deux expériences professionnelles douloureuses qui se sont bien terminées mais m'ont privé de sommeil pendant quelques jours (on s'en remet ...) : une attaque sur ma déontologie qui m'a donné l'occasion de découvrir le palais de Justice sur l'ile de la Cité à Paris ; une campagne de dénigrement avec tracts et signalement au procureur à l'appui pour un supposé conflit d'intérêt.
>
> Dans les deux cas, ce que j'ai vécu comme une agression était nourri par le détournement d'informations que j'avais moi-même diffusées : le détail des travaux réalisés, la publication de courriers officiels. Dans les deux cas, c'est la cohésion collective (soutien des collègues) qui m'a fait traverser l'obstacle en restant indemne.

On retrouve les bienfaits de la solidarité, chère à l'ESS. Je retiens aussi que la transparence produit des effets inattendus et doit être régulée par la prudence. Enfin, il faut se rappeler que l'engagement est toujours associé à une prise de risques.

Délégation

Le *partage du pouvoir*, la répartition des rôles et le partage du travail font appel aux dispositifs de *délégation*. Avec le consentement[74] qui en est le corollaire, la délégation est consubstantielle aux mécanismes de représentation qui existent nécessairement dans toute démocratie. La délégation est verticale, ascendante (les citoyens vers leurs représentants élus ou nommés, les salariés vers leur hiérarchie, les adhérents vers le conseil d'administration) ou descendante (un décideur vers un subordonné, un donneur d'ordre vers un prestataire, une instance supérieure vers une entité inférieure), et horizontale (entre pairs, au sein d'un réseau ou d'un collectif égalitaire). En plaçant des personnes en situation de responsabilité, la délégation contribue à la montée en compétence. En spécialisant les rôles au sein d'entités ou de réseaux dédiés, la délégation favorise la mutualisation de ressources.

> Des associations délèguent à HelloAsso (entreprise ayant l'agrément ESUS) la collecte des dons et adhésions. HelloAsso investit dans des applications et systèmes d'information mis à disposition des associations.
>
> France Nature Environnement : une fédération régionale délègue un thème (l'agriculture, l'énergie, les forêts ...) à un réseau, celui-ci regroupe alors les compétences et les expertises dans ce thème et peut les mettre à disposition de toutes les associations adhérentes.

La délégation consentie, en contraste avec le pouvoir subi, est un signe de maturité démocratique. Dans ce registre, l'ESS (dans sa configuration idéale) se distingue des autres entreprises par les modes de désignation des représentants (dirigeants, cadres – cf le chapitre *Gouvernance*) : choix par consensus, cooptation, élection ... il existe une diversité de mécanismes qui ont en commun de ne pas dépendre des contributions financières (parts de capital ou montant des cotisations).

Il ne peut y avoir de véritable délégation que dans une organisation dont les membres disposent d'une réelle marge de manœuvre. Pas de délégation si tout est cadré par des procédures ou si l'ordre est le canal de transmission de ce qu'il faut faire. C'est pourquoi la délégation est une valeur qui écarte l'ESS des entreprises et administrations taylorisées, hiérarchisées, bureaucratiques.

Dans le cas de la représentation d'une association dans une instance de concertation officielle, la délégation suppose qu'il n'y a pas de mandat

[74] Consentement à ce qu'autrui prenne sans moi une décision ou mène une activité qui me concerne.

impératif, comme le prescrit d'ailleurs la Constitution de la Vème République pour les parlementaires[75]. Cette règle est parfois contestée en interne, l'association ayant la tentation de placer ses représentants sous tutelle, à la manière de la pratique habituelle à l'Assemblée nationale où (malgré la Constitution ...) les députés, à l'exception des frondeurs, sont disciplinés et votent comme le parti le décide. La bonne pratique démocratique, le bon équilibre entre approche collective et respect de la délégation, consiste à préparer en interne associatif les réunions d'instance, puis d'accepter que les représentants soient libres de leurs expressions et votes.

> Une salariée de FNE AURA siège au nom de l'association dans une commission pilotée par l'ADEME qui évalue des projets de méthanisation en vue d'accorder – ou non – des aides à l'investissement. Avant chaque réunion de la commission, les dossiers à examiner circulent dans un petit groupe interne d'experts méthanisation (des adhérents qui se sont spécialisés sur ce sujet et ont acquis, au fil du temps, une certaine compétence pour apprécier les projets). Chacun partage ses réflexions, ce qui met en évidence des points de convergence et des désaccords. Les échanges peuvent révéler des besoins en données complémentaires qui vont être recherchées avant la réunion de la commission. Une position commune est esquissée, mais jamais fixée trop précisément. Ensuite, la représentante participe à la commission et revient vers le groupe pour rendre compte des échanges, de sa position, de la décision de la commission.
>
> On a là, sur cet exemple, une délégation qui nous semble vertueuse : une approche collective en petit groupe ce qui permet de la réactivité, une vraie délégation sans mandat impératif, un dispositif qui permet le retour d'expérience, une montée en compétence collective et un affinage progressif de la problématique. Dans des cas similaires, certaines fédérations départementales systématisent une réunion préparatoire, gagnant dans la dimension collective, perdant en réactivité et économie de moyens.

La délégation est une valeur qui mérite d'être affirmée car elle n'est pas spontanée, notamment dans les groupes fusionnels où tout le monde veut participer à tout. La délégation mérite le respect. Elle suppose une capacité à réfréner ses opinions et impulsions : le délégant, qu'il soit décideur ou membre anonyme d'une foule d'adhérents, doit limiter l'interventionnisme vis-à-vis du délégataire et les critiques vis-à-vis de ses décisions. On pense à Camus : « *un homme, ça s'empêche* ». Et plus prosaïquement, on pense aux

---

[75] Article 27 : Tout mandat impératif est nul. Le droit de vote des membres du Parlement est personnel.

perfectionnistes, aux tatillons, aux emmerdeurs de tout poil qui, après deux heures de réunion, alors que tout le monde fatigue et que l'on peine à boucler l'ordre du jour, interpellent le rapporteur d'un dossier sur un point mineur, réclament un nième ajout dans un document, témoignant ainsi, qu'au fond d'eux-mêmes, ils n'acceptent pas le principe de délégation.

La délégation non explicite ou trop malmenée se traduit presque toujours assez rapidement par la concentration des pouvoirs, par la prise de pouvoir par les plus forts : selon les cas, les plus talentueux ou besogneux, les plus cyniques, les plus malins et même, parfois, les plus compétents !

Recevoir une délégation, c'est accepter une responsabilité, non une carte blanche.

Participation

En bonne pratique démocratique, la *participation*[76] accompagne la délégation pour améliorer les décisions. La participation vise à enrichir les éléments d'appréciation avant décision : retours terrain, avis d'experts, cas concrets, situations atypiques ... Elle permet l'expression des idées minoritaires et joue un rôle de garde-fou. Elle contribue aussi, ce qui est souvent méconnu, à la formation des participants qui sont incités à s'intéresser à une question et à la création de liens et de solidarités entre acteurs.[77]

La participation se pratique peu ou prou dans toutes les entreprises et organisations. En faire une valeur de l'ESS, c'est la mettre au même niveau que la délégation. Il n'y a pas à choisir entre délégation et participation : les deux s'imposent au prix de la perte d'efficacité immédiate que peut engendrer la participation, au prix de la frustration parfois suscitée par la délégation.

L'hybridation entre délégation et participation aux décisions se vit couramment lors des réunions qui rythment la vie d'un collectif : groupe de pilotage, réunion de coordination, conseil d'administration etc. Comme les plantes à fleurs ont besoin d'un auxiliaire pollinisateur, les groupes sont plus fructueux si un tiers (animateur, modérateur ou président de séance,

---

[76] Il s'agit de la participation aux décisions, à ne pas confondre avec la participation aux bénéfices, dispositif d'épargne salariale.

[77] Sur ce sujet de la participation, je suis contraint et forcé de recommander mon livre : *A quoi servent les enquêtes publiques ? Plaidoyer pour la démocratie participative*, Francis Odier, Editions Campus Ouvert, 2024.

peu importe la terminologie) facilite les interactions entre la personne ayant délégation sur un sujet donné et les autres participants. Dans l'attribution des temps de parole, l'ouverture et la conclusion des séquences, le tiers facilitateur doit veiller à l'asymétrie des rôles : il y a *un* délégataire (qui peut être un binôme ou un trio) et *des* participants qui contribuent, méritent d'être écoutés mais n'expriment que des avis consultatifs. Dans une organisation trop centralisée, en fait trop simple, l'animateur de réunion (par exemple le président de l'association ou le gérant de la coopérative) et le délégataire ne font qu'un, ce qui appauvrit en général les interactions et risque de biaiser les décisions.

> Réseau Montagnes de FNE - travail collectif sur une note de positionnement : j'anime un groupe mouvant et nébuleux de 5 à 30 personnes, les participants fluctuent selon les réunions (chacun peut inviter d'autres personnes), les contributions s'expriment par mail et en direct lors de nos visios, un membre du réseau « tient la plume » (il a délégation pour la production de la note) et, réunion après réunion, rédige un document qui converge peu à peu vers un point de vue commun. Globalement, les participations interpellent, recentrent, recadrent, complètent le point de vue initial du rédacteur. Le fait que celui-ci ne soit pas frontalement animateur du groupe l'aide à écouter sans chercher à répondre systématiquement, ce qui évite d'exacerber les désaccords, pourtant nombreux et profonds. Le travail de synthèse, recherche d'équilibre voire de compromis, est fait à froid, hors réunion, avec des échanges bilatéraux entre le rédacteur et les participants les plus impliqués d'une part, l'animateur du groupe d'autre part. Cahin-caha, le groupe joue son rôle d'espace de discussion et progresse vers une position commune.
>
> Conseil d'administration de FNE Isère – discussion sur un contentieux juridique avec un exploitant de carrière. Je suis à la fois président de l'association et porteur du dossier. Je propose d'engager une médiation, laquelle est refusée par plusieurs participants qui préfèrent une ligne intransigeante (aller au procès) et emportent l'adhésion du conseil. En tant que président, je suis obligé de suivre et d'arrêter là les discussions avec la partie adverse. En tant que porteur du dossier, je reste convaincu que la médiation s'imposera tôt ou tard. Elle sera d'ailleurs négociée et entérinée par mon successeur, un an plus tard. Dans un schéma tripartite avec un président de séance, un porteur de dossier et des participants, le président aurait pu conclure en gardant ouverte la possibilité de la médiation (respect de la délégation) à condition qu'elle tienne compte des avis exprimés par les administrateurs (respect de la participation) et que le dossier revienne devant le conseil avant toute décision engageant l'association (respect de la gouvernance).

La participation se décline à toutes les étapes de l'action, de la décision à la mise en œuvre. Il y a ainsi continuité, et même indifférenciation, entre participation opérationnelle au travail et participation aux décisions. L'indiscipline est tolérée, légitime, au nom d'une sorte de principe de subsidiarité qui ouvre l'autonomie de ceux qui font.

> Une modeste association vient d'être créée dans le but d'organiser des expositions (peinture, photo, sculpture, art plastique ...) dans un hall mis à sa disposition dans un centre d'activités. Pour assurer l'équilibre économique de l'association, il est décidé que les entrées seront payantes (3 €). Belle décision, qui ne sera jamais appliquée. Dès le premier jour, les visiteurs entrent librement et environ un sur trois met en sortant quelques pièces ou un petit billet dans le chapeau placé sur la table où se fait l'accueil. L'autonomie des bénévoles a immédiatement corrigé une décision inopportune, impossible à appliquer compte-tenu de la configuration des locaux et des habitudes du public pour qui ce type d'événement, sauf grand musée prestigieux, est toujours gratuit.

La participation est donc, pour une bonne part, un principe de micro-organisation : ceux qui font disent et codécident comment il faut faire, c'est l'inverse du taylorisme et de la technocratie.

Pour un adhérent associatif, un sociétaire dans une coopérative ou un salarié dans une entreprise, la participation est souvent la première étape dans un cursus d'intégration. Exemples de parcours qui commencent par la participation :

1) Je participe à l'accueil d'exilés en accueillant une personne chez moi, 2) je me rapproche du groupe de pilotage qui 3) me délègue la gestion du planning d'accueil.

1) Je participe à une enquête publique dont m'a informé l'association, 2) l'association me délègue la rédaction de la contribution associative à une autre enquête publique, 3) je suis invité à rejoindre le conseil d'administration.

On rencontre ici un idéal d'égalité : la participation est une forme d'engagement, à reconnaître et remercier, au même titre, au même niveau, que l'exercice de responsabilités. D'ailleurs, dans une association, la présidente et le petit nouveau qui gère le parking dans le pré lors de la fête de fin d'année ont la même rémunération financière : zéro. La rétribution symbolique (satisfaction, reconnaissance sociale) qu'ils reçoivent n'est pas identique mais, dans les deux cas, elle peut très bien correspondre à leurs attentes.

La participation est un bon critère pour distinguer adhérents et bénévoles : les adhérents cotisent financièrement, parfois consomment, mais ne participent pas nécessairement. C'est un constat souvent difficile à admettre dans les petites associations : « certains ne font rien », « on ne les voit jamais quand on a besoin d'eux ». C'est le jeu. Il n'y a pas de jugement moral à porter sur les adhérents-simples-consommateurs, sauf à renoncer à des critères essentiels de l'ESS, la diversité et la liberté des membres.

> Dans une association de scoutisme, le principe « tout le monde participe aux activités » s'applique aux enfants, de la même manière qu'un club de plongée décidera « tout le monde plonge ». Mais l'implication des parents, qui sont les adhérents statutaires, est extrêmement variable selon les familles. Chercher l'homogénéité de l'engagement, de la participation des parents, conduirait vite à un enfermement social, à l'inverse de l'idéal d'ouverture sur la société prôné par le scoutisme.

En revanche, par définition, un bénévole participe à la vie de la structure et bien souvent souhaite participer à *des* décisions – et non *aux* décisions stratégiques de la structure. La nuance est essentielle pour comprendre la motivation de bénévoles ou de salariés dans une structure d'ESS et la distinguer de la revendication politique de participation qu'expriment parfois des organisations syndicales ou des grandes ONG. D'un point de vue politique, la participation, par exemple dans un débat public, un *Grenelle* ou une convention citoyenne, ambitionne en général de peser sur une question importante, par exemple l'opportunité d'un grand projet ou les principes structurants d'une loi. En revanche, un bénévole ne demande rien de tel – sauf peut-être lors de l'assemblée générale. Il demande surtout d'avoir *son mot à dire* pour la tâche à laquelle il a accepté de contribuer.

L'art de la vie sociale et solidaire est ainsi d'étendre le domaine du partage en fonction des situations et dans le respect de l'intégrité, la diversité, la liberté et les attentes de chacun.

Délibération

Avec la délibération, nous touchons le cœur de la démocratie, au moins selon Habermas[78]. Celui-ci prône *l'éthique de la discussion* qui donne un cadre idéal aux débats quels qu'en soient les enjeux : droit à participation sur un pied d'égalité pour toute personne ayant un intérêt pour le sujet discuté, respect des interlocuteurs, devoir d'argumentation, sincérité, capacité à changer d'avis après écoute d'arguments, progression de la discussion par la force des arguments échangés.

---

[78] Jürgen Habermas, *L'avenir de la démocratie*, Bouquins, 2024.

Pour apprécier la qualité démocratique d'un collectif, la qualité des délibérations nous paraît primordiale, bien plus que n'importe quel processus de vote, fut-il égalitaire et fondé sur des techniques innovantes telles que le jugement majoritaire, le vote par adhésion ou l'élection sans candidat.

L'ESS est un bon terrain pour miser sur la délibération. Cela répond bien à l'idéal démocratique et aux attentes de bon nombre de bénévoles et salariés qui veulent participer aux décisions en ayant la possibilité d'exposer leurs arguments. La délibération est aussi une forme de partage du pouvoir. Elle est compatible avec la tenue à distance de la recherche immédiate de performance.

Pour compléter les paramètres éthiques énoncés ci-dessus, mentionnons l'exigence de réalisme, au sens de proximité avec le réel, qui doit imprégner toute bonne délibération. Dans le domaine de l'environnement, par exemple, le réalisme consiste à s'appuyer sur les connaissances et l'observation scientifique. Sur les sujets « humains », le réalisme implique d'accepter la subjectivité, à savoir la réalité des ressentis, opinions, souffrances exprimées par les personnes concernées.

Non-discrimination

La non-discrimination est un principe constitutionnel : « (la République) assure l'égalité devant la loi de tous les citoyens sans distinction d'origine, de race ou de religion. Elle respecte toutes les croyances (...) La loi favorise l'égal accès des femmes et des hommes aux mandats électoraux et fonctions électives, ainsi qu'aux responsabilités professionnelles et sociales »[79]. Ce principe est décliné dans la législation et la réglementation, notamment dans le Code du travail, le Code de la construction et de l'habitation (pour les règles sur l'accessibilité).

Cela étant, même instituée par la loi, la non-discrimination n'est pas appliquée partout, loin de là. L'ESS s'honore à être exemplaire en matière d'égalité professionnelle, ce qu'il faudrait vérifier :

- la différence de salaire homme/femme n'est-elle pas inférieure, dans les structures ESS, que le ratio global ?

- l'obligation réglementaire d'avoir 6 % de personnes handicapées, parmi les salariés, n'est-elle pas mieux respectée, voire souvent dépassée ?

- la discrimination à l'embauche n'est-elle pas plus faible ou absente ?

---

[79] Constitution de 1958, Article premier.

Au-delà des obligations réglementaires, la solidarité, cœur de l'utilité de l'ESS, vise l'égalité d'accès aux ressources dont chacun a besoin, ce qui doit conduire à s'opposer fermement aux discriminations.

Concurrence limitée par la coopération

La concurrence est une valeur constitutionnelle européenne, mais pas dans l'ESS où la situation inverse prévaut : les partenariats et la coopération sont promus, la concurrence est taboue mais elle existe cependant bel et bien.

Les périmètres des structures de l'ESS ressemblent fréquemment à un découpage territorial miroir de la géographie institutionnelle ou issu de l'histoire à la manière d'un Yalta.

> France Nature Environnement est une fédération de structures départementales et régionales, les associations locales ont chacune *leur* territoire qui correspond rarement à une entité administrative mais sur lesquelles elles ont tacitement un mandat exclusif.
>
> Dans les Pyrénées Atlantiques, les services du département ont réparti les territoires entre les associations d'entretien des sentiers, nulle concurrence ne s'exerce pour conquérir un marché ou une prestation.
>
> Le réseau des ressourceries de la Nouvelle Aquitaine peut exclure une structure adhérente si celle-ci va collecter sur le territoire d'une ressourcerie voisine. Posture rigoureuse voire rigide qui peut questionner : quid des connaissances personnelles et du choix du donateur ? Quid du matériel quand il n'intéresse pas la structure la plus proche pour le récupérer ? Quid des aspects logistiques et des contraintes organisationnelles ? Quand la logique du réseau va contre ses finalités (le réemploi) en vue de contrer d'éventuelles concurrences entre structures. Entre deux maux…

La concurrence entre structures de l'ESS s'exerce sur d'autres *marchés* que les activités : les bénévoles, les fonds publics, la notoriété, la représentativité vis-à-vis des pouvoirs publics.

Concurrence permanente dans la collecte de fonds auprès des fondations ou pour certains appels à projet.

Concurrence possible sur la présence dans les instances de concertation : quelle association représente la nature et l'environnement au sein des conseils d'administration de parcs nationaux, du Conseil National de la Montagne, des comités de massif, des comités de bassin, de telle commission départementale ?

Si la concurrence sur un marché est très régulée, voire théoriquement bannie entre structures de l'ESS qui prônent la coopération, elle reste présente entre l'ESS et le secteur privé lucratif. Par exemple, les plateformes Le Bon Coin et Vinted sont une concurrence directe pour les ressourceries.

La limitation de la concurrence est donc une valeur encore peu présente dans l'ESS : les marchés ont la vie dure !

Prendre soin du territoire

« *L'éthique n'est jamais une affaire solitaire. C'est un travail de façonnement, de frottement, de sculpture réciproque avec les idées des autres, et un travail qui n'est jamais achevé. L'éthique finalement, s'il fallait en donner une définition simple, c'est juste le souci des autres* » [Roger-Pol Droit][80].

Prendre soin, expression triviale qui mérite pourtant d'être prise au sérieux, est peut-être la clé pour embarquer ensemble la plupart des utilités et des valeurs de l'ESS que nous venons de parcourir.

Prendre soin des autres, nous pourrions dire aussi « avoir le souci des autres », conduit directement aux exigences de solidarité, de non-discrimination, de respect, de préservation de la santé, d'intégration sociale. Prendre soin de la parole, des points de vue et des compétences des autres débouche sur les principes démocratiques de participation et délibération. Prendre soin des collectifs et des besoins humains de pouvoir d'agir implique de travailler sur la gouvernance, la répartition des rôles, la délégation, la coopération, autant de notions que nous abordons dans ce livre.

Nous pourrions continuer à étudier l'ESS sous l'angle de l'altruisme organisé. Mais il nous faut approfondir la réflexion : qui sont ces *autres* dont nous devons prendre soin ? C'est là que nous proposons d'atterrir sur le *territoire.*

Le territoire est un mot valise, indéterminé et très utilisé dans le jargon politico-technocratique. Le mot est libre d'emploi, il ne fait référence à aucune strate administrative figée. On le trouve aussi bien dans la pure langue de bois que dans les discours savants. Le *territoire* a remplacé le *local* qui fleurait trop l'étroit ou le provincial attardé et qui était cantonné à *l'agir*, *penser* étant le privilège du global. Il a l'avantage d'être flou, dépendant des points de vue et adaptable aux situations. Il nous va donc bien comme espace de pensée et d'action, comme « contexte spatial » où se met en œuvre l'économie sociale et solidaire.

---

[80] Roger-Pol Droit, *L'éthique expliquée à tout le monde*, Editions du Seuil, 2009.

Prendre soin du territoire s'inscrit dans une vision dynamique des territoires, où on retrouve la question du développement local.

Le territoire n'est pas seulement un lieu où l'on va s'ancrer[81], s'enraciner, au risque de l'immobilisme et du repli sur soi. C'est un espace ouvert de vie, de mouvement, de coopération et d'innovation. Définir un territoire revient à désigner les contours des problèmes et des réponses *ad hoc* à inventer ou à transposer de réussites observées ailleurs.

Le territoire est un habitat. En prendre soin, c'est prendre soin de ses habitants, de ses écosystèmes, de sa culture et de son identité, avec eux. Raisonner sur le territoire permet de dépasser le clivage ancien entre le *social* et *l'écologie*.

L'ESS n'a de sens que territorialisée, ce qui impose aussi une décentralisation de la définition de l'ESS. C'est donc au sein de chaque territoire qu'il faudrait, avec des démarches de coopération, se doter des critères et des processus permettant d'apprécier l'écart entre une structure ou une activité économique et les principes (idéaux) de l'ESS. Nous y reviendrons en fin d'ouvrage.

L'erreur, l'enfermement, serait d'en rester au territoire, oubliant le monde, toujours plus vaste. D'où le besoin de construire des solidarités et des coopérations verticales, ascendantes et descendantes, ce qui est un des rôles des fédérations que nous rencontrerons au chapitre 9 « Coopérer, ici et ailleurs ».

*

Nous avons esquissé un cadre théorique, un peu idéal, de l'ESS avec ses utilités et ses valeurs. Il faut maintenant nous confronter au réel des organisations humaines et de leurs membres.

---

81 *L'ancrage territorial* est l'expression consacrée pour constater que l'ESS n'est pas hors sol, mais de quelque part. Elle est énoncée comme une évidence. C'est cependant une vision étriquée, peut être conforme à la réalité, mais qui dénote un manque d'ouverture sur le territoire, un manque de coopération avec les autres acteurs du territoire.

Partie 2 :

Réalités humaines

Chapitre 5 : Gouvernance

De la décision à l'action

La gouvernance est vue classiquement comme l'organisation de la prise de décision, avec une importance donnée aux décisions dites stratégiques. Il semble acquis que les décisions sont collectives, prises par des instances ad hoc. La réalité est toute autre du fait de l'influence déterminante des leaders. Et sans parler là de la plupart des votes politiques, déterminés par la logique des partis ou par la constitution de groupes figés dans leur composition. Nous plaidons malgré tout pour la richesse que peut produire le collectif.

Par ailleurs, l'expérience montre qu'il y a continuité entre tous les niveaux de décision, enchevêtrement entre décisions et actions, impossibilité de distinguer ce qui relève de la gouvernance et de la répartition des rôles. C'est pourquoi la délégation est la continuation de la gouvernance avec d'autres modalités.

Enfin, sans avoir la prétention de recommander tel ou tel modèle de gouvernance, nous pensons opportun de témoigner d'une configuration de gouvernance et d'action que nous avons repérée comme souvent intéressante : le binôme.

Les instances : souvent potiches, toujours utiles

Dans les associations n'employant pas de salariés[82] (autour de 90 % des associations), arrêtons-nous sur deux cas de figure relativement courants :

Une gouvernance plutôt collective, comme, par exemple, dans les comités des fêtes ou les associations de montagne que nous avons fréquentées. Les membres du bureau, émanation du Conseil d'Administration, ne font qu'appliquer par la suite les décisions prises collectivement lors de soirées souvent arrosées dans une ambiance festive. Les leaders, qui les orientent, prennent la parole avec force et détermination. Beaucoup observent, se taisent, et se rallient sans coup férir. Un classique de la dynamique de groupe…

---

[82] Les autres types de structure de l'ESS (coopératives, mutuelles et fondations), sauf exceptions rarissimes pour certaines fondations et coopératives, disposent de salariés.

Une personnalité qui se dégage naturellement. Il s'agit, soit d'un bénévole particulièrement investi, perçu comme indispensable du fait de sa disponibilité et/ou de ses compétences ; soit du leader charismatique, souvent fondateur de l'association, dont le rôle moteur et la légitimité sont reconnus par tous.

Dans les deux cas, le Conseil d'Administration en tant que tel, souvent composé des bénévoles les plus présents, ni ne conseille, ni n'administre. D'ailleurs, les candidats pour y siéger ne se bousculent pas au portillon. De même, la constitution du Conseil comme du bureau ne va pas de soi. Combien de fois a-t-on entendu un administrateur en place, voire un président, lancer à la cantonade :

> « Si quelqu'un souhaite prendre ma place, je la lui cède volontiers ».

Rares sont les fois où cette proposition trouve un écho. Et même le changement de président reste fréquemment sans effets significatifs.

Les conseils d'administration des associations sans salarié sont souvent présentés comme des organes décisionnels ou d'orientations stratégiques. Tel est parfois leur rôle au sein de l'association. Il est beaucoup plus fréquent de rencontrer des fonctions non écrites mais autrement plus importantes pour le fonctionnement : un réservoir de bénévoles (l'armée de réserve), ou pour l'utilité sociale, l'accueil bienveillant de personnes en mal de reconnaissance ou de liens sociaux. Si on vous propose d'intégrer un conseil d'administration, demandez-vous bien pourquoi cette proposition vous est faite et ce que vous ferez dans cette instance.

Quand la structure emploie des salariés, les choses se compliquent. Nous sommes généralement peu férus de typologie, souvent simplistes, donc réductrices. Mais, pour une fois, souscrivons-y avec le classement en deux catégories :

a) Les structures d'emblée professionnalisées

Mettons dans ce sac les mutuelles, la plupart des coopératives et certaines associations (institutions sociales, organismes de formation, grosses ONG). Pour ces établissements, leur statut les fait appartenir à l'ESS, certes ! Mais avec toutes les réserves que nous avons développées précédemment. Car, force est de constater que l'essentiel des décisions est l'apanage de l'équipe de direction salariée. Nombre d'administrateurs, peu au fait de tout ce qui se passe sur le terrain, ayant peu d'informations sur le système complexe dans lequel les structures évoluent (évolution de la réglementation y compris le droit du travail, modes de financement, besoins des clients-adhérents, relations aux fournisseurs, partenariats, etc.) ne sont là que pour le décorum. Sollicités pour voter sur des décisions importantes (stratégies, gros investissements, fusion, absorption, etc.), ils n'ont, pour se décider, que les exposés de la direction et les dossiers préparés par les équipes techniques.

Qui peut penser que les administrateurs des mutuelles, hormis les rares qui sont en lien constant avec leur directeur, ont un réel pouvoir de décision ?

Qui peut croire que les grosses coopératives agricoles œuvrent au bénéfice de leurs coopérateurs qui, en principe, les contrôlent ? Alors, qu'à l'inverse, ceux-ci doivent se soumettre aux injonctions de celles-ci ?

> Quand j'étais directeur d'un centre de formation, association d'une quarantaine de salariés, j'ai vite su comment faire tout ce que je voulais de « mon » (le terme, déjà, est significatif…) Conseil d'Administration :
>
> - Initier des contacts préalables avec certains administrateurs pour tâter le terrain, et recenser par avance les éventuelles objections pour m'y préparer et élaborer les réponses appropriées.
> - Bien ficeler les dossiers et, le cas échéant, les rendre abscons.
> - Utiliser discrètement des techniques manipulatrices classiques : choix des informations à divulguer, importance donnée à certains aspects, isolement des opposants, etc.
> - Selon le moment et les personnes présentes, jouer sur la psychologie des participants : louvoyer entre prudence et peur du changement pour certains ; goût du risque ou recherche de valorisation personnelle pour d'autres.
>
> Chaque réunion bimensuelle était clôturée par un bon repas, concocté par notre aguichante intendante, et le tour était joué.

Prenant conscience que beaucoup de Conseil d'Administration sont éloignés du terrain et ne possèdent pas de réels pouvoirs sur le directeur et ses équipes techniques, le législateur a créé des instances telles que les Conseil de la Vie Sociale[83] dans les institutions du même nom. Ces lieux de rencontres et d'échanges, rassemblant des représentants des usagers, de leurs familles et la direction de l'établissement, sont l'expression d'une

[83] Création par la loi du 02/01/2002. Des décrets successifs ont depuis conduit à améliorer leur fonctionnement et à leur donner plus de place, pour le mieux-être des résidents-usagers.

participation démocratique. Ils n'ont pas de pouvoirs réels mais peuvent endosser un rôle, ici ou là, d'un véritable contre-pouvoir.

b) Les structures qui se professionnalisent au fil du temps

Il s'agit d'associations[84] qui, en se développant, embauchent, petit à petit, des salariés pour épauler les fondateurs, bénévoles par définition.

Au début, avec un ou deux salariés, pas trop de changement : le Conseil d'Administration, à l'initiative de l'association et de leur embauche, ce qui leur vaut généralement reconnaissance, guide ces nouveaux entrants et conserve le pouvoir.

Au fur et à mesure que la structure grandit, et que le nombre de salariés augmente, la gouvernance se modifie. N'ont-ils pas d'ailleurs été embauchés pour décharger les bénévoles d'activités et des décisions correspondantes ?

Une difficulté se pose alors : à quelle vitesse doit se faire le passage des pouvoirs et de quels pouvoirs s'agit-il ? Là, tellement de paramètres sont à prendre en compte pour délimiter le partage des responsabilités, la position du curseur, variable donc, indiquant les pouvoirs respectifs suivant les modifications successives :

- L'évolution de la structure, de son positionnement, et du nombre de ses collaborateurs.
- Le désengagement progressif de certains administrateurs, « *vieilli, usé, fatigué* »[85] car il est fréquent qu'ils soient retraités, pas tout jeunes donc.
- Les compétences, les envies et les disponibilités[86] de ceux qui sont amenés à mener la barque.
- Les résistances aux changements qui peuvent se manifester.
- Les désaccords internes sur la nouvelle distribution des rôles.
- Les moments et les rythmes des changements entrepris.

Ces évolutions, indispensables pour que la structure se pérennise, se développe et continue à servir ses finalités, ne sont pas un chemin bordé de roses. Vous le savez : dès qu'on questionne la place de chacun, qu'on

---

84 A l'exception de petites coopératives ou de fondations familiales.

85 Formule de Lionel Jospin, en parlant de Jacques Chirac. 10 Mars 2002, dans un avion reliant Saint- Denis de la Réunion à Roissy.

86 Nous retrouvons là notre triptyque de base. Cf au chapitre 6 « Les bénévoles, ferments de l'ESS ».

permet aux enjeux de pouvoirs de s'exprimer, qu'on touche à l'identité des personnes, des incompréhensions apparaissent, des jalousies surgissent, des rivalités s'exacerbent. Si on réfute la formule : « après nous, le déluge », si on se refuse à se croire indispensable, si on croit à la réussite de ceux qui reprennent le flambeau, il faut pourtant tenir le cap dans ces turbulences.

Le Conseil d'Administration, déchargé des activités opérationnelles et de la gestion humaine et financière, peut se consacrer aux, et se recentrer sur, les grandes orientations stratégiques, en gardant un œil sur le respect des finalités et sur l'identité de la structure. Il doit en outre assumer ses responsabilités en cas de gros problèmes (humain, financier ou matériel), ce qui suppose la mise en place d'indicateurs et de contrôles, tout en assumant la responsabilité d'une gestion quotidienne dont il s'est pourtant détaché.

Un survol rapide de la gouvernance d'AIMA illustre cette évolution. Distinguons six étapes, six périodes :

- De 2002 à 2009, AIMA est une petite association humanitaire, sans salarié. La gouvernance est assurée par un Conseil d'Administration relativement stable, composé des bénévoles les plus investis dans les actions menées.
- De 2009 à 2016 : du fait du positionnement supplémentaire sur le réemploi solidaire local, embauche progressive de salariés dont certains, au bout d'un certain temps, sont identifiés comme référent de site. Leur autonomie et leurs marges de manœuvre restent limitées car les administrateurs restent fortement présents et principaux décideurs.
- De 2016 à 2018 : dans une ressourcerie, essai d'une gouvernance horizontale, sans aucune hiérarchie affichée dans l'équipe des six salariés. Absence d'une personnalité qui se serait dégagée et aurait été reconnue par ses pairs, trop d'initiatives individuelles, règles mal précisées et peu suivies, préoccupations concernant les autres champs d'activité et la marche globale de l'association insuffisantes : l'échec finit par se dessiner. Contexte particulier ? Cadre et objectifs mal définis par le Conseil d'Administration ? Suivi et accompagnement déficients ? Un peu des trois hypothèses, sans doute. Sans vouloir mettre une croix définitive sur le concept d'autogestion, nous avons quand même été sérieusement échaudés et nous avons veillé à ce que la hiérarchie finalement installée soit fluide et acceptée.

- De 2018 à 2025, mise en place d'un collège de cadres, progressivement élargi, libérant petit à petit les administrateurs de tâches opérationnelles :
  - Pôle international, englobant les actions humanitaires.
  - Pôle des services généraux, avec un service ressources humaines. En charge aussi de la sécurité des personnes et des lieux, de la communication, des enregistrements de la comptabilité, etc.
  - Les ressourceries deviennent de plus en plus autonomes dans leur fonctionnement.
- Fin 2025 :

  Mise en place d'un Comité de direction (CODIR), composé de trois cadres promus, avec définition des objectifs à poursuivre, mise en place d'indicateurs de suivi et recensement des délégations du Conseil d'Administration.

  Les quelques administrateurs conservant des tâches opérationnelles (responsable de la bourse d'échange, de la collecte des gros gisements, de certaines opérations comptables) passent sous l'autorité des trois codirecteurs. Positions incongrues, mais assumées, d'être à certains moments dirigeants, à d'autres dirigés. Le changement de casquettes, vous connaissez ?

  Le Conseil d'Administration, alimenté en information par le CODIR, regarde, apprécie et contrôle le fonctionnement général, décide des gros investissements et des orientations stratégiques. Comme c'est souvent le cas, ici comme dans bien d'autres structures, des discussions préalables informelles se tiennent pour faire mûrir les réflexions et préparer les décisions.
- Mi-2026 : le CODIR explose en plein vol quelques mois après sa mise en place. Il y avait trop de difficultés pour qu'elles puissent toutes être surmontées : pas évident, pour les cadres promus, d'exercer l'autorité nécessaire sur ceux qui furent leurs alter ego ; incertitude sur la capacité des nouveaux codirecteurs à habiter rapidement cette nouvelle fonction ; recomposition compliquée des relations avec les administrateurs. Il est alors décidé d'embaucher un Directeur Général, en excluant une promotion interne. Il est encore trop tôt pour vous dire que le rafiot est enfin stabilisé.

La délégation, base de toute vie collective

Nous avons abordé précédemment, au chapitre 4, la délégation parmi les valeurs constitutives de l'ESS. Voyons comment cela peut se concrétiser dans la vie d'une structure.

La question de la délégation, d'activités et de pouvoirs, se pose particulièrement dès qu'une organisation grandit et ne peut plus agir en bloc. La délégation est au cœur de la problématique de la professionnalisation. Elle est gage d'efficacité et de pérennisation de la structure. Elle n'enlève pas la responsabilité du délégant. Les ministres de l'Intérieur mis en cause pour la moindre bavure des forces de l'ordre en savent quelque chose...

Il y a un intérêt majeur à toujours se poser la question de la délégation, du haut de l'échelle jusqu'au barreau inférieur. Se répartir en cascade les activités, les responsabilités et les décisions, chaque niveau pouvant être sollicité par le niveau supérieur, et inversement pourquoi pas ? Car, cette logique de délégations installée, impliquant toutes les personnes, salariés et bénévoles de la structure, hors le fait qu'elle peut parfois écrêter des périodes de débordement, est un fantastique outil pour les faire tous évoluer, réveiller des compétences sous-jacentes ou leur en faire acquérir de nouvelles, Car combien de salariés, choisis pour un poste précis, ont acquis, au fil de leurs parcours, professionnel ou personnel, des compétences qui n'ont pas été déterminantes, souvent pas même repérées, lors de leur embauche ?

> Ainsi, Michèle, retenue pour un poste de valoriste en ressourcerie, avait surtout parlé de son intérêt pour l'association, ses activités, ses finalités et ses valeurs. Elle avait correctement répondu, avec moult exemples et illustrations, aux questions posées sur ses capacités relationnelles et physiques. Du coup, pensant qu'elle aurait été à côté de la plaque, elle avait occulté qu'elle avait brillamment validé un master en communication et qu'elle avait mis en musique, dans différentes situations, les savoirs qu'elle avait intégrés.
>
> Ainsi, Loïc n'avait pas jugé utile de nous dire que, membre d'un comité des fêtes, il avait organisé, dans un passé récent, des événements de A à Z, de la programmation et de la recherche de financements jusqu'à la sécurisation de la manifestation et à la répartition des tâches entre les bénévoles, en croisant leurs possibilités et leurs envies. Comité des fêtes ? Pour lui, ça ne faisait pas très sérieux. Pourtant, combien de jeunes se font les dents dans ces instances qui sont au carrefour de la vie sociale et politique d'une communauté et doivent assumer, comme dans toute organisation, des contraintes administratives et financières.

Ces deux exemples montrent à quel point le champ des délégations, et donc des décisions, peut être élargi en s'appuyant sur des compétences autres que celles annoncées et utilisées par la personne.

Avant d'assouvir l'ambition de valoriser des compétences sous-jacentes, considérons déjà les processus classiques de délégation. En premier lieu, il paraît indispensable de se poser la question des moyens pour réaliser l'activité envisagée. Détour rapide sur les quatre types de moyens :

- Les moyens matériels : généralement, les plus faciles à repérer. C'est du concret. Aisé dès lors de pointer leur absence ou leur insuffisance. Il en va autrement pour les autres types de moyens déclinés ci-dessous.
- La disponibilité : la personne a-t-elle le temps nécessaire pour réaliser ce qui lui est demandé ? Sinon, d'autres délégations sont peut-être à prévoir, en cascade, pour la libérer un tant soit peu. Et le délégant a-t-il bien les heures disponibles pour l'accompagnement indispensable ? Sachant aussi que la question de la disponibilité amène à s'interroger sur la question complexe et délicate de la productivité…
- L'information : outre les attendus du délégant, qui peuvent se traduire en objectifs, tout ce qu'il faut savoir pour réaliser convenablement l'activité avec, le cas échéant, des renseignements à prendre en interne ou en externe.
- Les compétences : là se situe la difficulté principale, puisqu'il faut croiser, et au mieux, faire coïncider, les compétences nécessaires et les compétences présentes. Connaître celles-ci, repérer celles-là. Rôle principal du délégant qui, par son accompagnement, sera peut-être amené, si besoin, à faire évoluer celles du délégataire, par des temps de formation, par exemple.

Des situations où des délégations ont foiré faute d'avoir suffisamment considéré ces moyens me reviennent en tête.

> Retenu par d'autres obligations, une collègue me charge de la remplacer pour un module de formation d'une semaine qui s'inscrivait dans un cursus déjà bien entamé : « Tu connais par cœur le sujet. Et, tu verras, le groupe est participatif et très sympa », m'exposa t'elle rapidement pour finir de me convaincre. Certes ! Mais elle ne m'avait pas assez briefé sur ce qu'elle avait abordé lors des modules précédents, les attendus du groupe et sa composition, avec les places, les particularités et les postures de chacun. Entre tâtonnements sur les apports formatifs et la mauvaise humeur, voire la rébellion, des stagiaires, j'ai pataugé plus de la moitié du module avant de

rétablir la situation et d'arriver à retomber sur mes pattes. Malaise et temps perdu…

Anne-Claude, passionnée par le sujet, fut ravie de se voir déléguer la rédaction d'une note de synthèse portant sur un projet. Ne mesurant pas le temps nécessaire pour ce faire, entre les informations à recueillir, les partenariats à réactiver et la rédaction de l'écrit, et étant surbookée par les activités habituelles qu'elle menait à ce moment, le manque de temps et de disponibilité d'esprit sanctionnèrent ce mauvais choix : la note fut un peu bâclée … et ses activités classiques un poil négligées. Double déconvenue !

« Eh, Antoine ! Pendant mon mois de vacances à l'étranger, tu prendras la responsabilité de la ressourcerie et de l'équipe ». Maladroit sur la manière de manager l'équipe, oscillant entre autoritarisme et permissivité selon les réactions des collaborateurs et l'humeur du moment, peu pertinent dans la programmation des collectes et des livraisons, le mois fut difficile à vivre, pour lui, pour ses collègues, pour tout le monde. Et les résultats du mois s'en ressentirent. Forcément…

Trois exemples donc où, faute d'avoir mieux pensé les moyens nécessaires, des délégations ont été mal conduites, les décisions qui les ont générées, mal préparées, peu pertinentes, … et des collaborateurs malmenés. Un peu plus de discernement dans les choix et un peu plus de temps consacré à la transmission des informations peuvent corriger ces dérives, somme toute techniques.

Il en va autrement lorsque des aspects psychologiques ébranlent le processus de délégation :

<u>Du côté du délégant</u>, le manque de confiance faite aux autres ou la volonté de se garder des prérogatives, voire même la peur d'être dépassé, sont les freins, ô combien ordinaires, pour envisager même toute hypothèse de délégation. Quitte à se surcharger de travail et de responsabilités en inventant mille prétextes pour conserver son pré carré. Jusqu'au fameux « burn-out » … Et, pour certains dirigeants âgés, la difficulté à passer la main. Ne parle-t-on pas de ce retrait, pourtant inévitable, comme d'une petite mort ?

<u>Du côté du délégataire</u>, deux tendances opposées :

- Le profil prudent, pas forcément friand de recevoir une délégation. Il faudra même pousser la personne pour lui faire accepter de sortir de sa zone de confort, délimitée par les habitudes, sa maîtrise parfaite des activités habituelles et du cadre familier d'intervention.

  Il semble nécessaire, pour ce genre de profils, de doser un accompagnement suffisant, dont l'objet principal sera la réassurance, avec tact et délicatesse. Un équilibre, forcément évolutif, sera à construire au cas par cas, entre maternage nécessaire, un temps, et autonomie à atteindre, comme aboutissement.

- A l'inverse, le profil volontariste colle aux individus partants pour se lancer, parfois même trop vite ou trop loin, pour une recherche de promotion, de reconnaissance ou de valorisation personnelle. Ou, plus simplement, en quête de nouveautés, afin d'échapper à une espèce de routine. Là, l'accompagnement doit être pensé pour éviter que la personne ne s'affranchisse de la demande du délégant et dépasse les limites définies, sans pour autant brider, s'il y a matière à, les innovations et les capacités créatives du délégataire. D'où l'importance du suivi et du contrôle puisque nous savons que la délégation ne libère pas de la responsabilité.

Ces quelques pages abordent surtout des craintes, des difficultés ou des précautions. Certes ! Le processus de délégation, comme tout changement impactant des personnes et des organisations, doit s'opérer avec mesure, voire parcimonie. Par contre, il serait dommage d'y renoncer. Tellement il peut-être une clé essentielle de motivation, une façon de faire monter en compétences des collaborateurs, un moyen pour permettre à la structure de répondre à de nouveaux enjeux en libérant le délégant de certaines tâches, et en équilibrant le système décisionnel.

Ainsi, trois exemples parmi tant d'autres :

André, collecteur en ressourcerie, se régale depuis peu à prendre des photos des arrivages. Qu'il dispose avec soin. Qu'il met convenablement en valeur. Du coup, le chargé des relations commerciales et de la mise à jour du catalogue, détaché de cette activité, a plus de temps pour contacter les adhérents- clients.

Léa, confinée jusqu'alors à des tâches basiques de secrétariat, a accepté, après une longue phase de persuasion et d'encouragements, d'être présente à des réunions pour en dresser le compte-rendu. Après quelques approximations aux faibles conséquences, qu'il a fallu, pour Léa, minorer, ça roule : à part elle, qui maintenant y trouve largement son compte, plus personne n'a à se soucier de ce pensum.

Alexandre s'affirme chaque jour davantage comme responsable des services généraux. Progressivement, il mène des négociations et des tâches loin d'être simples jusqu'alors assurées par la gouvernance ou d'autres cadres. Malgré quelques bugs bien compréhensibles, que des concours solidaires ont chaque fois corrigé, cette évolution décharge beaucoup de collaborateurs et concoure à sa montée en compétence.

Pour la vitalité de la structure et des personnes qui la composent, ne pourrait-on pas s'obliger à organiser, par exemple tous les deux ans, une part d'évolution des activités et responsabilités de tout un chacun ? D'ailleurs, les entretiens professionnels sont là pour ça. Choisir le dynamisme contre la sclérose, avec un principe de délégation érigé comme un des ingrédients à introduire.

Nous avons développé la situation où les salariés prenaient progressivement en charge le système décisionnel jusqu'à, dans les cas extrêmes, réduire le Conseil d'Administration à un rôle de figurant. Mais nous ne sommes pas à une contradiction près, puisque nous proposons maintenant un schéma organisationnel qui, quand nous l'avons rencontré, nous a souvent paru pertinent.

Le binôme, agent robuste, tout terrain

La dualité, bénévole et professionnelle, peut se retrouver dans la *direction* de la structure, aux deux sens du terme : l'équipe dirigeante, les orientations discutées, puis fixées et, en principe, suivies.

Dans une situation dysfonctionnelle, qui n'est pas rare et qui peut s'avérer délétère, nous avons un président bénévole qui cherche à s'imposer et un directeur salarié qui préserve ses marges de manœuvre, son autonomie. Les deux s'épuisent en ajustements et tensions internes, au détriment de l'action centrée sur la vocation de la structure.

Nous avons aussi rencontré plusieurs fois la situation inverse, fructueuse, fondée sur le respect mutuel, un sentiment d'égalité et une force tranquille émanent de chaque membre du binôme. Un point clé est de ne pas se sentir menacé : chacun se sait légitime, reconnu, sans rien à prouver ni à défendre, et peut se consacrer à des actions constructives.

> Mon premier binôme, c'est avec toi, cher Bernard, au camp Rollot dans les Pyrénées, au siècle dernier. Tu étais président, j'étais secrétaire. A l'époque, personne n'avait proposé de présidence collective. On en restait à un schéma classique de bureau, avec président, trésorier, vice-président et secrétaire. Le bureau était resté virtuel. De mémoire, il ne s'est jamais réuni, n'a rien dit, fait ou produit en tant que bureau. En revanche, j'ai le souvenir de discussions fluides entre nous. A défaut de préparer ou d'acter des décisions (je ne suis pas sûr que nous ayons décidé grand-chose), notre binôme nous aidait à avoir les idées claires et nous donnait confiance avant d'aller interagir avec des personnes extérieures (par exemple, les jésuites qui étaient autorité morale et partenaire logistique) ou de nous immerger avec passion dans l'ambiance unique en son genre, chaleureuse et attachante,

avec aussi ses clans et chamailleries internes, de cette association, auberge espagnole, qui organisait des activités en montagne pour de jeunes adultes comme nous étions.

Récemment, j'ai participé à deux associations animées chacune par un binôme avec un président bénévole, retraité, aux compétences et à la légitimité reconnues par son parcours professionnel et ses engagements associatifs, et une directrice salariée, expérimentée, qui a de la bouteille et un engagement indiscutable dans les valeurs et orientations de l'association. De tels binômes dégagent une forte impression de solidité et donnent confiance dans la structure.

Pour qu'un binôme se crée, il faut deux individualités nettement différentes ayant en commun l'envie de travailler à deux et la capacité à reconnaître pleinement le rôle, l'intelligence, l'expérience, les tours de main de l'autre.

Contrairement à la vulgate en organisation, il n'y a pas nécessairement séparation des rôles au sein du binôme. Au contraire, la redondance est souhaitable car c'est elle qui force à la discussion, au travail en commun. Dans un binôme solidaire, les deux peuvent a priori tout faire. Ils ne sont pas interchangeables car chacun a sa personnalité et ses habiletés, mais chacun accepte en confiance que l'autre prenne la main quand les circonstances l'induisent. Le binôme n'est pas exempt de relation hiérarchique, le président pouvant être amené à emporter une décision non consensuelle ce qui, idéalement, reste exceptionnel.

Dans les grandes ONG, un schéma classique est d'avoir un président ou une présidente qui s'occupe de stratégie et de relations extérieures, et une directrice générale ou un directeur général affecté au management interne. J'ai constaté, en tant que consultant, lors de missions de conseil, les limites de cette approche pour le dialogue social et la gestion des Ressources Humaines : le DG se trouve isolé, fragile car exposé à ses propres erreurs, se sentant menacé car pouvant être traité comme un fusible par son président. Or la peur est mauvaise conseillère, en management comme en d'autres circonstances.

C'est une configuration que j'ai aussi rencontrée dans une association environnementale semi-publique de taille moyenne. Sous couvert de ne pas empiéter sur le mandat du directeur, le président s'est courageusement (!) tenu à l'écart des tensions internes, jusqu'à ce que la situation pourrisse et qu'il soit trop tard pour rectifier le tir. La seule issue fut alors la sortie du directeur. Scénario peu glorieux.

Le binôme est un garde-fou solide contre les dérapages individuels.

Nous plaidons pour des binômes solidaires qui assument ensemble les difficultés et les réussites dès qu'elles se présentent.

Un exemple de binôme fonctionnel : EVAH (Espace de Vie pour Adultes Handicapés) est une institution sociale innovante, créée en 1995, implantée sur la Côte Basque. Elle accueille des adultes handicapés, vivant en petit nombre en appartement, participant, selon leurs possibilités, à la vie collective, accompagnés au quotidien par des travailleurs sociaux. Ces usagers, comme on dit, ne sont pas en mesure de travailler, même en ESAT, et ne souffrent pas d'une pathologie nécessitant des soins permanents ou complexes. EVAH, créée par des bénévoles et ayant grandi progressivement, compte à ce jour une quarantaine de salariés. L'établissement dispose d'un agrément pour 31 personnes handicapées, occupant trois foyers de vie.

Geneviève, Présidente fondatrice de l'association, a nommé depuis six ans, Iñaki, comme Directeur Général. Celui-ci opérait dans l'association bien avant sa nomination. Le Conseil d'Administration l'a promu à ce poste après l'échec d'une précédente direction cherchant à empiéter sur le rôle de Geneviève et après le court passage (trois ans) d'un « directeur de mission », très technique, qui a redressé la barque après le capharnaüm de la période précédente. Ainsi, Iñaki a pu prendre ses nouvelles fonctions dans une institution remise sur rail et apaisée.

« On avait en tête, depuis quelques temps, qu'Iñaki était l'homme de la situation. Mais on n'a pas voulu l'envoyer au casse-pipe On a attendu alors que tout se décante ».

Depuis six ans donc, ce binôme fonctionne parfaitement. Avec, comme socle commun, des finalités partagées, le respect pour les personnes handicapées et, surtout, l'amour (si ! si !) qu'ils leur portent. Quatre « C » (moyens mnémotechniques, réminiscence de mon passé de formateur) peuvent résumer cette réussite :

- Confiance : chacun est sûr que l'autre, détaché d'enjeux de pouvoir, conscient des compétences de son binôme et respectueux des positionnements, sera loyal et restera à sa place.
- Concertation : « on s'appelle régulièrement, parfois plusieurs fois par jour ; ça nous arrive même pendant le week-end. Pour nous informer, échanger nos impressions et analyses, traiter un problème ou nous organiser pour se répartir les tâches. Ces moments d'échange servent aussi à établir des compromis lors de nos rares désaccords ». Les projets, les grandes orientations à soumettre au Conseil d'Administration, les stratégies vis-à-vis des pouvoirs publics et des partenaires, sont réfléchis ensemble.

- Coopération : chacun a son rôle bien défini, réparti après concertation (on y revient…). Mais court aider l'autre en cas de difficultés ou pour surmonter des obstacles. Aussi, pour combler les moments de solitude, inhérents à ces fonctions.
- Complémentarité : Geneviève, dans son rôle de Présidente, porte davantage une parole politique, éthique et idéologique. Iñaki la fait vivre par une approche plus technique, évidemment sur les mêmes lignes.

Ainsi, EVAH, avec l'appui d'autres bénévoles engagés (famille des résidents mais aussi, ils y tiennent, des personnes de divers horizons partageant les valeurs et les finalités), innove et se développe. Et permet à des personnes handicapées d'être libres et heureuses.

Agir en situation

Les petites structures de l'ESS se distinguent par leurs processus de décision. Du fait, d'abord, de l'hétérogénéité des personnes rassemblées dans ces structures :

- des bénévoles, dirigeants en tant qu'administrateur, et, la plupart du temps, agissant régulièrement sur le terrain,
- d'autres bénévoles, participant aux actions, pouvant aussi être décisionnaires quand des responsabilités leur sont confiées
- des salariés, avec toute la palette des profils imaginables quant à leur aspiration ou non d'être décideurs.

Si l'on ajoute à cela le refus, pour la plupart de ces structures, de souscrire à un management sclérosé et pyramidal, de privilégier la participation de tous et de se soucier de la progression des personnes, on retrouve là des spécificités notables.

Pour nous, avec les exemples différents que nous avons proposés ci-dessus, pas question de promouvoir tel ou tel mode de gouvernance ! Il est probable même que chaque structure, du fait de son histoire, de son positionnement, de ses projets et perspectives, de ses obligations réglementaires, de sa situation financière, de ses bénévoles et de leur niveau d'implication, de ses salariés, de leur nombre, de leurs attentes et de leurs compétences, ait un système décisionnel propre. Et, probablement, évolutif avec le temps et les circonstances.

La diversité est une richesse et la gouvernance y contribue. Cerise sur le gâteau, l'attention portée au « S » de solidarité entre toutes les composantes de la structure.

Chapitre 6 : Les gens de l'ESS

Les gens de l'ESS, c'est tout le monde, un jour ou l'autre, ici ou là. Ils travaillent ensemble, se croisent, se rendent des services et même se disputent. Nous commencerons par les bénévoles qui sont, à bien des égards, la sève de l'ESS et font son originalité au sein de l'économie. Ensuite, à défaut de les rencontrer tous, nous parlerons de toutes celles et ceux à qui sont destinées les actions de l'ESS ou qui, d'une manière ou d'une autre, en bénéficient. Enfin, professionnalisation oblige, nous aborderons des questions relatives aux relations humaines au sein de collectifs salariés.

Les bénévoles, ferment de l'ESS

L'implication de bénévoles, qui s'engagent sans rémunération financière, est un bon indice de rattachement d'une structure à l'Economie Sociale et Solidaire. Les bénévoles œuvrent sans avoir d'emploi, ils trouvent leurs motivations en dehors du salaire ou du profit. Sans eux, rien ne va, la structure n'a plus de raison d'être, se coupe de son public, renonce à la valeur qui nous paraît essentielle de convivialité et, plus prosaïquement, perd toute viabilité économique. Avec eux, rien n'est simple, ils peuvent être dévoués et impressionnants de savoir-faire précieux, mais aussi imprévisibles, instables, incontrôlables ... et pourtant incontournables.

Personne ne conteste vraiment l'indispensable nécessité des bénévoles. Imaginez ce que seraient les offres sportives, culturelles, sociales, humanitaires et de loisirs sans les 13 millions de Français qui prennent part à leur accomplissement ?

Pendant de leur participation gratuite à la structure pour laquelle ils œuvrent, il semble indispensable que celle-ci leur garantisse la gestion désintéressée des dirigeants. Les bénévoles s'impliquent surtout et presque exclusivement dans des structures associatives. Car gare à l'URSSAF toujours soupçonneuse de travail dissimulé, des paysans ayant subi un redressement après avoir bénéficié de l'aide de voisins ou d'amis en savent quelque chose.

Dès qu'une association ou une coopérative grandit et cherche à se pérenniser, elle éprouve des besoins de structuration et de professionnalisation qui passent, presque inéluctablement, par le recrutement de salariés ou de collaborateurs à statut atypique (jeunes en service civique, apprentis, stagiaires longs) s'apparentant à des salariés par la situation de subordination et l'existence d'une rémunération.

Créer et maintenir une synergie conviviale entre salariés et bénévoles est une des tâches les plus ardues qui incombent aux cadres, professionnels et bénévoles, de l'ESS. Pour beaucoup, ce fut, c'est et ce sera Sisyphe, un effort, un tourment, une galère, un pensum éternellement recommencé – et au bout du bout : la satisfaction légitime d'avoir tenu ensemble deux mondes si différents, si proches.

Souvent, nous avons entendu la complainte de salariés ronchonnant contre ces bénévoles intrusifs, incompétents, encombrants, consommateurs de temps et d'énergie alors que le travail serait si beau entre professionnels diplômés ! Symétriquement, nous n'osons raconter les complots ourdis par des bénévoles rêvant de se débarrasser de salariés à l'âme si peu militante, comptant leurs heures de travail comme des épiciers devant leur caisse ou ayant un intérêt modéré pour l'efficacité du travail au nom du statut associatif (quand ils sont employés dans ce genre de structure) alors qu'ils sont rémunérés.

Les bénévoles sont le terreau sur lequel peut germer et prospérer l'ESS. Ils sont le sel et les épices qui donnent la saveur, l'identité. Mais que seraient-ils sans professionnels apportant constance, stabilité, compétence, force de travail ?

> Je baigne dans le bénévolat depuis que j'ai une dizaine d'années. Ma chère mère, représentante locale, bénévole bien sûr, de l'Association des Paralysés de France, m'envoyait, comme elle l'avait fait avec mes frères et ma sœur, vendre dans la commune les billets de tombola dont elle avait accepté la charge. Une consigne, trace d'une stratégie intuitive et d'une politique bienveillante de gestion de la ressource bénévole, était d'en rester aux agriculteurs voisins et aux habitants du village, à l'exception du maire qui résidait un peu à l'écart mais achetait fidèlement trois billets, distinction oblige.
>
> Après ce premier engagement non choisi, mais assumé avec la fierté de me voir confier une responsabilité sérieuse, j'en eus d'autres, heureusement plus volontaires. Je me souviens aussi avoir été élu trésorier lors d'une assemblée générale à laquelle j'étais absent et alors que je n'étais candidat à rien. Preuve que l'élection sans candidat peut fonctionner. Je passe sur la liste de mes contributions ultérieures jusqu'à aujourd'hui. Je signale juste, au titre des effets et des motivations discrètes du bénévolat, que j'ai rencontré celle qui devint mon épouse lors d'une assemblée générale où je fus coopté secrétaire.

L'été, les bénévoles grouillent et s'activent dans les festivals. Ils tiennent les billetteries et, très important, les buvettes. Ils bénéficient gratuitement de la plupart des spectacles et de quelques bières. Parfois trop nombreux et désœuvrés, ils sont heureux d'être là, contents de contribuer à la vie culturelle dans des collectifs joyeux. Sans eux, les festivals disparaissent, minés par les déficits.

Aux forums des associations, événements incontournables de la rentrée, les bénévoles s'affichent, promeuvent leurs activités et recrutent – ou espèrent recruter. Ce sont souvent les piliers, militants fidèles ou adhérents dévoués, qui tiennent les stands. Ils ne l'avouent pas facilement, mais beaucoup sont là par devoir, par fidélité à leur engagement. Le public, en principe nombreux, toujours curieux et intéressé (selon la presse) est hétéroclite, à l'image du monde associatif. Les bénévoles qui font un tour dans les allées du forum, saluant les collègues connus d'autres associations, côtoient des consommateurs de sport, des professionnels du développement personnel cherchant une clientèle, des velléitaires de l'engagement social et des gens du coin saisissant une occasion de sortie.

Animer un collectif mixte de bénévoles et de salariés ne va pas de soi et demande du doigté. Mais le jeu en vaut la chandelle car l'hybridation, nous l'avons appris en école d'agronomie, est source de vigueur décuplée … lorsque les lignées génétiques appariées se conviennent mutuellement.

Voyons maintenant les **facteurs de succès** de ces attelages baroques et attachants où salariés et bénévoles agissent de concert avec des statuts, des contraintes, des droits et devoirs et des motivations très hétérogènes. Il s'agit de faire du cousu main, de la dentelle, en tâtonnant pour que chacun trouve une place qui lui convient et soit en appui d'autres membres du collectif. Nous sommes dans une sorte de permaculture sociale, loin, très loin du taylorisme, de la performance économique et de la production industrielle fondée sur la standardisation, les procédures, les normes de qualité et la technologie.

a) Faire avec la diversité des personnes et des situations :

A en croire les lieux communs qui circulent, et ils sont rarement totalement faux, les rapports à l'engagement, au travail, des salariés et des bénévoles ne sont pas si différents. Dans les deux cas, « on » se plaint facilement du désengagement des jeunes travailleurs qui seraient moins impliqués que ceux des générations précédentes et le même « on » se lamente aussi sur la volatilité des bénévoles, volontaires pour des événements exceptionnels mais réticents à contribuer dans la durée, avec discipline, à la vie des structures.

Cicéron, Alain Finkielkraut et d'autres ronchons vieillissants ont déjà pleurniché sur le déclin moral de leur époque et de la jeunesse : il est inutile d'en rajouter. Il nous semble plus fructueux de partir du constat de la diversité des situations personnelles, des individualités, des motivations, des engagements, et de réfléchir à comment aider tout ce monde-là, salariés et bénévoles, à fructifier ensemble.

Reprenons l'image de l'agro-écologie et de la permaculture. La clé n'est pas de forcer la production en bourrant le sol d'engrais, en arrosant les plantes de pesticides et en arrachant furieusement les adventices qui résistent à la règle « il faut un sol propre ». Il s'agit au contraire d'*aider* chaque espèce, chaque plante, à s'épanouir dans son milieu en *favorisant* les interactions mutuellement bénéfiques (principe de l'agroforesterie où l'arbre apporte l'ombre et remonte des minéraux et de l'eau stockés en profondeur) et les auxiliaires (par exemple les insectes pollinisateurs qui participent à la bonne marche du système).

Laissons les mythes de l'unité et de l'égalité parfaite aux gourous leaders de secte, aux fanatiques, aux régimes totalitaires. Laissons aussi aux administrations et aux entreprises tayloriennes l'idée, parfois juste, que des procédures bien écrites et correctement appliquées suffisent pour embarquer (embrigader ?) un collectif hétérogène dans un projet commun.

Dans les structures de l'ESS plus qu'ailleurs, la diversité des adhérents, associés, bénévoles et salariés n'est pas seulement une contrainte, mais plutôt une condition nécessaire pour avancer. Les motivations, se rendre utile, rencontrer du monde, boire des apéros gratuits, gagner de l'argent … importent peu, à condition que les personnes adhèrent aux valeurs et à la culture de l'organisation. Souvent, s'interroger sur une motivation relève du procès d'intention ou de la psychologie de cuisine.

Savoir, en fait croire, qu'un salarié ou un bénévole n'a pas de contrainte en soirée peut conduire, trop rapidement, à inférer qu'il est disponible pour une réunion convoquée à 20 h. Or, celui-ci peut très bien, pour des motifs qui lui appartiennent, ne pas avoir envie d'un tel horaire de réunion.

> Ainsi, les Conseils d'Administration d'AIMA, composés essentiellement de retraités, avaient lieu, je ne sais pourquoi, après 17 heures. Il a fallu les demandes réitérées d'administrateurs connaissant des difficultés à conduire la nuit, pour que ces réunions aient lieu l'après-midi. Plus normal aussi pour les salariés qui y sont parfois conviés (co-directeurs, délégués du personnel, autres….) que ces temps se tiennent pendant les horaires de travail. Par

> contre, quadrature du cercle, il est alors peu possible d'intégrer dans notre instance des personnes ayant une activité professionnelle extérieure. Le dilemme du moins mauvais choix…

Mieux vaut raisonner positivement : quelles sont les *disponibilités* que telle ou telle personne *veut* consacrer à notre projet ou notre structure ? Quelles sont ses *envies* pour participer ? Que peut-elle *faire* ?

Connaître les envies d'un bénévole ne veut pas dire que la structure doit s'y plier ou tordre ses pratiques internes pour y répondre. Parfois, les envies des personnes et les orientations de la structure ne *matchent* pas. L'important est de le détecter assez vite.

> Un administrateur m'a signalé un jour un jeune retraité, très diplômé, ancien haut fonctionnaire ayant travaillé dans le milieu de l'environnement, qui pourrait être intéressé par un engagement à FNE. Aussitôt, je l'appelle : on ne laisse pas passer une telle recrue potentielle. Présentations mutuelles, la discussion se passe bien. On en vient au cœur du sujet : « quelles sont tes envies ? ». « Ce qui me passionne, ce sont les grands prédateurs. Je voudrais œuvrer à la réintroduction de l'ours dans les Alpes ». Patatras ! Nous défendons déjà le loup et le lynx, ce qui ne nous vaut pas que des amis parmi les éleveurs. Je ne vais pas engager l'association, ne serait-ce que pour une réflexion préalable, sur la réintroduction de l'ours. Nous nous sommes quittés bons camarades en nous souhaitant mutuellement bonne route.

L'approche « offres de disponibilités – envies – capacités à faire » s'applique aussi aux salariés, certes dans une moindre mesure qu'aux bénévoles. Certains *veulent* des horaires rigides, et il faut l'entendre sans leur expliquer comment organiser leur vie personnelle pour avoir des horaires souples. D'autres sont prêts à offrir de la souplesse par devoir ou en échange de responsabilités sur des opérations motivantes … L'existence d'un contrat de travail incluant un principe de subordination et des présomptions de compétences n'enlève pas l'exigence de s'adapter aux personnes.

La prise en compte par la structure des situations personnelles des salariés est d'autant plus nécessaire qu'il est très coûteux de se séparer d'un salarié, que celui-ci a presque toujours la possibilité du désengagement, traîner les pieds tout en restant présent, que les motivations financières (primes, augmentations de salaire) sont la plupart du temps inopérantes ou infaisables.

Autrement dit, quand un salarié est embauché, quand un bénévole est là, il faut *faire avec* et n'envisager la rupture qu'en solution de dernier recours.

Heureusement, par expérience, nous pouvons avoir confiance dans la vertu de relations humaines loyales et bienveillantes, confiance dans les phénomènes d'entraide, l'*autre loi de la jungle*, confiance dans la *théorie de l'engagement* et dans la technique, à utiliser avec modération, du *pied dans la porte*[87]. Dès lors, les participations *à la carte*, les engagements éphémères, les administrateurs indéboulonnables, le directeur omniprésent qui se pense indispensable et les salariés irritants et irritables sont autant d'être et de manières d'être vivants, expression d'une diversité source de joies.

b) Mixité généralisée et rotation des tâches :

La théorie du binôme (cf le chapitre Gouvernance) peut être étendue à toutes les parties prenantes de la structure. Elle devient un principe de mixité généralisée, réponse pragmatique à l'hétérogénéité de la structure, manière simple de valoriser la diversité et de construire de la robustesse avec des ressources fragiles, notamment des bénévoles qui ont été peu choisis et sur lesquels la structure a peu d'autorité ou des salariés soucieux de leur autonomie mais dont la capacité à bien faire n'est pas garantie.

Concrètement, voici quelques principes de sagesse sociale et solidaire :

- Lors du lancement d'une action, identifier toujours au moins deux porteurs de l'action, ce qui n'empêche pas que l'un porte plus lourd que l'autre, comme quand nous partions en montagne et que l'un portait la corde et l'autre les mousquetons.
- Désigner un référent bénévole pour chaque salarié ou, dans les grandes structures, pour chaque service tenu par des salariés.
- Doublonner systématiquement les porteurs de clé, titulaires de codes d'accès, signataires autorisés, administrateurs informatiques, porte-paroles …
- Rester vigilant pour éviter l'enfermement d'une personne dans un rôle ou une tâche. Éviter que ce soit *toujours le même* qui fasse le café, ouvre les locaux, joue le boute-en-train, s'autoproclame porte-parole d'un collectif, etc.

La recherche inlassable de mixité, ce qui est une forme de redondance, fiabilise les décisions, permet de lutter contre les prés carrés, favorise la transversalité entre les groupes informels, facilite l'intégration des nouveaux et apporte de la robustesse en cas d'aléas, de défaillance individuelle.

---

[87] Robert-Vincent Joule et Jean-Léon Beauvois, Petit traité de manipulation à l'usage des honnêtes gens, PUG.

En bénéfice collatéral, la redondance des rôles et la rotation des tâches ruinent les espoirs d'évaluation des performances individuelles. Nous sommes d'heureux condamnés aux approches collectives.

c) Rigueur avec les usagers, souplesse avec les engagés :

Très souvent, les structures d'ESS offrent des services à leurs membres. Ceux-ci, adhérents ou sociétaires, sont donc potentiellement aussi usagers, bénéficiaires des activités de la structure, tout en étant, pour certains d'entre eux, bénévoles, c'est-à-dire contributeurs. Le risque de confusion entre les situations de contributeur et bénéficiaire est réel. Les salariés en charge de l'accueil, de la gestion et des procédures sont en première ligne pour repérer les mélanges de genres, les passe-droits. Le sujet est délicat. Bien géré, il contribue à la motivation des troupes. Il n'y a plus *confusion* des rôles, mais *continuité* des situations. Mal géré, il pollue l'ambiance.

Question banale : le bénévole qui contribue à l'organisation d'un événement doit-il payer son repas ? S'il est organisateur ou cuisinier mobilisé du matin jusqu'au soir, personne ne sera choqué qu'il soit nourri gracieusement. S'il est venu une demi-heure avant l'ouverture au public pour porter deux bancs et trois chaises, il serait logique qu'il paie … mais la caisse n'était pas installée quand il est arrivé. Les cas de figure sont infinis et aucune rationalité ou procédure ne peut apporter de réponse univoque. Une seule solution : principe de confiance, prix libre et conscient.

Autrement dit : dès qu'une personne est engagée, un tant soit peu, dans l'action d'une structure, la souplesse s'impose.

Il en va autrement lorsque les bénévoles sont en situation de bénéficiaire.

Situation banale : le président d'un club de tennis veut jouer ce samedi après-midi avec un ami. De toute évidence, il doit réserver le court selon la procédure en vigueur. Personne ne comprendrait qu'il s'impose sans avoir réservé.

Le plus intéressant, au moins d'un point de vue méthodologique, est que les situations de bénéficiaire et contributeur sont facilement entremêlées. Je suis bénévole dans un festival, contribuant à l'organisation et écoutant le concert. Je bénéficie d'une entrée gratuite mais je dois payer mes bières … sauf si le collègue qui tient le bar m'en sert une en douce.

Dit autrement : les règles sont les mêmes pour tous les usagers, mais non pour tous les adhérents dans toutes les situations. Encore une fois, c'est Coluche qui avait raison, certains sont plus égaux que d'autres, y compris dans l'ESS. Ne dîtes jamais que le droit et la justice s'appliquent à tous avec la même rigueur. Pour la santé d'un collectif, les rigidités doivent être bien placées.

d) Accueil des individualités :

Par habitude et sans doute mimétisme avec le monde économique classique, on parle de *recrutement* en ESS tant pour les bénévoles que pour les salariés. Mais le réalisme devrait inciter à l'humilité et à nuancer le vocabulaire. La notion de référence adaptée à l'ESS, mieux que le recrutement, c'est *l'accueil.*

Bien sûr, une structure d'ESS cultive sa notoriété et s'efforce d'être attractive pour susciter l'intérêt, la curiosité, l'envie d'adhérer ou de se faire embaucher. Mais, pour le bénévolat, les volontaires sont rarement en nombre excédentaire. Par nature, une association ne refuse personne.

Dans un sens étroit, l'accueil désigne les premiers instants de rencontre entre un hôte installé durablement, et un visiteur ou un voyageur de passage. L'accueil est ce moment particulier où se frottent, et, on l'espère, ne se fritent pas, le permanent et le temporaire, le sédentaire et le nomade, le stable et le précaire. Jusqu'à, peut-être, que ce dernier devienne stable à son tour.

L'accueil est une relation d'abord asymétrique, l'un des protagonistes prenant l'initiative de la rencontre, par une invitation ou bien une sollicitation. Ensuite, idéalement, la relation s'équilibre tant bien que mal, en particulier dans une relation de don et de contre-don. La qualité et la réussite de l'accueil se construisent dans la relation, elles dépendent donc des deux protagonistes, chacun à sa place, avec ses moyens, sa culture, sa personnalité et son histoire de vie. Fondamentalement, l'accueil suppose une ouverture à l'altérité et une volonté partagée de faire quelque chose ensemble.

Une rencontre entre deux personnes ou deux groupes n'épuise jamais la découverte mutuelle. Les efforts à fournir pour que la rencontre soit heureuse perdurent avec le temps, tout en évoluant, même s'ils peuvent être masqués par les routines qui s'installent. C'est pourquoi l'accueil désigne aussi une action de longue durée qui combine, en général, hébergement et accompagnement et dont la réussite dépend, là encore, de l'accueillant et de l'accueilli.

L'accueil a donc un double sens : un moment ; une situation, comme une invitation à prolonger les instants de surprise, de bienveillance et d'adaptation réciproque qui suivent un premier accueil harmonieux.

Attirer, impliquer, motiver

Il y a quelque temps, AIMA, pour asseoir sa place dans le territoire, associer à ses actions les collectivités territoriales et prendre en compte certaines problématiques comme la gestion des déchets, avait envisagé de se transformer en SCIC. L'exemple d'une association équivalente, ayant effectué une opération similaire, et ayant alors perdu tous ses bénévoles, nous a fait renoncer. Sans compter les conséquences fiscales qui en auraient découlées.

Après le statut, le second critère de choix des bénévoles potentiels pour s'impliquer dans une structure est l'objet de l'association.

Naguère, je travaillais dans une association dispensant des formations. Gestion complètement désintéressée des dirigeants, rémunérations peu élevées des salariés. Mais je n'y ai jamais vu le moindre bénévole, alors que des activités leur auraient été accessibles. La formation, sans doute trop proche pour les retraités du monde professionnel qu'ils ont quitté, ce n'est pas très attractif…

On connaît les finalités qui vont susciter des candidatures de bénévoles : le sport, les loisirs et la culture, certes. Mais nombre de bénévoles aspirent à ce que leur engagement ait un sens. L'écologie, le social, l'aide aux autres, en France ou ailleurs, s'inscrivent dans ce désir de compenser les dérives de nos sociétés, les inégalités de revenu ou de développement, les misères et les drames humains.

Par principe et en général, les structures associatives de l'ESS ne se font pas concurrence. Souvent non dite, elle est pourtant *de facto* là pour la recherche, l'engagement, et la fidélisation de bénévoles. En effet, ceux-ci peuvent être tiraillés entre des structures aux finalités similaires. Que choisir entre le Secours Populaire et les Restos du Cœur ? Entre les boutiques de vêtements du Secours Catholique et une communauté Emmaüs ? L'ambiance, le climat, et la place offerte, en termes d'intérêt, voire de responsabilité et d'initiative, sont déterminants. Avec la difficulté que le rôle tenu par le bénévole n'empiète pas sur celui des salariés, qui se doivent de le connaître, l'admettre comme légitime, et, finalement, l'apprécier.

« Concurrence », le mot va peut-être vous choquer. Parlons plutôt de saine émulation. Car il ne s'agit pas de dénigrer l'autre, d'avoir le dessus, de triompher, à l'image de ce qui peut se passer entre certaines entreprises. Mais simplement, de prendre en compte la réalité : la personne ayant le choix ira là où elle se sentira le mieux. Respecter la personne telle qu'elle est. Et toujours avoir en tête la fragilité, la volatilité, de son engagement volontaire.

Survolons rapidement les **pratiques d'AIMA**, qui font que nous comptons aujourd'hui près de quatre-vingt bénévoles, plus du double de l'effectif salarié.

- Poursuivre des finalités différentes, pour ratisser large.

Si, comme pour toute structure de réemploi, l'écologie et le social sont au cœur du projet associatif, notre positionnement humanitaire, le réemploi de matériel par-delà les frontières, a attiré vers nous des bénévoles supplémentaires. Ainsi, lors de l'attaque de l'Ukraine par la Russie, en 2022, nous avons commencé à envoyer des camions de matériel vers ce pays et nous avons accompagné des Ukrainiens cherchant refuge en France pour se loger, se vêtir, se soigner…. Sous le coup de l'émotion suscitée par cet événement, et voulant « aider l'Ukraine », plus d'une dizaine de bénévoles nous ont alors rejoints. Et, appréciant la boutique et les personnes, salariés ou bénévoles, qui y travaillent, sont restés et s'activent maintenant dans l'une ou l'autre de nos ressourceries.

- Valoriser les compétences.

Posons le postulat que quiconque a des compétences. On n'a généralement pas à chercher beaucoup pour les valoriser sans empiéter sur les actions menées par salariés et bénévoles déjà présents… qui peuvent être d'ailleurs ravis de se débarrasser d'une tâche. Ainsi, dans une de nos ressourceries, le coin livres est tenu par une bénévole qui se régale de les disposer selon les règles en vigueur (thèmes, ordre alphabétique, format du bouquin, etc.). Elle maîtrise davantage cet art que n'importe lequel de nos salariés. Il revient au responsable d'organiser au mieux la répartition des activités entre salariés et bénévoles, en croisant les disponibilités, les compétences et les envies. Ce qu'il fait déjà pour les salariés qu'il dirige. Pourquoi ne le ferait-il pas avec des moyens humains supplémentaires ? Même sans le lien hiérarchique ? Exercice permanent de concertation, de pédagogie, de diplomatie, d'observation, d'adaptation aux personnes et aux situations … Rien d'autre finalement que la gestion des ressources humaines. Pas simple, on le sait. On peut dès lors comprendre les préoccupations et la charge mentale qui peuvent l'envahir.

Mais la réussite de cette alchimie permanente est tellement enthousiasmante !

Quand chacun trouve sa place et tient un rôle qui lui convient.

Quand la cohésion de l'équipe salariés/bénévoles est au rendez-vous.

Quand, comme dans un bouquet de fleurs où les formes et les couleurs s'harmonisent, les envies, les compétences et les disponibilités de chacun s'accordent.

- Accepter toute proposition

Nous nous sommes toujours insurgés contre ceux qui traînent les pieds pour accueillir des stagiaires ou des bénévoles, sous prétexte qu'ils peuvent s'avérer chronophages. Effectivement, l'accueil, les présentations mutuelles, l'information sur la structure, le choix (à deux !) des activités proposées, l'accompagnement, la correction d'éventuelles erreurs, l'écoute, prennent du temps. Mais considérons-le comme un temps d'investissement : les heures consacrées sont, sauf situations rarissimes, bien inférieures au temps offert par le soi-disant importun. Quand l'approche techniciste rencontre, une fois n'est pas coutume, des valeurs humanistes…

> Ainsi, Gisèle, légère déficiente mentale, est amenée régulièrement par le bus ou un voisin dans une de nos ressourceries. Contente de sortir de chez elle, de voir du monde et de se sentir utile, elle passe et repasse un chiffon sur quelques meubles, même sur ceux qui ne sont pas empoussiérés. Puis, attrape un balai pour déplacer quelque peu les graviers du parking. Rien de gênant, à part ses crises d'angoisse épisodiques. Mais on est fier d'être pris parfois pour un ESAT … et d'offrir à Gisèle, qui nous reproche nos rares semaines de fermeture, un petit coin de ciel bleu.

- Prévoir des temps et des gestes de reconnaissance

Toujours cette approche quasi-marketing. Mais jusqu'où peut-on aller en conservant un niveau d'équité entre les bénévoles et les salariés ? Et entre les bénévoles eux-mêmes ?

Pour les courts moments de détente (pause-café, goûter partagé), c'est facile : salariés et bénévoles se retrouvent dans la bonne humeur. Et le coût pour l'association est négligeable … surtout quand les gâteaux sont faits par les bénévoles !

Pour les temps de détente et de convivialité pensés, organisés, et forcément plus rares (sorties, repas de Noël, …), ou quelques facilités (bons d'achat à valoir dans nos ressourceries, toujours à Noël, donnés aux salariés et aux bénévoles), se pose la question délicate du niveau d'implication du bénévole pour le mettre dans la boucle. Là, pas de règle :

le bon sens prévaut, avec forcément quelques anicroches. Difficile d'établir des modalités précises.

Il en va autrement pour les frais de déplacement. Le code des impôts permet d'indemniser les trajets des bénévoles qui viennent sur nos lieux d'activité. Cette charge financière, somme toute légère pour l'association, est très appréciée, surtout pour sa portée symbolique et encore davantage aujourd'hui avec l'augmentation des prix des carburants. Mais la resquille étant souvent présentée comme un sport national, certains bénévoles arrivaient la bouche en cœur et restaient une heure, parfois moins, puis présentaient une note de frais. Nous avons depuis corrigé le tir en demandant une présence d'au moins une demi-journée pour prendre en compte le déplacement et l'indemniser.

Par contre, outre les petites faveurs évoquées, rien d'autre. Certains bénévoles ont cru pouvoir tirer avantage de leur présence par des réductions sur les prix pratiqués, voire la possibilité de prendre gratuitement certains objets dont ils avaient besoin ou sur lesquels ils flashaient. « Avec le temps que je passe, c'est bien normal ! », entendait-on alors. En étant ferme pour refuser ces arrangements, y compris en prenant le contre-pied d'éventuels soutiens de salariés (« *ils nous aident tellement ! Faudrait pas qu'il nous quitte !* »), nous avons effectivement perdu des bénévoles. Mais garder une ligne de conduite claire, en phase avec nos valeurs, prévient des problèmes. Éloigner les doigts de l'engrenage…

De même, certains comportements ne sont pas admissibles. Agressivité, attitude irrespectueuse, prise de place ou de pouvoir indue, vols, … Bien que nous ayons élaboré une Charte des bénévoles (et, vous pouvez imaginer, ça a pris du temps, avant de nous mettre d'accord sur chacun des termes !), bien que, lors de leur adhésion à l'association, les bénévoles signent un règlement intérieur, peu de référence sont faites à ces écrits quand il y a des dysfonctionnements. Là encore, le bon sens prévaut, surtout quand on exclut, *a priori*, toute procédure longue ou compliquée. La mise à l'écart, temporaire ou définitive, a été, la plupart du temps, largement suffisante.

Le problème principal et récurrent de la cohabitation salarié/bénévole vient de la différence du « pourquoi » de l'engagement. Nous en avons parlé, le bénévole, souvent dégagé de préoccupations matérielles, est en recherche de sens, ou d'utilité sociale ou de liens sociaux. Bien souvent, les trois à la fois. Le salarié, quel que soit son intérêt pour les finalités de la structure, est d'abord soucieux de sa rémunération. Quoi de plus normal ? Or, les émoluments, dans nos domaines d'activité, ne sont guère élevés.

Sauf cas particuliers, le salarié va davantage s'intéresser au montant en bas, à droite, de sa fiche de paie qu'à nos discours sur le réemploi solidaire ou à nos actions sociales ou humanitaires. On a beau dire et répéter qu'avoir en tête les finalités de la structure, et faire en sorte qu'elles soient correctement servies, sont les meilleurs moyens pour que la structure prospère … et que les salariés en soient récompensés, le cas échéant par une prime collective d'intéressement, les différences d'intérêt demeurent.

> Nous revient la parabole (récit véridique ?) du Directeur sportif d'une équipe cycliste s'adressant à un de ses jeunes coureurs : « Si tu veux gagner de l'argent, tu perdras des courses. Si tu veux gagner des courses, tu gagneras de l'argent ».

Mais, encore une fois, dire les choses, surtout quand elles concernent des hypothèses sur des résultats à venir, ne veut pas dire être entendu. La structure doit apprendre à vivre (à marcher ?) avec ce caillou dans la chaussure : la différence fréquente de la motivation première entre bénévoles et salariés. Pour nous, intégrer ce constat permet de comprendre certaines situations et de mieux surmonter les difficultés inhérentes à l'avantage indéniable de disposer de bénévoles.

Les bénéficiaires

Pour écrire le titre ci-dessus, nous avons dû choisir un nom parmi tous ceux disponibles pour désigner les gens *pour qui* et *envers qui* les bénévoles et les salariés s'activent : les usagers, les bénéficiaires, les patients, les spectateurs, les voyageurs, les auditeurs, le public, les résidents, les personnes accompagnées, les lecteurs, les stagiaires, les élèves, les parents, les personnes accueillies, les consommateurs, les clients, les concernés, les mangeurs, les migrants, les visiteurs … sans oublier, tout simplement, les adhérents et les sociétaires.

Il existe presque un terme pour chaque secteur d'activité, voire pour chaque structure. Mieux, pour cultiver le sentiment d'appartenance, il n'est pas rare qu'une structure invente un nom spécifique pour ses membres, à la manière d'un village ou d'un pays qui nomme ses habitants.

> Membre du GUMS, Groupe Universitaire de Montagne et de Ski, je suis *gumiste*. Je rencontre souvent des *cafistes*. Redescendu dans la vallée, je rejoins des *boulistes*. Adhérent à la monnaie locale, je suis *juniste*. Quand j'apporte un vieux meuble chez Emmaüs, je rencontre des *compagnons*. Et si je m'arrête à la bourse d'échanges d'AIMA, je suis *trocoeur*.

Les sciences de gestion le disent : le client et l'usager sont toujours partie prenante des prestations de service. Le phénomène est accentué dans l'ESS qui revendique de porter attention aux relations humaines, de faire en sorte que toute activité nourrisse des liens sociaux. La profusion lexicale autour de la notion de *bénéficiaire*, alors qu'une entreprise classique ne veut connaître que des *clients*, montre bien la spécificité de l'ESS : elle couvre une immense palette de situations où interagissent différents acteurs. Quand on s'intéresse aux gens, on découvre qu'ils sont tous différents, attachants et marqués par les situations dans lesquelles on les rencontre. C'est un enjeu fort de l'ESS en tant que mouvement innervant, par l'ensemble de ses structures, un grand nombre d'activités : s'adapter aux situations et aux personnes tout en s'adressant à des pans les plus larges possibles de la société.

Il serait possible d'étudier et de définir l'ESS à partir de ses bénéficiaires. Ce sera pour un autre livre.

Être bien, faire avec, faire mieux avec des salariés

Lors de notre premier brouillon, nous avions intitulé ce passage « Management et ressources humaines ». Mais hors de question pour nous de proposer une réflexion théorique sur ces sujets. La littérature ne manque pas et, pour le management, nous pouvons dupliquer ce que vous pourrez lire dans le chapitre sur le projet : « chaque professeur, chaque auteur à succès ou consultant en voie de gouroutisation a ses marottes : la créativité marketing en matière de management est sans limite ».

Nous n'avons ni l'ambition, ni la prétention, ni le talent, de produire un écrit de référence, à l'instar d'Alain Baraton sur l'art du jardinage ou de Nicolas Sarkozy pour la condition carcérale (Non ! On rigole…). Ainsi, vous trouverez ci-après simplement quelques entrées thématiques pour lesquelles l'ESS peut se singulariser. Au prisme des sujets traités, certains aspects du management seront abordés en privilégiant la dimension humaine de la question.

Pour autant, nous ne pensons pas que l'ESS ait un style de management propre, fondamentalement plus respectueux de valeurs humanistes. Même si la gestion désintéressée des dirigeants et la présence de bénévoles pourraient le faire espérer, les logiques de structure, de concurrence entre les personnes, de pouvoir, de valorisation personnelle, en un mot les vicissitudes du facteur humain[88], surtout quand des contraintes budgétaires ou réglementaires l'influencent, font que les structures de l'ESS ne se différencient pas forcément de sociétés à but lucratif. Nous avons rencontré, ici ou là, des managements toxiques, des situations de harcèlement, des personnes désespérées ou en burn-out dont seul le départ de la structure a permis le rétablissement[89]. Et peu de choses suffisent à faire basculer d'un monde à l'autre, d'un état harmonieux et serein à une situation tendue.

AIMA, il y a une dizaine d'années : la présidente, pour des raisons familiales, a souhaité prendre du recul. Une administratrice, engagée et disponible, appréciée par tout le monde, a pris naturellement la relève. Sa nouvelle fonction, et la charge qu'elle a perçue de ses responsabilités, l'ont complètement transformée : elle est apparue pointilleuse, autoritaire, prise d'une frénésie de contrôle abusif. Les dégâts pour l'association auraient pu être énormes, sous forme de départs de nombreux bénévoles, si un retour à la case départ n'avait pas été rapidement opéré. On voit bien que pas grand-chose peut suffire à faire basculer une communauté d'un monde à l'autre…

Après cette déconvenue, nous nous sommes efforcés d'installer un management respectueux des personnes sans qu'il mette en cause l'efficacité de la structure, bien au contraire. Comme vous le verrez ci-dessous, nous avons parfois réussi, parfois échoué.

Promotion interne, privilégier l'implication

Quand un poste se libère ou est à pourvoir, promouvoir une personne déjà employée par la structure n'est pas l'apanage des structures de l'ESS. Heureusement ! Sinon, on parlerait beaucoup moins de « gravir l'échelle sociale ». Cependant, le contexte fait que la question de la promotion interne se pose plus fréquemment dans ce type d'organisation. En effet, étant donné leur positionnement, pour beaucoup, sur l'insertion de publics en difficulté et, pour la plupart, disposant de budgets contraints, les structures de l'ESS ne peuvent proposer que des petits salaires. Un moyen de compenser cet état de fait est l'évolution des fonctions et la progression des rémunérations qui peut l'accompagner. Dès lors, un certain nombre de personnes, avec le temps et l'expérience, sont invitées à gravir cette

---

88 Comme on dit vulgairement pour résumer tout ça : le PFH (P… de Facteur Humain).

89 Pour s'affranchir de la gangue de la culpabilité, la fuite ayant une connotation péjorative, relire « L'éloge de la fuite », d'Henri Laborit.

échelle, barreau après barreau, afin de faire évoluer les activités qu'elles mènent, de bénéficier d'une espèce de promotion sociale, et d'obtenir en conséquence une réévaluation salariale. Ceci peut contribuer à freiner le turnover, certes porteur de renouvellement, mais fâcheux quand on recherche un minimum de stabilité. Et éviter les aléas d'un recrutement.

Par un positionnement idéologique ou, de façon plus pragmatique, pour entretenir la motivation des collaborateurs et valoriser des compétences, apparentes ou sous-jacentes, on peut donc privilégier ces mouvements internes.

Mais alors, plusieurs questions se posent :

- Comment ne pas se trouver confronté au principe de Peter où « toute personne a tendance à s'élever jusqu'à son niveau d'incompétence » ?
- Que faire des éventuelles frustrations des collaborateurs qui ne bénéficient d'aucune promotion et qui se sentent laissés sur la touche ?
- Comment faire avec les possibles impacts psychologiques de toute promotion ?

Des descriptions de situation peuvent illustrer ce questionnement.

Géraldine, préalablement valoriste, a occupé convenablement une fonction intérimaire de responsable de site lors d'un congé maternité de sa chef de l'époque. Cette expérimentation ayant été concluante, Géraldine fut naturellement promue au poste de responsable d'un autre établissement quand l'occasion se présenta.

Mais, très vite, elle a changé du tout au tout, mettant en place une gestion descendante et autoritaire, décidant de tout, privilégiant le contrôle au dialogue, se plaignant continuellement de ses collaborateurs alors qu'elle avait pu choisir la plupart des membres de sa nouvelle équipe. Elle allait jusqu'à proférer des propos humiliants ou déplacés. Le volume et le ton de sa voix étaient à la limite du supportable et son choix d'être souvent seule pendant les temps de pause était forcément mal compris. Une caricature de « petit chef » !

Elle a souscrit du bout des lèvres à des séances de régulation d'équipe dont elle n'a rien fait par la suite, et a fait preuve d'une inertie suffisante pour que soient enterrées les propositions d'accompagnement et de médiation. Difficile de faire changer quelqu'un qui n'en a aucune envie !

Quand le Conseil d'Administration a pris conscience du mal-être de son équipe … et des risques juridiques que pourrait induire son comportement, il lui fut proposé une rupture conventionnelle.

On peut retenir que la réaction du CA fut trop tardive. Les bons résultats comptables faisaient que les regards des administrateurs se sont détournés de l'essentiel : le respect des valeurs qui sont les nôtres.

Didier était éducateur spécialisé dans une Maison d'Enfants à Caractère Social (MECS). Considéré par sa Direction comme le « meilleur de l'équipe », le plus respectueux des directives de son supérieur hiérarchique, proche des jeunes résidents, apprécié de ses cinq collègues, arrivés après lui qui plus est, il n'y eut pas photo : quand il fallut remplacer le responsable de l'équipe, parti à la retraite, sa promotion fut validée et unanimement saluée.

Très vite, Didier se sentit mal à l'aise. Tellement il lui était difficile de recadrer ses collègues, ses copains. Ainsi, il laissait passer des absences injustifiées, des retards inopinés, même des dysfonctionnements dans les pratiques éducatives. Et, bien sûr, ceux qui étaient maintenant ses subordonnés profitaient à fond de son laxisme. Son service, c'était la démagogie à tous les étages : certains éducateurs laissaient trop de libertés aux jeunes dont ils avaient la charge pour se faire bien voir et ne pas les affronter. Didier n'intervenait pas non plus, inhibé par ses liens amicaux et son ancienne position de collègue.

Pour les mêmes raisons, il ne répercutait pas certaines instructions de sa Direction quand il les jugeait trop contraignantes pour les membres de son équipe.

En pleine contradiction entre les attendus de sa nouvelle fonction et les relations tissées antérieurement avec les membres de son équipe, le porte-à-faux a fini par lui être intenable : Didier demanda à revenir à sa position de simple éducateur.

Ces deux exemples de promotion interne semblent remettre en cause le processus. A part se remémorer le lieu commun « qu'on ne réussit pas à tous les coups », on peut aussi faire l'hypothèse qu'un accompagnement plus poussé aurait pu éviter ces dérives. Car, malgré l'antienne qu'il aurait fallu que Géraldine et Didier suivent une formation de manager et repensant à nos parcours professionnels, nous restons dubitatifs : les apports théoriques en matière de management sont relativement réduits, répétitifs, souvent connus et guidés par le bon sens. Seule une analyse de la pratique, décryptant les situations, analysant les faits, identifiant les points de blocages, les malentendus ou les zones de conflit, et ouvrant sur d'éventuels moments de régulation, peut réduire les tensions et remettre l'équipe sur les bons rails.

Pour montrer qu'il n'est pas toujours besoin d'en arriver là, parlons d'une réussite indéniable :

Quand elle a connu AIMA, Sophie, qui occupait ailleurs un emploi à mi-temps, s'engagea comme bénévole pendant quelques mois. Une fois imprégnée des finalités et des modalités de fonctionnement de l'association, elle candidata à un poste à mi-temps d'assistante administrative, créé pour répondre à des besoins croissants. Deux ans après, la responsable dut démissionner pour raison médicale. Fut essayée, un temps, une gestion collégiale, finalement non entérinée du fait de la dilution des responsabilités et des dysfonctionnements qu'elle générait. Sophie accepta alors de démissionner de son autre mi-temps pour accéder au poste de responsable de cette ressourcerie dont la gestion est rendue complexe par une convention existante pour des aides sociales avec le Conseil Départemental et par l'exiguïté des locaux.

Le Conseil d'Administration d'AIMA n'a jamais eu à regretter le choix d'avoir promu Sophie, malgré sa grande discrétion et son manque d'assurance. Car Sophie répond complètement aux attendus de la gouvernance de l'association : elle gère les problèmes du quotidien qui surviennent inévitablement, met en œuvre des projets, développe des partenariats et fait bien la part des choses pour les décisions qui doivent remonter. « Par le bon sens », dit-elle.

Pour la gestion des six salariés placés sous son autorité, là aussi, c'est le beau fixe. Pour cet aspect, toujours délicat, laissons-lui la parole :

« Pour moi, la cohésion de l'équipe est primordiale. Elle s'établit avec des principes simples à énoncer, mais ardus à installer, et davantage encore, à inscrire dans la durée :

- La confiance entre nous : les garçons ont bien conscience que je ne supporterais pas le moindre mensonge, la moindre dissimulation. D'ailleurs, celui qui a failli sur ce point et qui, par chance, était en CDD, n'est plus là. Et je ne cache rien de ce que je fais et de ce que j'ai dans la tête.
- La solidarité : si l'un a des problèmes ou des difficultés, tous se mobilisent pour l'aider. Et moi la première : par exemple, je ne vais pas rechigner à les accompagner sur un chantier compliqué. Au fil

du temps, j'ai été amenée à faire l'une ou l'autre des tâches qui les occupent. Ainsi, je connais leur travail et peux mieux les comprendre. Il m'est aussi plus facile de gérer les plannings et la programmation d'ensemble des tâches à accomplir.

- La disponibilité : ils savent qu'ils peuvent me contacter, et compter sur moi, quand ils en ressentent le besoin. Même en vacances, et malgré les recommandations, le droit à la déconnexion, je ne connais pas. En contrepartie, ils ne vont pas hésiter à décaler leur pause méridienne, à modifier leurs horaires ou leurs jours de congés si nécessaire.
- La convivialité : on se retrouve chaque matin, un quart d'heure avant le moment de la prise de poste, autour d'un café. Pour parler de choses et d'autres, mélangeant les sujets personnels ou professionnels. Même Alban, qui, avant, arrivait toujours à neuf heures moins une, est devenu assidu de ces temps informels d'échanges sans qu'on ne lui ait rien demandé ».

Si elle devait partir, la plupart disent qu'ils partiraient aussi. Cette phrase est révélatrice de la cohésion d'équipe ainsi créée, parfois, vous l'avez vu, au détriment d'un strict respect du Droit du travail…

Identifions maintenant quelques repères pour la gestion des promotions internes bien que, comme toujours et partout, le contexte soit essentiel à considérer et peut écorner principes et certitudes.

Le mécanisme de la promotion interne, à côté d'échecs patents qui doivent éveiller la vigilance, peut produire tellement de satisfactions pour les personnes et la structure que la question de sa mise en place mérite d'être posée avant tout recrutement, démarche dont on connaît les aléas (cf le chapitre Évaluation). En effet, des compétences insoupçonnées peuvent se révéler puis se développer..

On ne peut anticiper les conséquences psychologiques d'une promotion. Parfois, la personne « prend la grosse tête », abusant de son nouveau pouvoir. Ou, à l'inverse, elle fait preuve de démagogie, par besoin d'être aimée ou peur de la moindre opposition. Faute d'être spécialiste en psychologie ou en psychiatrie, on ne va pas chercher les causes profondes, dans l'histoire de la personne, qui pourraient expliquer ces dysfonctionnements. Seules l'observation, la lecture des faits et des séances régulières d'analyse des pratiques peuvent contrecarrer ces dérives. Un processus d'accompagnement de Géraldine, de Didier et de leur équipe, posé préalablement et rigoureusement suivi, aurait probablement évité les travers constatés.

Combinant la réalisation de nouvelles activités, pouvant nécessiter de nouvelles compétences, et l'acceptation de sa nouvelle fonction par ses anciens pairs, il paraît indispensable que le « nouveau chef » identifie régulièrement les particularités de son poste et surtout la plus-value qu'il apporte. Une communication appropriée, exposant les faits et les résultats des actions menées, doit permettre à l'équipe de reconnaître les apports du nouveau promu. Sujet classique du « savoir-faire et faire-savoir »...

La prudence est de se préparer à l'imprévisibilité, ce qui commence par un petit exercice de lucidité. Le choix de la personne à promouvoir est souvent justifié par la confiance portée sur la personne : « on la connaît, on lui fait confiance ». Très bien. En fait, il s'agit surtout de confiance en soi, avec une pointe d'autosatisfaction : « j'ai confiance dans mes observations du comportement de cette personne, j'ai confiance dans l'évaluation que je fais de cette personne ». Exprimer les choses ainsi devrait attirer l'attention et semer des graines de doute : qu'avons-nous observé et avons-nous bien observé ? La personne dans un environnement donné. Mais avons-nous observé, caractérisé, évalué cet environnement ? Le primat de l'observation – évaluation des personnes repose sur un paradigme fixiste : ce qui a été sera à nouveau. Les espèces évoluent, les personnes changent, les collaborateurs murissent, progressent, vieillissent, se fatiguent, prennent le melon, s'ouvrent à la nouveauté ou s'enferment dans leurs obsessions.

Finalement, les promotions internes s'appliquent à des personnes impliquées, motivées et attachées à la structure. Avoir ça dans la peau n'est-il pas primordial ? Quitte à ce que soient identifiées certaines compétences manquantes et à les faire acquérir progressivement, par un accompagnement particulier, plus ou moins important selon le contexte. Il faut voir l'accompagnement comme dégressif pour finir par lâcher les rênes, aboutissement ô combien exaltant !

La politique salariale : à l'inverse des modes et des tendances

Depuis que le salariat existe, débats et conflits, frustrations et mal-être, jalousies et démotivations, rythment la vie des organisations à propos des niveaux respectifs des salaires. Seuls deux critères de différenciation semblent globalement acceptés.

Le métier exercé : l'échelle des revenus, du directeur au technicien de surface, est grosso-modo intégrée et fait peu l'objet de contestation. Seuls la hauteur de l'échelle et l'écart entre chaque barreau peuvent être mis en cause. Même si beaucoup regrettent que les activités physiques ou manuelles soient moins bien rémunérées que les productions intellectuelles, à quelques exceptions près comme les sportifs de haut niveau. Mais n'est pas Mbappé ou Wembanyama qui veut…

L'ancienneté : pour une même fonction, l'expérience accumulée au cours du temps fait admettre que le salarié qui l'exerce est plus performant et doit donc être mieux payé. La plupart des travailleurs touchent plus à l'approche de la retraite que lors des premiers postes occupés. La prime aux cheveux blancs, en quelque sorte... quand ils ne sont pas licenciés ou mis en préretraite.

A partir des années quatre-vingt, la tendance est de différencier les salaires par la prise en compte de résultats. L'individualisation des salaires, facile à mettre en œuvre pour certains postes de travail quand il ne s'agit que de mesurer la productivité, s'est heurtée à de fortes résistances dans les P.M.E. du secteur tertiaire. Car comment rendre justes ces récompenses quand une foultitude de critères impalpables *(informations, humeurs,...)* ou subjectifs (*initiatives, idées, prises de risques, qualité,...)* s'ajoutent à de rares critères objectifs, comme le nombre de dossiers ou les marges dégagées, pour concourir aux résultats ? Souvent même, ces critères se croisent et interfèrent entre eux pour complexifier l'analyse. Et le résultat atteint par quelqu'un tient évidemment à l'aide, prévue ou non, identifiée ou non, importante ou non, consciente ou non, des autres.

Quelques exemples pour étayer ce propos :

- Antoine est magasinier vendeur dans une ressourcerie. De nature avenant, souriant et aimable, comment évaluer, sur le long terme, la qualité des relations qu'il a installée avec les visiteurs ? Leur donnant alors l'envie de revenir … pour, sans doute, effectuer des achats auprès d'autres vendeurs ?
- Agnès, au standard téléphonique, a un contact particulièrement agréable et s'emploie toujours à donner à l'interlocuteur des informations complètes et précises. A en recueillir aussi, et à les communiquer à qui de droit. Comment mesurer les effets de la qualité de son travail sur l'activité de la structure ?
- Bérénice a monté un dossier complexe pour une fondation grâce à une personne de son réseau personnel qui lui a donné le filon. Il s'agissait d'obtenir une subvention pour pouvoir fournir du mobilier à des familles en difficulté. Bingo ! C'est justement l'objet d'une convention que l'association a avec le Conseil Départemental et l'aide de cette fondation permettra d'augmenter encore les services rendus. Périodiquement, des collaborateurs

montent au créneau pour que soient récompensés les porteurs de projets et les faiseurs de dossiers afin de stimuler ceux qui ne le sont pas. Mais, pour aboutir, le dossier de Bérénice devait s'appuyer sur tout le travail fait, depuis près de dix ans donc, par tous ceux qui ont œuvré pour ce service, tous ceux qui ont charrié le mobilier et toutes celles qui étaient en relation avec les donateurs, les travailleurs sociaux et les bénéficiaires, pour organiser les opérations. Et encore, ne parlons pas de l'histoire de l'association et de ses autres activités, qui contribuent à construire son image et sa notoriété.

Avant de récompenser une personne, pense-t-on assez à toutes celles, pas forcément identifiables, sans lesquelles le résultat n'aurait pas été obtenu ? Détacher un maillon de la chaîne rend celui-là inutile et celle-ci inopérante…

Force est de constater que le raccourci confortable, emprunté par certains décideurs, selon lequel récompenser des performances individuelles est susceptible de stimuler l'ensemble du personnel, est simpliste et abusif. Car une bonne marche et un développement de l'organisation nécessitent des fonctionnements collectifs, voire solidaires. Or, les rémunérations individualisées, fréquemment perçues comme se faisant « à la tête du client » (certains critères restant subjectifs et/ou les critères affichés n'étant pas unanimement partagés), génèrent, souvent, des ressentiments, brisent, ou au moins perturbent, la cohésion des équipes.

Pour enfoncer le clou, retour sur le début de mon parcours professionnel :

J'opérais dans une structure d'achat et de vente de biens immobiliers, où les techniciens-vendeurs étaient sectorisés. Pour les motiver, et s'aligner sur la tendance du moment, la Direction mit en place une prime aux résultats. Les conséquences ne tardèrent pas à se faire sentir : pour que le collègue ne profite pas d'une prime qui leur aurait semblé indue, les techniciens, en contact avec des clients potentiels qui souhaitaient un déplacement géographique, gardaient l'information pour eux. On ne saura jamais le nombre de transactions inabouties provoquées par la non-prise en compte de l'interaction des éléments de l'organisation… et du fonctionnement de la nature humaine.

Cette histoire montre, encore une fois, que des façons de faire importées du « modèle industriel » s'avèrent inadaptées au secteur des services, et leur transposition bien peu pertinente. Mais les modes et les influences ont la vie dure...

On peut comprendre que des salariés souscrivent à ce schéma. Ils espèrent, au-delà de quelques subsides, faire valoir leurs résultats. Ils lisent la prime ou l'augmentation de leur indice comme une forme de reconnaissance sans toujours évaluer par avance les inimitiés que vont provoquer ces avantages différentiels. Dans le temps, les contestations de leurs collègues risquent de les enfermer dans une solitude inattendue et de leur rendre problématique la reproduction de leur niveau d'efficience. Autrement dit, a-t-on réellement intérêt à casser un élan collectif en lui préférant une amélioration tronçonnée de comportements et de fonctionnements individuels ? Sur du très court terme peut-être. Mais il est demandé justement aux décideurs de dépasser une gestion à la petite semaine...

Même s'il n'y a pas d'actionnaire à rémunérer.

Même si la partie variable des rémunérations est définie et distribuée par un contrat d'intéressement collectif.

Même si l'échelle des salaires est peu importante, minorant une contestation des indices les plus élevés.

Même si des incitations fréquentes à privilégier le collectif sont affichées et affirmées.

Même si une transparence totale garantit l'absence d'interlopes ou de compromissions.

Même si...

Il se trouve périodiquement des voix pour mettre en cause le système établi. On doit faire avec, car le salaire est perçu comme la rétribution de la contribution apportée par chacun. Pour peu que deux fonctions, apparemment ou grossièrement semblables, se distinguent un tantinet, aussitôt pourra être demandée une différenciation salariale pour marquer cette évolution.

Un premier écueil est, qu'avec le temps ou le contexte, une contribution ou son intérêt peuvent s'émousser. La partie fixe d'un salaire, sauf exception, ne peut diminuer.

Une seconde difficulté, la principale, est de définir précisément cette fameuse contribution. Et de devoir donc choisir entre deux injustices : l'une consiste à rémunérer de façon identique des contributions différentes *(car il n'y aura jamais deux contributions parfaitement identiques)* ; l'autre institue un écart de salaires entre des différences contributives, la coïncidence des écarts et des différences ne pouvant jamais être établie tant des aspects subjectifs, d'autres non mesurables, sont forcément présents. Autant chercher à harmoniser et hiérarchiser des goûts artistiques....

Quoi qu'il en soit, des personnes, en recherche de reconnaissance, ou méconnaissant le travail de leurs collègues, ou le dévaluant, ou surestimant leurs apports, ou à la recherche d'une exactitude illusoire, ou d'une reconnaissance surfaite, ou de je ne sais quoi encore, vont ressentir un sentiment d'injustice, s'estimant insuffisamment rémunérées. Car c'est bien le salaire relatif, par rapport aux collègues de travail, qui est en question. La preuve ? Augmenter tous les salaires uniformément de 10% et le débat et les frustrations demeureront...

Alors comment faire, tant bien que mal, avec ces situations ?

- Veiller à ce qu'il n'y ait pas un trop fort écart, à fonctions similaires, avec des organisations comparables ou dans l'environnement géographique proche car :
  - si l'écart est fortement négatif, la sanction tombe, sous forme de départs et, à terme, de déqualification progressive du personnel,
  - si l'écart est fortement positif, on peut s'interroger sur la cause et la nécessité de cet excès de confort.

  Finalement, faire avec le marché de l'emploi ...
- Traiter les aberrations évidentes *(rémunérations différentes de fonctions identiques)*, éventuellement produites de l'histoire.
- Privilégier le collectif en veillant à ce que l'écart maximum de salaires n'ébrèche pas la solidarité entre les salariés. Tellement celle-ci est un atout essentiel voire déterminant dans toute organisation, ... pour peu que soit refusée une lente décomposition.

  A ce propos, notre association bénéficie de l'agrément ESUS (Entreprise Solidaire d'Utilité Sociale), et, à ce titre, l'écart des salaires doit être limité. Mais, possiblement, dix fois le SMIC pour le salarié le mieux payé, cet écart est, somme toute, conséquent. A AIMA, nous avons choisi un rapport de un à deux entre les plus bas et les plus hauts salaires. Malgré cette faible différence, la contribution des mieux payés est parfois mise en cause...
- Pour certaines promotions, privilégier les primes de fonction à l'augmentation du salaire de base afin qu'en cas de retour à la situation initiale, par choix de la personne ou échec de la promotion, ne soit pas créée une nouvelle distorsion.
- Prévoir un intéressement collectif, clé de motivation ouvrant sur une reconnaissance commune qu'il convient de pointer.
- Penser à des formes diverses de reconnaissance immatérielles, afin d'entretenir, voire d'attiser, les motivations : des moments de

convivialité, des remerciements, la compréhension d'une difficulté, une attention particulière, un regard même. Autant de messages de reconnaissance de l'autre.

Deux descriptions de situations pour finir, montrent que, malgré ces précautions générales, on n'échappe pas à certaines turbulences, tellement le sujet de la contribution et de sa reconnaissance est sensible :

- Quand j'étais Directeur, il suffisait que je m'attarde à discuter avec l'un, parce que nous avions une passion commune ou un intérêt partagé, que j'embrasse l'une, parce que je la connaissais personnellement, pour contrarier d'autres avec qui je n'avais que des relations strictement professionnelles. Un parallèle peut être fait avec la vie familiale, quand un des enfants se sent moins aimé que ses frères et sœurs…
- Dans notre association, deux cadres, lors d'un entretien qu'ils avaient demandé, ont mis en question la contribution d'un nouveau collègue alors que, œuvrant dans un autre service, ils ne savaient pas grand-chose de ses missions, de ses activités, de leurs importances et de leurs effets. Car la suppression de ce poste, qu'ils pensaient peu utile, aurait augmenté le résultat de l'exercice … et donc, mécaniquement, leur prime annuelle d'intéressement.

Tout ceci renvoie à la nécessité, pour la gouvernance, d'avoir une politique salariale parfaitement définie et cohérente avec les valeurs de la structure et les données de l'environnement. Elle doit être régulièrement communiquée et parfaitement expliquée pour limiter les contestations. Vu la sensibilité du sujet, un impératif de transparence est d'autant plus nécessaire. Certes, du temps passé, à informer, à expliquer. Mais combien de débats évités ? Combien de frustrations refoulées ? Combien de malentendus esquivés ? Mais, on a beau le regretter, sans que soient forcément éteints les comportements que génèrent la jalousie et la culture des ego.

La question des compétences

Beaucoup de structures de l'ESS ont construit leur modèle économique en intégrant la problématique de l'insertion. Bénéficiant de contrats aidés ou d'apprentissage, elles servent de support à des salariés présents pour une durée déterminée avec des obligations de formation leur permettant d'avoir, par la suite, accès à des emplois plus stables et qualifiés grâce aux compétences acquises, éventuellement validées par un diplôme.

> Pour AIMA, les formations diplômantes ont débouché notamment sur des permis de conduire poids lourds, des habilitations électriques et on ne compte plus les CACES obtenus.

Ces qualifications contribuent à la construction de parcours professionnels. Reste à dépasser les compétences simplement académiques pour s'interroger sur les savoir-faire en situation. Car les compétences s'observent, et ne sont que partiellement prévisibles. Elles ne sont pas intrinsèques aux personnes mais résultent des interactions entre des individus et leur environnement.

> Des souvenirs d'agronomie nous reviennent. Un nouveau salarié, une évolution de fonction, une promotion interne, sont des changements de milieu. Prenez une variété de pruniers qui fructifient correctement dans une parcelle et implantez-les chez un nouvel arboriculteur quelques kilomètres plus loin, ou simplement chez vous dans le fond du vallon alors que le verger initial est à flanc de colline, la même production n'est absolument pas garantie.

On dit parfois qu'avec un changement de fonction une personne se découvre, s'épanouit, voire renaît, ou s'assombrit et dépérit.

Pour les personnes ayant quitté la structure qui leur a remis le pied à l'étrier et permis de suivre un cursus de formation, il leur faudra composer avec un nouvel environnement. Nous n'avons pas trouvé de statistiques : mais combien de structures de l'ESS ont agi pour qu'un nombre conséquent de personnes, par l'acquisition de nouvelles compétences, s'insèrent et réussissent dans le marché du travail ? Et quelles solutions leur auraient été apportées sans ces contributions ?

Les structures de l'ESS peuvent aussi avoir bénéficié de personnel déjà bien formé et pouvant même faire valoir une solide expérience professionnelle. En recherche de sens, ou échaudées par leur parcours dans d'autres entreprises, ces personnes, étudiants en fin de cycle ou employés un temps dans des entreprises centrées sur des logiques de concurrence et de profit, choisissent de s'investir dans l'ESS, faisant fi des modestes rémunérations proposées. Elles ont voulu atterrir là du fait des finalités qu'elles partagent. Il n'y aucun doute sur leurs motivations et envie de faire bien. La structure d'accueil doit avoir conscience de la chance qu'elle a d'intéresser ces profils. Il lui faut alors veiller à valoriser ces compétences, parfois inattendues. Et ne pas brider leur volonté d'initiative qui peuvent ouvrir la structure à d'autres activités, pour peu qu'elles soient en rapport avec les buts qu'elle poursuit.

Ainsi, Marie, cadre dans une grosse boîte de traitement de déchets, a pu mesurer la quantité d'objets réparables qui étaient jetés, sans entendre jamais parler de remploi. Elle a choisi alors de rejoindre AIMA avec le projet d'y installer un repair café, se contentant d'un engagement en Service Civique puisque, à ce moment-là, l'association ne pouvait lui proposer autre chose. Compte-tenu de ses compétences et de sa motivation pour œuvrer à nos côtés, on lui proposa, à l'issue de ce contrat particulier, un CDI avec une responsabilité d'équipe.

Ainsi, Bérénice, anthropologue de formation, toujours passionnée par la découverte d'autres pays et d'autres cultures, a initié de nouveaux contacts permettant de diversifier les destinations de nos envois humanitaires.

Ainsi, Alexandre, sensibilisé par ses études supérieures, a mis en place un certain nombre d'outils concernant la gestion des ressources humaines, la sécurité des personnes et des locaux et la communication interne.

Autant de compétences qui ont enrichi notre petite structure. Nos finalités surtout, mais aussi notre localisation qui leur a permis de rester dans notre belle région ou d'échapper à la grisaille de la région parisienne, ont été déterminantes dans leur choix professionnel.

Et autant de parcours qui sont un pied de nez à une situation que j'ai vécue lors d'une Assemblée Générale d'une banque coopérative dont j'étais sociétaire : quand fut remis en cause par des participants le salaire élevé de dirigeants (plus de 20 fois le SMIC), une réponse lapidaire leur fut apportée : « c'est le seul moyen d'attirer des talents ». Comme si l'argent pouvait éteindre toute autre aspiration…

Quelles que soient les personnes demeurant ou installées dans la structure, la question de l'évolution de leurs compétences est à rechercher. Soit, s'il y a lieu, pour coller aux transformations de l'organisation. Soit, tout simplement, pour valoriser la personne en ne se contentant pas du statu quo. Les outils classiques des entretiens professionnels et d'évaluation sont là pour ça. Mais une observation permanente du n + 1 et une contribution de l'équipe, la prise en compte des avis et propositions des clients-adhérents, des partenaires, des visiteurs, peuvent aussi enclencher changements et progressions. La personne concernée, la structure et ses utilisateurs ne peuvent que s'en trouver satisfaits.

Apologie du mouvement

Tirons le fil de la fluidité entre « chef et pas chef ». Pourquoi faudrait-il qu'une carrière professionnelle soit toujours ascendante ?

Parmi les situations professionnelles douloureuses, il y a un cas fréquent dans les grandes entreprises ou administrations : le cadre supérieur, plutôt en fin de carrière, épuisé, en burn-out ou en souffrance car il a atteint un niveau de responsabilité excessif pour lui à ce moment-là, compte-tenu de la stratégie de l'entreprise, de sa culture, de ses exigences de performance, de son organisation. La réponse classique est la placardisation : le cadre est exfiltré, placé dans un poste où il végète, plein d'amertume, jusqu'à la retraite. Pour prévenir ce triste scénario, une piste prometteuse est de miser sur la fluidité verticale tout au long de la carrière, en alternant des postes de management et d'équipier, en rupture avec la notion de « promotion » vue comme une montée dans les échelons hiérarchiques. Ainsi, le retour, notamment en fin de carrière, vers un poste d'équipier, ou à un échelon inférieur, ne sera plus vécu comme un échec ou une sanction, mais comme un mouvement naturel, pragmatique, pertinent, optimum au regard des besoins et contraintes des parties prenantes.

Dans ce schéma possible, contre-pied de la promotion interne, on parle alors de mutations qui, ensemble, constituent un parcours professionnel. En voyant les choses ainsi, le parcours de Didier n'est pas un échec, mais une expérience bénéfique pour lui et pour l'organisation.

Une retombée collatérale particulièrement bénéfique de la fluidité verticale est qu'elle protège très bien contre les comportements *petits chefs*.

> Je l'ai vécu à plusieurs reprises, dans des situations très différentes où j'ai constaté des bénéfices similaires. En milieu associatif, ma première présidence a été celle d'un club de montagne qui avait comme culture de coopter président le plus jeune du groupe un tant soit peu engagé et paraissant *tenir la route*. Le comité directeur était peuplé d'anciens présidents. Nous avions une configuration idéale avec des décisions collectives et un président au service de l'association, aussitôt recadré en cas d'affirmation trop personnelle.
>
> J'ai eu aussi la chance de travailler une vingtaine d'années dans une grande entreprise qui pratique les mouvements descendants, des directeurs généraux et directeurs régionaux étant régulièrement nommés consultants, pas systématiquement avec le consentement ravi des intéressés, mais toujours au bénéfice des équipes accueillant un ancien dirigeant, riche d'une expérience notoire. J'ai moi-même terminé ma carrière en tant que consultant, avec plaisir, après une courte expérience intense de manager.

Le choix de la confiance et de la transparence

Nous n'épiloguerons pas ici sur le comment et le pourquoi de l'installation et, *a contrario*, du délitement des relations de confiance. La loyauté, la considération mutuelle des personnes, le respect des règles et des procédures idéalement établies collectivement et, *a minima*, expliquées et acceptées, sont les ingrédients indispensables à ce que s'établisse un climat apaisé, propice à de bons résultats, au service des bénéficiaires ou aux demandes des commanditaires.

Rien de nouveau sous le soleil. Mais évoquons simplement deux éléments qui nous paraissent essentiels et que nous n'avons pas, au fil de nos pérégrinations, rencontré partout.

- La transparence : hormis quelques exceptions (perspectives de projet, ébauches de partenariat, …) qui, pour des raisons stratégiques, imposent de différer la communication, il n'y a aucune raison que les collaborateurs n'aient pas accès à la quasi-totalité des informations qui concernent la vie de la structure. On se doute bien que la confidentialité des rémunérations, pratique assez répandue, éveille les suspicions et provoque des jalousies, même infondées. Alors, à quoi bon souscrire à cette pratique, pourtant très courante ?

  Il est parfois reproché au trésorier ou au comptable d'inquiéter leurs collègues en alertant d'une situation tendue. Mais pourquoi ne pas partager les préoccupations des gestionnaires ? La charge mentale est moins lourde quand elle est portée par plusieurs. Et impliquer plus de monde dans la recherche de solutions offre davantage de possibilités de sortir la tête de l'eau.
- Le droit à l'erreur : le permettre épouse la conviction que les personnes évoluent. Pas question de souscrire aux condamnations définitives. D'autant plus que la personne s'étant mise à la faute ou ayant commis une bévue est rarement la seule responsable. Quid des filets de sécurité qui auraient pu éviter le faux-pas ? Quid de ses collègues ? Quid du management ? Quid de l'accompagnement qu'il aurait fallu ?

Rythmes et conditions de travail

Le statut associatif, et la présence de bénévoles, peuvent laisser croire que le rythme et l'intensité du travail sont assez cool. D'ailleurs, beaucoup de salariés ayant travaillé ailleurs nous le disent :

> « Ici, moins de pression », « c'est quand même plus tranquille », « on n'a pas un patron qui passe son temps à nous crier dessus », etc.

Pourtant, intégrées à une société marchande, et malgré la non rémunération des actionnaires, les structures de l'ESS sont prises dans une triple contradiction que connaissent maintes organisations professionnelles :

- Ne pas trop tirer sur la corde des salariés, ne pas être obsédé par la productivité et l'efficacité au travail afin que le bien-être au boulot ne soit pas un vœu pieu.
- Satisfaire la demande des commanditaires, quand certains aides ou soutiens sont conditionnés à des objectifs de résultat.
- Répondre aux attentes des clients-adhérents qui peuvent avoir les exigences de tout consommateur.

L'accord passé avec un Conseil Départemental pour dispenser des aides sociales à des personnes en difficulté illustre cette difficulté de tout concilier. La convention stipule qu'il nous faut réaliser 250 interventions par an. Déjà, le niveau de cet objectif engendre des inquiétudes : « Aura-t-on assez de matériel pour satisfaire les demandes ? Les besoins concernent surtout l'électroménager alors qu'on reçoit de moins en moins de propositions de dons sur ce genre de produits, l'obsolescence programmée et la vente en ligne expliquant cela ». Angoisse de l'équipe et de sa responsable dès le début de l'année…

Pour des personnes âgées ou handicapées, il faut livrer la commande, parfois au troisième étage sans ascenseur, par un escalier exigu. Fatigue toujours, mal au dos parfois, en sont les conséquences.

Afin de satisfaire les demandes, et, il faut bien le dire, atteindre notre objectif d'équilibre financier, nous avons élargi les plages d'ouverture de nos ressourceries. D'abord, de 17 à 18 heures, pour satisfaire les gens qui travaillent ou qui ont des gosses à chercher à l'école. Ensuite, le matin. Aussi, il nous faut maintenant jongler avec les emplois du temps, en devant organiser l'accueil des visiteurs, les collectes et le rangement des espaces. Cette dispersion laisse quelquefois l'impression de courir après le temps. Et on ne s'étonnera pas que tout ne soit pas fait parfaitement … et que les congés soient quelquefois attendus avec impatience.

Dans ce chapitre, nous avons évoqué plusieurs sujets qui ne sont pas forcément propres à l'ESS. Pourtant, il nous semble important que ce type de structures se différencient pour montrer qu'une autre façon de produire des biens et des services est possible dans le respect des personnes qui s'en occupent. Par définition, la gestion désintéressée des dirigeants et la non appropriation de l'actif sont des critères majeurs. Ajoutons :

- La convivialité : on connaît les ingrédients pour assurer une ambiance plaisante qui fera que les salariés et les bénévoles ne rechignent pas à venir travailler pour les uns, à proposer leurs services pour les autres. Des temps de pause partagés, des moments sympathiques et cordiaux, des temps d'écoute et d'attention, des signes de reconnaissance. Le contexte du moment et « l'état des troupes » amènent un tâtonnement permanent pour trouver l'équilibre entre laxisme excessif et exigence démesurée.

- La participation : le collectif doit primer sur l'individu. Même si la place de chacun est bien définie, les idées, les propositions, les initiatives de tous méritent d'être considérées et étudiées. Afin que chacun soit responsabilisé et se sente partie prenante de l'organisation.
- La valorisation des personnes, fières de participer à une œuvre collective d'intérêt général, souvent innovante dans le territoire où elle se déploie, qui compense un tant soit peu les dérives de la société. Il est fréquent en effet que des visites aient lieu, que des écoles viennent découvrir les activités menées, que des médias réalisent un reportage ou se fassent l'écho de quelques nouveautés. Aucune raison que ces mises en avant soient réservées aux cadres ou aux dirigeants.

Être valorisé par ce qu'on fait n'est pas donné à tout le monde… sauf dans l'ESS que nous aimons !

Chapitre 7 : Parcours : travail et bénévolat enlacés

« *Au fond, ce qui nous différencie notamment des fachos, c'est qu'on n'a pas peur d'une rencontre tangible avec l'autre. Notre territoire naturel, c'est la rue, les lieux physiques : là où se déroulent les vraies rencontres dont on n'a plus que l'illusion sur les réseaux sociaux, quand bien même on nourrit une relation forte avec une communauté de personnes* » [Benoît Hamon][90].

L'ESS est définie par catégorie de structures. On en a parlé. Mais qu'en est-il des personnes qui en sont à l'origine, qui habitent ces organisations, qui les font vivre au quotidien, qui orientent leur positionnement et leurs actions ? Ce sont bien les gens qui font qu'elles nous paraissent nobles ou dévoyées, selon les valeurs qu'ils portent et les actions qu'ils mènent, au sein et au nom de l'organisation. Les occupants d'une maison peuvent la rendre séduisante ou répulsive selon l'agencement des objets et la décoration intérieure qu'ils décident et réalisent. Pareillement, telle ou telle structure de l'ESS, quel que soit son statut, est créée et évolue selon les personnes qui la composent. Dès lors, le parcours des personnes nous en dit autant, voire plus, sur l'ESS que la vie des structures. D'ailleurs, ces dernières peuvent changer au point que des personnes ne soient plus en accord avec les valeurs et s'en éloignent. Ou se mettre en sommeil. Ou disparaître, même. Alors que les individus, au gré de leurs envies et/ou des opportunités qu'ils rencontrent, ont œuvré, la plupart du temps, dans différentes structures. Souvent, sans se renier. Fidèles à leurs convictions, même si, parfois, la fatigue ou l'ennui ont pu les gagner.

Nous avons, là, une spécificité de l'ESS : les transformations de la société qu'elle suscite ou accompagne passent par les gens, et non par les biens ou l'argent. Ce qui est déterminant dans les structures de l'ESS, ce sont les personnes, bénévoles ou salariés, qui y œuvrent.

L'adage est bien connu : « Personne n'est indispensable ». Certes ! Mais, vu la petitesse des structures et l'importance de leurs leaders, charismatiques ou non, ou de membres disposant de compétences rares

---

[90] *La convergence des luttes est-elle nécessaire ?* Entretien croisé entre Lauren Bastide, Cyril Dion, Benoît Hamon, Grâce Ly et Lou Trotignon, Tandem, 2026.

ou onéreuses, certains sont difficilement remplaçables … ou pas remplaçables du tout. Combien de structures ne vivent plus suite à des départs ou des retraits ? Le club des associations léthargiques est bien rempli !

Pour moins parler de nos engagements, survolons le parcours de quelques personnes, riches de leur diversité, empreintes de constance par l'humanité qu'elles dégagent et les valeurs qu'elles portent. Peut-être, ami lecteur, trouverez-vous des similitudes entre tout ou partie du cheminement de ces personnes et votre histoire personnelle ?

Marie, la butineuse

Marie, (dont nous avons déjà parlé) a mis volontairement un terme à son CDI chez AIMA pour découvrir différentes structures de l'ESS de l'intérieur, par des engagements ponctuels. Evidemment, elle les a choisis en fonction de ses préoccupations sociales et écologiques.

En quelques années, et selon ses disponibilités, elle vécut d'instructives expériences :

- Au Pochon Magique à Belfort, restaurant associatif végétarien, pour vérifier, si besoin en était, qu'on pouvait se régaler de plats légumiers et voir comment on pouvait sensibiliser des gens à se détourner de tout apport carné ou, pour le moins, à les limiter.
- En participant avec Alternatiba à un trajet cycliste de quelques jours, bon apprentissage en matière d'organisation logistique et d'interventions dans des conférences. Et façon pratique de visiter diverses initiatives inspirantes.
- A Emmaüs Rennes, communauté spécialisée dans le réemploi de matériaux de construction, installant ainsi de fortes relations avec des artisans du territoire. Mais l'essentiel n'est pas là puisque cette activité sert de support à la finalité première de la structure : l'insertion de compagnons accueillis, un temps.
- En s'intégrant à un chantier participatif des Bâtisses Heureuses, pour s'initier aux méthodes d'acquisitions collectives de compétence en valorisant des matériaux bruts, locaux, non manufacturés et peu transformés.
- En passant quelque temps à l'Auberge des Migrants, à Calais. Confrontée à tant de misères et de détresses, Marie a utilisé sa

force de conviction et ses capacités relationnelles pour mobiliser son réseau en se souvenant d'AIMA : un fourgon, rempli de vêtements chauds et d'autres matériels, tellement nécessaires comme vous pouvez l'imaginer, partit du Pays Basque pour rejoindre les brumes nordistes. Quand la solidarité vous prend aux tripes…

Riche de toutes ces rencontres, Marie, une fois revenue au pays, s'est engagée comme bénévole, puis administratrice, dans une ressourcerie de la Côte Basque[91]. Elle a été embauchée à ALDA association défendant les intérêts et aspiration des familles et des individus des quartiers populaires.

Gageons qu'il y aura par la suite constance dans les parcours professionnel et bénévole de Marie, actrice engagée dans l'ESS. Montre-t-il que l'immersion, un temps, dans un grand groupe capitaliste peut être bénéfique par le dégoût qu'il induit ?

Yvan : un humanisme éclectique

Quand nous nous sommes installés à Came, village Xarnegu [92] des Pyrénées-Atlantiques, nous avons vidé progressivement un monceau d'objets qui étaient entreposés dans la vieille et grande maison que nous venions d'acheter. Amenant une pile de cartons remplis de vieux papiers à la déchetterie, Yvan, que nous ne connaissions pas encore, présent là au même moment, nous interpella :

- Que faites-vous ? Ne jetez rien, je prends tout ça. On triera et on trouvera sans doute des documents intéressants.

Car Yvan animait à l'époque, une petite association, ACAMAR, explorant et rappelant l'histoire du territoire et de ses habitants.

Son attachement au territoire, à la langue gasconne et à ceux qui la pratiquent s'est manifesté bien davantage :

- Par le recueil de chants traditionnels, valorisés par un chœur d'hommes de Came, Lous Cantayres.
- Par l'animation de l'association (1500 membres !) mettant en œuvre, à la fin des années 1990, la Symphonie historique du

[91] https://konpontxoko.org/

[92] Xarnegu : mélange, en basque. Came se situe en effet au carrefour du Pays-Basque, du Béarn et de la Gascogne.

château de Bidache, spectacle son et lumière grandiose, d'une grande notoriété à l'époque.

- Par une émission radio « Adishatz Monde »[93], donnant la parole à des acteurs locaux en langue gasconne, rendez-vous hebdomadaire, mené avec son compère Georges Bourdalès, proposé par une pionnière des radios libres, Radio Adour Navarre[94].
- Par l'écriture de la partie occitane-gasconne d'une pastorale bilingue à laquelle était associée la langue basque.
- Par la création de l'association « Mémoire Vivante » pour recueillir la parole des anciens, en langue gasconne.

Actuellement, le spectacle de Bidache tel qu'il a été ne se fait plus[95], les pastorales sont des spectacles éphémères (deux ou trois représentations lors d'un été), ACAMAR est en sommeil, Radio Adour Navarre, du fait de son succès et de son audience, a été repris et transformé par un poids lourd médiatique. Un exemple de plus où des intérêts privés s'intéressent et finissent par absorber les structures de l'ESS qui réussissent trop bien. Les Cantayres vivent leur vie, sans Yvan, qui, de son côté, continue à enrichir le fonds culturel et historique de Mémoire Vivante.

Par tous ces passages, Yvan nous montre que le fil conducteur qu'il a toujours suivi est l'identité gasconne ainsi que l'histoire du territoire et de ses habitants. La disparition ou la transformation des cadres juridiques qui ont permis son expression n'ont en rien entamé ses motivations et n'ont pas freiné ses actions. Osons dire, en parlant à sa place : peut-être, au contraire, pour éviter que la lassitude et la routine ne s'installent ?

Mais ne nous arrêtons pas là : le parcours d'Yvan intègre aussi une dimension humaniste et humanitaire. Sans parler de son engagement précoce au sein de la JOC, puis du MRJC, sans s'attarder sur les spectacles donnés par Les Cantayres pour des SDF parisiens, il réalisa son rêve de jeunesse lors de son départ en mission humanitaire de huit mois au Kosovo, après la guerre de 1998, pour réhabiliter des centres de santé, avec Médecins du Monde. Cette grosse ONG, après avoir constaté et validé ses

---

93 Bonsoir tout le monde

94 Radio créée en 1978, avant la libération des ondes qui intervint en 1981, une fois François Mitterrand élu. Trois ans avant, on pouvait parler de contrebande hertzienne, rendue possible par la proximité de l'Espagne.

95 Une petite association culturelle de Bidache, Mosaïque, organise plusieurs manifestations sur le territoire, dont un spectacle, « le passé recomposé », de moindre envergure que la Symphonie, au château de Bidache.

compétences professionnelles de maçon et de chef de chantier, lui confiera plusieurs missions d'audit, de suivi et d'évaluation de différents projets, concernant des structures de soin, dans plusieurs pays, sur trois continents. En effet, Yvan est maçon de formation et de profession. Il a repris la petite entreprise familiale en la faisant évoluer vers la préservation et la réhabilitation du bâti ancien. De quoi renouer avec sa passion pour le passé et ses racines gasconnes. De quoi traduire son désir de prendre en compte l'identité des territoires et de refuser la standardisation des constructions. De quoi intégrer ses préoccupations écologiques, les techniques du bâti ancien préservant fondamentalement les ressources naturelles.

Les compétences acquises dans cette discipline lui ont valu d'être sollicité, pendant plusieurs années par la ville de Bayonne[96] pour la rénovation de façades du Centre ancien. Également, de dispenser des formations, combat difficile pour que d'anciens savoir-faire ne s'éteignent pas. Des savoir-faire qui sont sollicités désormais dans les interventions sur les sites protégés ou classés « remarquables ». Et, au-delà des techniques et des processus de sa région, de transposer des compétences dans d'autres pays en les adaptant aux contextes locaux.

Les puristes ou les mauvais esprits pourront toujours dire qu'une entreprise privée[97] a bénéficié de ces marchés. Mais qui en a profité ? Sûrement pas le gestionnaire qui vit en répondant aux justes besoins de sa famille, sans chercher à accumuler capital matériel ou placements financiers. A l'instar de millions de petits artisans, de pléthores de commerçants, de petits agriculteurs. Agents économiques, ils sont, par ailleurs, investis dans l'établissement ou l'entretien des liens sociaux, ou portent des valeurs qui cimentent notre société. Sans réserve, ils méritent d'être inscrits dans l'ESS. Merci, Yvan, de nous conforter dans cet axiome. Et de nous montrer combien une bonne et constante combinaison des valeurs, de l'identité et de compétences peut engendrer des réalisations remarquables.

Maïté, cultivatrice en éducation populaire

La culture serait-elle omniprésente dans l'ESS ? Nous l'avons vu dans l'histoire d'Yvan qui mêle valorisation du patrimoine et engagements humanitaires. Le cas n'est pas isolé, loin de là. Il s'inscrit dans une logique,

[96] Bayonne est labellisée « Ville d'Art et d'Histoire ».

[97] L'Atelier du Bâti ancien, au statut d'Entreprise Unipersonnelle.

une sorte d'évidence. La culture, c'est ce qui relie les membres d'une société, ce qu'ils ont en commun, partagent, autour de quoi ils se réunissent et dont ils prennent soin. Nous retrouvons des ingrédients de base de l'ESS : les liens sociaux, les communs, le soin, la préservation de ce qui a une valeur mais pas de prix.

La vie de Maïté témoigne à nouveau de cette proximité congénitale entre le social et le culturel.

Tu es en Ardèche, dans la campagne au-dessus de Tournon, en milieu paysan. C'est l'époque des Paysans Travailleurs, la Conf[98] n'existe pas encore. Tu participes à la création d'une asso d'éducation populaire, Le Gavelier. Tu en es présidente. Vous organisez des événements culturels, cinéma itinérant, carnaval. Vous vous improvisez professeur de gymnastique pour adultes.

Pour gagner ta vie, tu es pionne. Tu réussis le concours de CPE avec l'idée que tu feras de l'animation pour les élèves. Mais l'Education Nationale a un autre projet pour toi, elle te nomme au bout du monde, en Normandie. Bien sûr, tu démissionnes. Tu rejoins la Drôme, le pays de Dieulefit. Avec tes diplômes en animation socioculturelle, tu deviens éducatrice, d'abord auprès d'enfants handicapés. Tu enchaînes les CDD, tu es dans un milieu où il ne faut pas craindre la précarité. Tu aimes la musique. Alors, pour la marier avec le sport, tu passes un Brevet d'État *activités physiques pour tous.*

Tu parcours les écoles pour répondre aux demandes des instits. Tu intègres une asso qui gère une maison d'accueil pour enfants placés par la justice. Puis tu travailles une vingtaine d'années à l'école de Beauvallon[99] où tu es maîtresse d'atelier musique et cirque. Les années n'émoussent pas ton esprit contestataire et ta liberté d'expression, comme ce jour en réunion où tu as demandé « mais on est où ici ? dans une maison d'enfants ou dans une entreprise ? ».

Les activités changent, un jour musique, le lendemain initiation tennis, le soir permanence pour le couché d'un groupe de vie et toujours les mêmes finalités : l'éducation pleine et entière, l'émancipation, les liens humains, joie et fraternité.

---

[98] Confédération Paysanne, créée en 1987.

[99] L'école de Beauvallon à Dieulefit tire sa renommée, et une légitime fierté, d'avoir accueilli et protégé de nombreux enfants juifs et des résistants pendant la seconde guerre mondiale. L'histoire de Beauvallon a fait l'objet de plusieurs ouvrages. Aujourd'hui, c'est un Institut Thérapeutique Éducatif et Pédagogique qui accueille des enfants de 6 à 16 ans dans plusieurs établissements drômois.

Vient le temps de la retraite. C'est d'abord le vide qui remplit tes journées. Tu avais perdu la famille du cirque, l'audace des gamins, le tourbillon des activités. La rupture est propice aux nouvelles rencontres. Te voilà avec Mathieu au début du projet de la SSA, Sécurité Sociale de l'Alimentation de Dieulefit. Tu t'impliques au marché solidaire du Lavoir où il y a trois prix différents pour chaque produit[100]. Relations avec des producteurs, explications de la démarche, un nouvel engagement. Voici le festival *Les Murs ne servent à rien* sur les migrations, tu t'inscris comme bénévole, rejoins l'association Passerelles, participe au groupe qui anime la souscription pour la Coop Lucette, Maison Accueillante.

Colibri joyeux, abeille ouvrière ou mouche du coche, selon les circonstances, tu apportes tes pierres aux édifices de solidarité, éphémères ou pérennes, que les uns et les autres s'efforcent de construire.

Merci à Maïté de ce parcours dans des environnements d'utilités sociales. Merci à la République, démocratie perfectible, de permettre de tels parcours largement libérés des préoccupations de profit financier, de consommation matérielle, de droit du travail.

Georges, quand les prises de conscience adolescentes ressurgissent et débouchent sur des actions.

Enfant de l'après-guerre, né et vivant dans la campagne normande où des cartes de rationnement obligeaient alors à modérer les élans consuméristes, Georges constatait alors que rien ne se jetait : les contraintes économiques imposaient le réemploi ou la réparation voire, pour nombre de ruraux, la pratique de la sobriété, parfois aux confins de la pauvreté.

Plus tard, jeune marin pêcheur, par défaut d'une adhésion/soumission aux rigueurs éducatives de l'époque, Georges prit conscience de l'attrition des ressources naturelles quand tout ce qui n'était pas sardines commercialisables était rejeté à la mer, mort ou vif.

Comme tout le monde, comme nous, comme vous peut-être ? il succomba à l'attrait pour la possession, l'ostentatoire des « trente glorieuses » et la surconsommation qu'elle induit, vivant avec, finalement,

---

100 Prix *juste* (médian) qui rémunère correctement les producteurs, prix *accessible* minoré, prix *solidaire* majoré.

une forme de schizophrénie : ne pas mettre ses actes en accord avec ses convictions n'est jamais confortable.

Une rencontre avec René Dumont, premier candidat écologique à une élection présidentielle[101], lui fit rebattre les cartes de ses priorités. La retraite offrant la disponibilité qui lui faisait défaut, Georges put enfin, il y a une dizaine d'années, se consacrer pleinement à ce qui lui a toujours paru indispensable : avec un compagnon de route, initiateur du projet, il contribua à la mise en place d'une ressourcerie à Niort : « BAZAR, etc. ». Car, sans illusion sur un hypothétique « grand soir » qui abolirait le capitalisme et son pendant, le gaspillage[102], il choisit ainsi de mener, sur le terrain, de modestes actions pour réduire les volumes de déchets et améliorer le quotidien de personnes : plus de cent bénévoles trouvent, ou retrouvent, une utilité sociale, une vingtaine de salariés sont sortis du chômage, des dizaines de milliers de visiteurs réalisent quelques économies, des opérations de sensibilisation et de communication, menées régulièrement, font avancer l'idée de l'urgence écologique et de l'intérêt du réemploi solidaire. Il a vite dépassé l'action locale en s'inscrivant dans le réseau ReNAITRe[103] dont il est une pièce essentielle pour accompagner des porteurs de projet et apporter sa réflexion. On a tellement besoin de partager des réussites pour que d'autres initiatives éclosent !

Au cours de ses différents métiers, il a eu la belle occasion de lire et de rencontrer Pierre Bourdieu. Décrypter la genèse de la production de la pensée, commune et individuelle, comme structurelle et collective, ouvrit pour lui une certaine compréhension des relations entre les personnes et la genèse des conflits d'interprétation. Cela influença, et influence encore, sa manière d'animer la vie de l'association.

Pour parler de BAZAR, etc. soulignons quelques caractéristiques, même si on les retrouve dans de nombreuses associations professionnalisées :

- La présence importante, voire déterminante, des bénévoles. Sans cette force de travail gratuite, dons des personnes partageant les finalités de la structure en recherche de sens et/ou de liens sociaux, BAZAR etc. ne pourrait survivre.

---

101 1974 : plus de cinquante ans déjà. Vous vous souvenez de la séquence du verre d'eau ?

102 L'obsolescence programmée en étant la preuve irréfutable.

103 Voir chapitre IX, « Coopérer ici et ailleurs ».

- La plupart des 24 salariés ont été recrutés après un temps de bénévolat ou de stage, gage de leur motivation et de leur intérêt pour la structure et ses finalités. En conséquence, le turn-over est quasiment inexistant.
- La gouvernance est partagée entre les salariés ayant des fonctions à responsabilités et les administrateurs les plus impliqués : les tâches opérationnelles et la gestion quotidienne des ressources humaines aux premiers ; les orientations stratégiques, les recrutements, les financements… et le traitement des problèmes récurrents aux seconds.
- Les salaires vont du simple à moins du double. Encore une fois, on est très loin de ce qu' « autorise » l'agrément ESUS.
- Pour les tâches opérationnelles, Il y a volonté d'aller contre une trop stricte division du travail et de promouvoir la polyvalence. Il faut parfois forcer la main de ceux qui hésitent à sortir de leur zone de confort. En effet, les stéréotypes n'entachent-ils pas la dignité ?
- BAZAR, etc. disposant de trois sites, on y retrouve la scorie classique de la comparaison malsaine et de la compétition interne. Pour tenter d'y remédier, un point de situation mensuel est communiqué à toutes et tous, salariés et bénévoles, et va tendre de plus en plus vers une présentation globale des actions de la structure.
- Des temps « fédératifs », de rencontres et de dialogues, dont des moments festifs sur libre participation, se tiennent régulièrement pour entretenir le sentiment d'appartenance et la cohésion.

Pour Georges, la gageure des associations remplissant des missions d'intérêt général ou de services publics « délégués » est de devoir fonctionner dans un monde concurrentiel où la seule valeur qui vaille est celle de la rentabilité tout en tentant de déployer des valeurs organisationnelles et sociétales issues de l'humanisme, du désintéressement, et s'appuyant sur le respect de tous les acteurs sociaux. Pari ambitieux qui vaut le coup d'être tenté !

*

On l'a vu, les gens de l'ESS sont souvent en recherche de sens. Insatisfaits de la société actuelle, ils aspirent à contribuer à résoudre les problèmes qu'elle pose ou à atténuer les drames qu'elle cause. Ils cherchent aussi à se tenir à l'écart du capitalisme et de la technocratie, choisissant de vivre dans une niche économique et organisationnelle où la cohérence entre les idées et les actes paraît plus atteignable qu'ailleurs.

Mises en place par un projet mené par une ou plusieurs personnes, les petites structures de l'ESS sont souvent innovantes par leurs actions dans un lieu déterminé, leurs modalités de fonctionnement ou leurs pratiques. Dès lors, la plupart intègrent la culture du Projet, ce qui nous amène à notre prochain chapitre.

Chapitre 8 : Le Projet, sel de la Vie

Ce chapitre se compose en deux parties indépendantes écrites par chacun de nous. Vous y trouverez sans doute des redondances. Mais peut-être aussi une approche, un regard, un peu différent, variant les situations, élargissant les analyses, enrichissant les réflexions.

Les projets ont nourri ma carrière, organisé mes vacances et bien d'autres choses encore. Je leur en suis reconnaissant, ils méritent bien un chapitre.

Une notion à la mode

Les changements se font souvent à bas bruit. Quand le nouveau est devenu évidence, nul ne sait dire depuis quand il est là, installé tranquillement dans le paysage. Tel est le cas, par excellence, du *projet*. Quand nous étions à l'Agro, 1978 – 1981, un temps lointain, nous avions des stages avec leurs sujets, des mémoires à écrire, des voies d'escalade en vue et des rêves d'expédition pour découvrir de lointaines montagnes. Mais le *projet* n'était pas fréquent dans notre vocabulaire. Le *projet* en tant qu'objet structurant du travail, voire de toute action productive, le projet enseigné comme concept associé à une méthodologie n'a été vraiment popularisé, progressivement, que plus tard, dans les années 80 – 90. Maintenant, il est partout, de la maternelle à l'université, dans les familles et les entreprises, dans nos expériences professionnelles et associatives.

Après le vide est venu le plein de projets que j'ai vécu et ne peux m'empêcher de recommander. Pour être complet, il faudrait aussi dire quelques mots du trop-plein usant, envahissant, source d'angoisse, menace de burn-out que j'ai ressenti deux ou trois fois avant de m'imposer une pause salutaire, un ménage vigoureux dans mes affaires, débroussaillage énergique pour libérer la pousse de nouvelles fleurs, tailler dans le vif et couper ras de jeunes arbres qui m'avaient pourtant été confiés.

C'est en quittant l'agronomie que j'ai rencontré les projets. Ils sortaient du bois, ou plutôt de la niche technique où ils étaient logés : le BTP, l'aéronautique, les opérations militaires. Jeune ingénieur sans expérience ni formation de management ou gestion, j'ai eu assez vite des missions de conseil en méthodologie de projet. De loin, la situation peut paraître étrange, mais le monde du *consulting* est ainsi : peu importent les connaissances et l'expérience, c'est d'abord le client qui instruit le consultant et qui paie cher pour cela. Une dizaine d'années plus tard, j'ai été recruté comme enseignant en gestion de projet informatique à l'université de Grenoble. La littérature spécialisée n'avait plus de secret pour moi. J'ai aussi découvert les querelles de chapelles, le plus souvent stériles. Chaque professeur, chaque auteur à succès ou consultant en quête de gouroutisation avait ses marottes, sa focale singulière et un discours se voulant original qui n'était pas si différent de celui du confrère. Comme pour les lessives et les dentifrices, la créativité marketing en matière de management est sans limite. Pour la gestion de projet, nous eûmes ainsi le PERT, l'analyse de valeur, la qualité totale, les normes ISO 9001, un nombre infini de variantes du management agile, les approches se voulant horizontales .... je vous épargne les méthodes de génie informatique, génie système et génie-tout-court, je passe rapidement sur le funeste Lean et je suis bien incapable de vous vanter les apports de l'IA.

J'avoue avoir délaissé la course à la modernité et en être resté aux fondamentaux, basiques, suffisants pour se tirer d'affaire dans la plupart des projets rencontrés.

Si les projets ont un tel succès dans des champs d'action aussi différents que l'éducation populaire, le business, les politiques publiques ou le développement personnel, c'est qu'ils ont fait preuve d'une efficacité peu contestable.

L'art de cheminer en terrain incertain

Commençons par le B.A BA. Un projet, c'est un but et un chemin pour l'atteindre. Dit autrement, raisonner par projet c'est d'abord savoir ce que l'on veut, ensuite réfléchir avant d'agir. La suite n'est que précision infinie de ces deux items, le but et le chemin, sans chercher à sophistiquer la définition en travaillant les nuances entre *but* et *objectif*, ou entre *chemin* et *méthode*.

Formuler un **objectif**, en conscience et sincérité, est rarement simple et spontané. Pour en rester au B.A BA, l'objectif peut être vu comme un triptyque :

- les résultats tangibles attendus, les produits à livrer, les services à rendre ou les effets à produire,

- les coûts, le budget à respecter,
- les délais, les dates clés.

Dans la vraie vie, l'objectif réel est toujours plus complet, ce qui oblige à complexifier le modèle de projet. Pour définir l'objectif, il faut préciser, par exemple et sans prétention exhaustive : tel ou tel objectif de manière à répondre aux besoins et aux multiples usages demandés ou probablement espérés, avec les moyens dont je dispose ou que je peux acquérir en restant dans le cadre imparti, en préservant ma notoriété et ma santé, en m'adaptant aux circonstances et au terrain, et, évidemment, en toute légalité.

Le succès du projet tient à la complétude de l'objectif, au réalisme a priori du chemin envisagé et à l'habileté dans l'exécution. C'est là que réside l'efficacité de la notion de projet : une double incitation, d'abord préparer l'action au cas par cas, ensuite savoir s'adapter, c'est-à-dire déroger à ce qui a été préparé.

Le cas par cas et la capacité d'adaptation sont d'autant plus nécessaires en ESS que nous sommes dans des environnements sociaux et écologiques non normés en raison de la diversité du vivant, avec des moyens limités et presque toujours insuffisants au regard des actions à réaliser, en interaction avec une multitude d'acteurs peu prévisibles et potentiellement instables (bénévoles, élus, administration en charge des politiques publiques, etc.).

> Dans le scoutisme, le camp d'été est un moment fort, désormais géré comme un projet. Les bonnes pratiques prescrivent d'écrire et de communiquer à l'avance aux autorités compétentes (Jeunesse & Sports, coordinateur régional) le « projet pédagogique » (reformulation des objectifs) du camp, la grille d'activité jour par jour (ce sont les étapes avec des phases et moments clés standardisés tels que *installation, olympiades, explo*[104]*, concours de bouffe, jeu de nuit, veillée finale, rangement*), ainsi qu'un agenda type de chaque journée. En réalité, la réussite du camp, c'est-à-dire notamment le respect des principes éducatifs du scoutisme[105], la sécurité et la satisfaction des enfants, ne dépendent qu'à la marge de la bonne application de ce qui a été explicitement annoncé. L'essentiel est ailleurs, difficile à formaliser. Il se joue dans l'ambiance générale (notion floue,

---

[104] L'explo : un moment fort où les scouts partent deux ou trois jours hors du camp, en équipe et en autonomie, avec un projet préparé par leurs soins.

[105] Pour les éclaireurs unionistes, le projet éducatif se résumait ainsi : épanouissement de l'individu, par le groupe, au service de la société, à l'écoute de l'Évangile. Le projet éducatif du scoutisme est proche de celui, implicite, que j'ai perçu pour le syndicalisme : la défense des travailleurs, par l'action collective, dans l'intérêt du pays, au nom de valeurs propres à chaque mouvement syndical.

impalpable mais pourtant bien perceptible), la disponibilité des responsables (animateurs, chef de camp) et leur proximité avec les enfants, la manière dont est animée chaque séquence, la qualité et la fluidité de la vie quotidienne (repas, temps libre, hygiène) ... Malgré ses limites, l'approche projet donne un cadre pour la préparation du camp. Exercice formel et quelque peu superflu pour des chefs de camp expérimentés qui *en ont vu d'autres*, exercice vital pour éviter aux plus jeunes de foncer dans le mur en découvrant au fur et à mesure, et toujours trop tard, les ressources nécessaires, les idées d'animation, les lieux à repérer etc. Le temps passé en préparation est du temps gagné pour le camp, du temps précieux pour être disponible auprès des enfants et face aux imprévus.

Avec mon épouse, nous avons cherché à intégrer des projets d'habitat participatif avec deux objectifs principaux qui paraissaient limpides et partagés : un habitat facilitant une vie conviviale et solidaire entre voisins liés par un lieu commun conçu et réalisé de manière plutôt écologique, la mutualisation de ressources (jardin, atelier, salle commune, chambre d'amis ...). Malgré plusieurs tentatives plus ou moins avancées, cette recherche n'a pas abouti. Dans la plupart des cas, l'échec collectif ou notre sortie du groupe de projet a résulté d'écarts apparus peu à peu dans les objectifs réels. Untel était en fait surtout motivé par une approche d'auto-construction et n'était pas pressé d'aboutir alors que tel autre avait urgence à se loger correctement. Celui-ci cherchait un espace de vie coopératif, démocratique, égalitaire et celui-là, d'humeur suiveuse, rassuré par le leadership d'un membre du groupe, espérait un logement moins couteux que sur le marché immobilier.

L'art d'atteindre son but commence par le passage du singulier au pluriel, en gardant son âme et sans se noyer dans les détails. Il n'y a pas de but (unique), mais seulement une collection d'objectifs intriqués les uns aux autres et qu'il est prudent de conscientiser et hiérarchiser. Ensuite, il y a l'art de la préparation c'est-à-dire de la préfiguration, de la visualisation et de l'anticipation des gestes et étapes nécessaires pour se rapprocher du graal. Enfin, atteindre le but exige une adaptation permanente aux aléas, aux circonstances.

Un projet est très vite confronté à la problématique de la cohérence – ou non – entre la fin et les moyens. Dans l'ESS, dans la continuité des préfigurations historiques que furent les mouvements autogestionnaires ou socialistes du XIXème siècle, les moyens préfigurent la fin. Ce que Gandhi formula joliment : « *les moyens sont comme la graine et la fin comme l'arbre* ». Il en résulte une difficulté accrue pour la gestion de projet : les moyens doivent permettre d'atteindre les buts fixés et doivent contribuer par eux-mêmes aux finalités supérieures recherchées.

Le projet est pétri de contradictions et gorgé de nuances : définir le but et savoir le bouger en préservant l'essentiel, se préparer méticuleusement et renoncer le moment venu à ce qui a été préparé.

L'opportunisme, levier de réussite des projets

Lorsque les objectifs sont très généraux ou formulés en termes de finalités, le chemin reste indéterminé. C'est alors en saisissant les opportunités qui se présentent que l'on peut vraiment faire naître puis aboutir le projet.

> Passerelle, association d'aide aux personnes exilées, poursuit le projet d'ouvrir une maison d'accueil à Dieulefit, petite ville de la Drôme où habitent les fondateurs de l'association. Au moment où le projet est énoncé, l'association n'a pas de lieu en vue. Pendant deux ans, l'association explore, tâtonne, esquisse des solutions avec différents partenaires. Rien n'aboutit. En fait, pendant deux ans, il n'y a pas vraiment de projet, mais une intention stratégique. Un jour, une opportunité apparaît et tout change. Une maison en vente est repérée, elle conviendrait bien. Le projet se formalise rapidement : faire une offre d'achat, créer une coopérative immobilière, collecter les fonds en faisant appel à des souscriptions au capital, réaliser des travaux, organiser l'accueil, accueillir et accompagner des personnes exilées. Autant de « petits projets » nécessaires pour mener à bien le « projet-mère ».

Saisir l'opportunité permet le lancement concret du projet … car il y avait au préalable un projet en germe qui a progressivement mûri pendant la période d'exploration. Projet et opportunité vont ensemble, il n'y a pas l'un sans l'autre.

> AIMA, pendant six ans, jusqu'en 2008, était une petite association humanitaire au Pays basque, sans salarié. On envoyait un ou deux camions par an en Lettonie, pays alors assez pauvre pour accepter, des objets du quotidien réemployés : des petits meubles, des vêtements, de la vaisselle, des jouets, quelques aides techniques pour handicapés, faisaient le bonheur des familles ou des associations qui les recevaient. Lors d'un voyage là-bas, que des bénévoles de l'association faisaient régulièrement pour évaluer les effets des précédents convois et recenser les futurs besoins, nous avons visité une bourse d'échanges, où des familles pauvres venaient troquer des objets dont ils n'avaient plus besoin ou des produits du jardin ou le produit de cueillettes en forêt, contre ce qui leur était nécessaire. Souhaitant reproduire ce genre de service, pour répondre à des besoins locaux, nous nous mîmes en quête d'un lieu. La Paroisse de Bardos mit à notre disposition une maison que nous réhabilitâmes sommairement avec l'aide de bénévoles : « Le Coin du Trocoeur », bourse d'échange de vêtements,

livres, jouets, matériel de puériculture, était né. Projet donc, avec un but et un chemin, dont l'idée initiale a éclos, comme souvent, de rencontres. Mais après, que d'événements non planifiés, d'imprévus à gérer, de surprises, bonnes ou mauvaises, à accueillir ! On vous raconte : devant le succès inespéré de cette innovation sociale et écologique dans notre territoire, nous avons élargi sensiblement les plages horaires d'ouverture ... et embauché, en contrat aidé, nos premiers salariés pour pouvoir garantir la présence d'accueillants. Cette étape inattendue, non programmée, laissa dubitatifs bien des membres du Conseil d'Administration : devenir employeur-bénévole était une sacrée (r)évolution !

Trois ans après, la Mairie a récupéré auprès de la Paroisse la propriété du bâtiment pour la mise en place d'un projet communal d'envergure. Elle nous annonça alors que nous allions devoir prochainement quitter les lieux. On se mit alors à la recherche d'un autre local. Celui-ci trouvé, et la Mairie reportant la date d'éviction (leur projet, comme beaucoup de projets de collectivités, prenait du temps… !), nous décidâmes d'ouvrir une ressourcerie en milieu rural.

Avec le recul et le regard sur les évolutions successives de l'association, prenons n'importe quelle date depuis quinze ans, jamais n'aurait été imaginée la situation deux ans après cette date. Qui aurait pu prévoir que, aujourd'hui et sans l'avoir vraiment recherché, quarante salariés et quatre-vingt bénévoles œuvreraient dans quatre hangars en propriété ? Sans saisir, avec un grain de folie, les opportunités, en restant sur les standards classiques (études de marché, budgets prévisionnels sur trois ou cinq ans, …), en se focalisant sur le principe de réalité, jamais nous n'aurions eu ce développement. Insouciance ou choix de s'affranchir des cadres convenus et de leur côté inhibiteur ? A l'inverse de la méthodologie de projet que j'ai pourtant longtemps enseignée en tant que formateur.

Maintenant que l'association est bien installée et à peu près structurée, nous avons commencé à envisager, puis mettre en place, des projets réfléchis avec un but, un chemin, … et un délai. Ainsi, en cinq ans, nous avons pu nous affranchir des contrats aidés pour que tous les salariés d'AIMA, anciens comme récemment embauchés, bénéficient d'un CDI[106]. Ainsi, nous venons de mettre en place un atelier biomédical pour vérifier ou rendre fonctionnel du matériel spécialisé qui devrait faire opérer un saut qualitatif à nos envois humanitaires. Ainsi, nous avons déposé, avec sept partenaires, un dossier complexe, dans le cadre d'un programme européen, proposant trois buts à atteindre d'ici trois ans : ouvrir trois

---

[106] Bien aidés en cela par les politiques publiques, de plus en plus restrictives en matière d'emplois aidés…

petites boutiques du réemploi dans des petites villes, à l'écart des grands centres urbains, mettre en place des formations en rapport avec l'économie circulaire, accompagner des partenaires espagnols pour organiser, en terre ibérique, une filière de réemploi de matériel de professionnels. Trois projets pour le prix d'un !

Dans les deux cas, opportunité saisie ou démarche réfléchie, il est fondamental d'être en accord avec les finalités. Même si elles évoluent, comme la problématique de l'insertion à AIMA, passée au second plan pour laisser la première place au « réemploi solidaire ».

Les externalités, cœur du sujet en marge des projets

Il existe toujours un écart irréductible entre les projets (concrets) et les finalités (abstraites). Les projets sont un moyen parmi d'autres pour courir après des finalités et espérer s'en rapprocher.

Les porteurs de projet ont donc toujours un devoir de vigilance, un questionnement de fond : ce projet est-il vraiment au service des finalités affichées ? Mais nous sommes dans des environnements complexes. Alors, les effets d'un projet ne sont pas seulement les effets premiers pour lesquels le projet a été conçu, certains sortent du périmètre qui leur est assigné, et voilà les externalités.

De plus en plus, nous pensons qu'il faut s'intéresser aux projets pour leurs externalités.

Mener des activités avec externalités positives est un bon marqueur de l'ESS. Un bon projet se veut exemplaire, faire boule de neige, démonstrateur d'une innovation. Cibler une finalité, par exemple l'insertion par l'emploi, et en atteindre d'autres en choisissant des activités socialement utiles, en créant des liens entre les parties prenantes, en s'insérant dans le tissu local des entreprises de l'ESS.

Accueillir 10 personnes en situation d'exil est un but concret, tangible, pour l'association Passerelles. Mais les effets positifs dépassent très largement l'objectif central, nominal, du projet. Il s'agit de réunir une communauté de sociétaires qui seront eux-mêmes relais pour promouvoir le soutien aux exilés, d'apporter un contrepoids public et joyeux aux discours de repli et d'hostilité qui se répandent dans les médias.

AIMA collecte et organise le réemploi de mobilier. L'activité a produit d'autres effets imprévus mais bienvenus, au-delà de l'association : des aménagements nouveaux dans les déchetteries pour pré-identifier ce qui est réutilisable, le développement du mobilier de professionnels par d'autres ressourceries, l'organisation d'un salon du réemploi … et la rédaction de ce modeste livre !

A l'inverse, la nocivité écologique, parfois sociale, de certaines activités économiques lucratives vient surtout de leurs externalités négatives. C'est typiquement le cas du BTP, de l'agriculture industrielle et de la micro-électronique. Le problème n'est pas de construire un bâtiment, de produire du blé ou un smartphone, activités honorables et qui pourraient mériter le label d'utilité sociale. Ce qui génère l'ire et la mobilisation des associations de protection de la nature, ce sont les carrières qui balafrent les montagnes, la destruction des sols agricoles, la production du ciment qui émet des quantités gigantesques de gaz à effet de serre, la pollution des eaux, des sols et de l'air par les pesticides, les conditions abominables dans lesquelles sont extraits les métaux et les terres rares nécessaires pour la fabrication des composants électroniques.

Cela étant, bon courage à celui qui prétend établir une balance objective des externalités sociales et écologiques d'un projet. L'effet rebond illustre la difficulté. Le recyclage et le réemploi sont vertueux, certes … mais maintenant, je jette l'esprit tranquille car je ne jette pas, je donne. Je consomme tranquille de l'électricité et j'installe sans gêne un climatiseur car je produis mon énergie grâce à la centrale villageoise dont je suis sociétaire.

L'effet d'éviction est une autre externalité négative bien réelle, insaisissable et qui concerne aussi les projets d'utilité sociale : l'argent mobilisé ici n'est pas disponible ailleurs.

C'est une objection entendue à propos de la Maison d'accueil des exilés : pourquoi mobiliser autant d'argent pour acheter une maison alors qu'il serait possible d'accueillir plus de personnes pour moins cher en louant des appartements ? Répondre à cette question légitime suppose de faire intervenir le paramètre temps et de s'approprier une logique comptable : le financement de la Maison est fait par de l'épargne solidaire et non par des dons, l'acquisition de la Maison vise à pérenniser une offre d'hébergement à un coût qui devient moins cher que la location après une vingtaine d'années. Il n'y a donc pas de réponse unique, objective, à l'interpellation sur l'effet d'éviction. Tout dépend de la temporalité considérée et de la confiance accordée à la promesse de l'épargne : un investissement utile et des parts remboursables.

Répondre à des préoccupations, partager les buts et les moyens

Comme Francis qui a écrit le début de ce chapitre, j'ai toujours été étonné par l'importance donnée au mot « projet ». Sous-tendant une dimension noble, souvent mythique, parfois presque mystique. Combien de personnes ont été découragées avant d'opérer la moindre transformation, ont mis un mouchoir sur des idées d'innovations, même modestes, dès qu'elles entendaient le mot « projet » ? Alors, revenons au sens littéral du terme : « ce qu'on a l'intention de faire »[107]. Mais des activités habituelles ne peuvent être considérées comme des projets quand elles sont répétées : « routine » et « projet » sont antinomiques.

Proposons alors une définition suffisamment large pour banaliser le terme tout en incluant la notion de nouveauté, pour nous inhérente à la démarche. Nouveauté dans un contexte particulier et à un moment précis, cela va sans dire, car il ne s'agit pas d'innover pour innover et l'invention absolue est rarissime. Que pensez-vous de cette formule ?

« Un projet mène à un résultat qui change quelque chose dans la vie de quelqu'un ».

La problématique du changement, avec ses intérêts et ses difficultés, est au cœur de la notion de projet. Dès lors, il n'y a pas de « petits » projets. Peu de choses suffisent parfois à résoudre un problème, atténuer une difficulté, améliorer une situation, et redonner une once d'espoir.

Pour se guider et éviter d'être submergé par « le trop plein de projets », veillons à ce qu'ils s'inscrivent bien dans une préoccupation qui nous habite et une finalité que l'on poursuit.

Petit jeu : amusez-vous à retrouver la ou les préoccupations, la ou les finalités, dans les propositions suivantes :

- On a faim : un bon repas est concocté et on a vraiment envie de se régaler.
- Un container est chargé et affrété pour équiper un hôpital au Burundi.
- Il fait beau. Après une semaine d'inaction, l'envie nous prend de se bouger. Une sortie en montagne est programmée.
- Une formation est mise en place en espérant qu'elle favorise l'embauche de demandeurs d'emploi.
- Un jeu de piste est organisé lors de ce camp scout.

[107] Larousse

- Une collecte est réalisée pour vider un appartement libéré par son locataire. Les objets récupérés sont ensuite proposés à petits prix dans une ressourcerie.
- Une maison est restaurée et équipée pour héberger des migrants.
- « Il n'y a rien d'intéressant à la télé ce soir : on se fait une toile où on invite nos voisins à faire une partie de belote ? ».
- « Les locaux de la ressourcerie sont surchargés. Il va falloir les agrandir ou trouver un lieu de stockage ».
- La précarité des salariés leur est difficile à vivre et le turnover qu'elle induit affecte la professionnalisation de notre structure. Dès qu'on pourra, et progressivement, on leur proposera un CDI.

Tous ceux qui ont présenté un projet pour obtenir quelques subsides savent qu'il faut d'abord décrire le contexte (d'où apparaît la préoccupation) pour exposer ensuite le résultat envisagé (qui doit donc s'inscrire dans les finalités).

Une fois germée l'idée de projet et avant sa mise en place, la phase de partage nous paraît déterminante. Même un projet purement individuel a besoin de l'assentiment de l'environnement : apprendre à jouer du piano en solo nécessite l'accord de la famille … et la tolérance du voisinage.

Le partage permet l'apport des moyens nécessaires et, surtout, la levée des oppositions. En effet, la démarche projet nous fait penser au « soka tira », tir à la corde en équipe, une des épreuves de la force basque. Avec l'équipe des « pour » d'un côté, des « contre » de l'autre. Et, pour le projet, chacun construisant son argumentaire. Pour faire. Pour ne rien faire … ou pour faire autre chose.

Afin d'avancer et pour que l'idée première ne soit pas enterrée, il convient alors d'aboutir à une idée remaniée, suffisamment partagée pour juguler les oppositions et rassembler davantage de moyens. Maîtriser l'art du compromis est un préalable à la mise en place d'un projet. Intégrer alors les aspects psychologiques et la personnalité de tous les acteurs concernés s'avère essentiel. Car chaque partie, « pour », « contre », ou « pour autre chose », est capable de bâtir une démonstration pertinente. Et la raison profonde de la position de chacun est souvent non dite : conflit de personnes, satisfaction de l'*ego*, rivalités, stratégie occulte, peur du changement, besoin de sécurité, intérêts personnels, etc. Plus ennuyeux, quand des conflits de valeurs sont source d'antagonismes.

L'aménagement d'une maison en vue d'accueillir des migrants suscite des désaccords qui tiennent la route, d'autant plus quand ils sont bâtis sur un argumentaire technique. Cependant, dans le climat actuel et les positions politiques que l'on connait, on devine aussi d'autres raisons profondes de leur émergence…

Bref ! Tellement de causes du non aboutissement de projets, de la mise en place de projets peu pertinents, de batailles stériles : la nature humaine, avec ses noblesses, ses bassesses et ses faiblesses, engendre tellement de possibles !

Comme tout apprentissage, celui de la conduite de projet s'est forgé à partir d'échecs. Décrivons-en un, particulièrement instructif :

Quand je réintégrai le centre de formation dont j'étais Directeur après quatre ans d'absence due à un parcours thérapeutique, la situation avait bien changé : le volet agricole, sur lequel avait prospéré la structure, commençait à péricliter alors que le volet social, amorçait son développement, sous l'impulsion de Victor, son responsable. Son entregent fit que le projet de créer une antenne dédiée aux formations sociales fut rapidement partagé par des professionnels de l'action sociale et par l'autorité administrative de tutelle. Un lieu particulièrement attractif fut trouvé, des financements conséquents obtenus, des partisans mobilisés : tous les signaux étaient au vert !

Quand l'achat du lieu[108] fut présenté au Conseil d'Administration, il y eut unanimité pour ce faire … moins une voix : celle du délégué du personnel. Surtout soucieux du partage externe, impératif pour la réussite du projet, je n'avais pas suffisamment consacré temps et énergie au partage interne à la structure. La jalousie de certains salariés vis-à-vis de Victor et de son ascension rencontra l'appréhension et la peur du changement d'autres salariés face à cette évolution importante de l'association.

Fatigué par ces querelles internes et démotivé par le climat détestable qui s'était installé, je démissionnai. Mon successeur, par peur de la place prépondérante qu'avait prise Victor et peu enclin à faire aboutir un projet qu'il n'avait pas initié (l'ego, vous connaissez ?), fit en sorte de le dézinguer. Sentant le vent tourner, le délégué du personnel et ses alliés commencèrent un travail de sape auprès des administrateurs, bien aidé par le fait que je n'avais pas pris en compte les conséquences pour le canton de la création de cette antenne, et, en particulier, du déplacement de stagiaires qu'il impliquait. Une erreur de débutant, alors que j'ai toujours juré par l'approche systémique et par la prééminence du territoire.

---

108 L'achat de ce lieu fut possible grâce à une intervention politique de haut niveau, traduction d'un partage « en cascade » du projet. La force des réseaux et des relations interpersonnelles…

Victor aussi fit une sacrée erreur : profitant de mon retrait, il infléchit sensiblement le projet. Au point que celui-ci, devenu surdimensionné, perdit certains soutiens et stimula les oppositions. Il fut alors aisé pour les détracteurs de reprendre la main : trois ans après le premier vote, le Conseil d'Administration valida la revente de ce lieu exceptionnel et l'abandon du projet… renonçant par là même aux substantielles subventions obtenues.

On voit là à quel point le partage, indispensable pour disposer d'un cadre décisionnel favorable et des moyens nécessaires à la mise en place d'un projet, peut s'effilocher par des décisions non concertées ou des fonctionnements inadaptés. Des rythmes différents des acteurs peuvent concourir aussi à cette décomposition, certains voulant aller « plus vite que la musique », d'autres souhaitant « prendre le temps qu'il faut ». Quand, dans un orchestre, les musiciens n'adoptent pas le même tempo, le morceau est massacré…

Toujours pour illustrer cette phase fondamentale du partage, arrêtons-nous sur cet exemple, projet en cours, en bonne voie.

Projet « accueil de personnes exilées » à Dieulefit :

- Projet initial de l'association Passerelles : loger et accompagner des migrants.
- Impacts et risques sur l'environnement social : risque sur l'acceptabilité locale en raison de la pénurie de logements et de l'image parfois négative des personnes en situation d'exil, incertitude sur la capacité de l'association à financer et gérer dans la durée l'hébergement et l'accompagnement des personnes accueillies, risque de concurrence (bénévoles, collecte de fonds …) avec une association préexistante assurant une activité similaire d'accueil de migrants.
- Variantes possibles : achat d'une maison à réhabiliter, construction neuve sur terrain nu, location d'appartements, accueil chez l'habitant.
- Solution retenue pour réduire les risques sur l'environnement social : achat d'une maison avec aménagement de colocations pour personnes exilées, d'un logement social et d'ateliers pour artisans ou artistes locaux ; constitution d'une coopérative portant l'acquisition et la réhabilitation du bien immobilier.
- Justification de la solution retenue : favoriser l'acceptabilité sociale, financement par de l'épargne solidaire (limitation de la concurrence avec la collecte de dons) au-delà du territoire dieulefitois, éviter la concurrence avec l'autre association qui

accueille dans des appartements loués et mobilise des bénévoles locaux, mettre le bien immobilier (donc aussi la finalité du projet) à l'abri d'une défaillance éventuelle de l'association.

La prise en compte de l'environnement social est déterminante dans la conception du projet. Les hypothèses d'opposition sont d'emblée envisagées, précisent le but et orientent le chemin.

L'aboutissement d'un projet relève, finalement, d'une alchimie complexe. Il ne faut pas s'étonner alors que les porteurs de projet appartiennent à une catégorie rare et précieuse. Et que les projets menés sans anicroche et dans les délais, ne soient pas légion.

Mais quelle satisfaction quand c'est le cas … et qu'on arrive à « changer quelque chose dans la vie de quelqu'un » ! Satisfaction décuplée quand le projet, ici et maintenant, a un caractère innovant tant la mise en place de nouveautés, ou la création, contribuent à la valorisation des personnes qui y participent.

Chapitre 9 : Coopérer, ici et ailleurs

De même que des personnes peuvent s'associer indépendamment de toute association au sens juridique du terme, la coopération n'est ni le monopole des coopératives, ni même celui de l'ESS. L'action collective, lorsqu'elle est librement consentie et non enfermée dans un carcan procédural, requiert une forme de coopération : une action avec des bouts de chemin en commun, sur un itinéraire non totalement prédéfini, pour aboutir à un résultat recherché par les deux parties, sans (trop) léser aucun des protagonistes.

« Il ne faut pas idéaliser la coopération : elle ne repose pas sur le consensus et des désaccords peuvent s'exprimer dès le début ou apparaître en cours de route. Elle appelle un processus de dialogue, d'échanges réciproques et « d'intersocialité » : nous entendons par là que des groupes qui ont des cultures différentes et des intérêts divergents, voire opposés, doivent négocier des compromis pratiques dans un processus transactionnel, pour vivre ensemble et rendre leur territoire habitable (...) L'ESS entretient l'impulsion réciprocitaire (le don) et elle contribue à la fabrique du lien social en développant la coopération (...) La réciprocité est un principe de base irréductible, inscrit au registre des mondes de l'ESS ».[109]

La coopération est partout, dans les collectifs informels, au sein des structures, dans les partenariats locaux, les réseaux, les fédérations. C'est un sujet en soi, angle d'attaque possible pour réfléchir sur l'agir ensemble, sur l'économie, le développement local, le management, l'intelligence collective, l'éducation, la santé. Impossible pour nous de passer à côté. Dans ce domaine immense, nous en resterons à une approche pointilliste et pratique, exhumant de notre expérience quelques idées et témoignages dans le but d'illustrer comment la coopération se déploie à tous les étages de la solidarité.

---

[109] *La réciprocité dans la coopération – Créativité de l'économie sociale et solidaire en temps de crise*, Sous la direction de Josiane Stoessel-Ritz, Maurice Blanc et Francis Kern, Presses Universitaires de Rennes, 2024.

Pour les acteurs de l'ESS, *coopérer* est un excellent moyen de créer des liens sociaux, indépendamment de l'objet même de la coopération. C'est aussi bien souvent un passage obligé pour agir dans une situation nouvelle ou dans un contexte incertain, pour compenser un manque de ressources humaines, financières ou matérielles, pour fédérer l'énergie et les compétences de personnes libres, ni assujetties, ni subordonnées.

Participer et coopérer localement

Les petites structures de l'ESS s'inscrivent dans un territoire bien déterminé : un bassin de vie, une commune, un quartier, parfois une communauté. Mises en place par des habitants du lieu, elles sont de fait intégrées dans le microcosme local.

Souvent même avant sa création, les porteurs d'une structure en gestation sont amenés à établir des contacts avec les représentants politiques locaux pour obtenir des autorisations diverses, quelques subsides, des moyens matériels. Puis, le noyau des fondateurs s'élargit avec l'incorporation d'autres bénévoles. Les premières coopérations sont là, établies plutôt à partir de relations entre des personnes qui se connaissent et s'apprécient : les relations interpersonnelles préexistent aux situations coopératives, elles prennent souvent le pas sur d'autres considérations. Elles ne garantissent pas un engagement durable : combien d'amis nous ont rejoints un temps, puis se sont écartés privilégiant d'autres activités ou pas tout à fait en accord avec nos actions ?

Identifiée et considérée comme partie prenante de cette micro société locale, une structure est facilement sollicitée pour participer aux diverses manifestations qui s'y déroulent, ce qui est un premier niveau de coopération.

> Ainsi, AIMA, pourtant non concernée par la musique, apportait régulièrement sa pierre à un festival annuel local. Participant à son organisation, dégageant quelques moyens et communiquant largement sur cette manifestation, notre association s'inscrivait, avec d'autres acteurs, dans l'animation du territoire.

Pour une association, les innombrables événements organisés ou relayés par les communes (forum des associations, fête de la science, semaine européenne du développement durable, journées du patrimoine …) sont, en même temps, des sollicitations difficiles à refuser systématiquement et des opportunités de se faire connaître. L'ambiguïté de la coopération est là : elle est toujours volontaire, mais répond parfois à une amicale pression, plus ou moins explicite.

Selon leur positionnement ou les perspectives qu'elles se donnent, nombre de structures n'ont pas besoin de dépasser l'implication dans la vie locale. L'essentiel est bien qu'elles satisfassent des bénéficiaires par les services qu'elles rendent et les finalités qu'elles poursuivent.

Malgré tout, grâce à certains de leurs bénévoles engagés sur « plusieurs fronts », elles peuvent aussi connaître et avoir des contacts informels avec d'autres structures, locales ou non, poursuivant les mêmes desseins ou des objectifs similaires. Elles en retirent expériences et matières à réflexion. Il est des cas où la structure est confrontée, localement, à des vents contraires et doit chercher des alliances au-delà de ses militants et sympathisants ou de son territoire d'implantation. L'opposition à un aménagement ou à un investissement, l'accueil d'étrangers, la volonté de mener un projet désavoué par des acteurs locaux : autant de situations où des coopérations exogènes peuvent aider à tenir bon.

Dans le domaine de l'environnement, il n'y a quasiment pas de *lutte* menée par un seul acteur. L'opposition ponctuelle à l'extension d'une petite carrière et les longues batailles contre les *grands projets inutiles et imposés* sont presque toujours menées par des collectifs réunissant toute une palette d'associations, de syndicats, de personnes non affiliées à une structure, et fonctionnant en mode coopératif. Des acteurs tels que *Reporterre*, avec sa *carte des luttes* interactive, et l'association *Terres de luttes* se sont donnés comme mission, entre autres, de favoriser l'émergence de collectifs coopératifs.

Si la structure aspire à grandir ou, plus simplement, à améliorer ou élargir son offre de services, son besoin de coopération dépasse sa zone d'influence. Un ou des partenariats sont recherchés, puis s'installent. Centrés sur le partage de moyens (échanges d'informations, prêts de matériels, mise à disposition de locaux, échange de services), sans relation de subordination[110], ils permettent des économies de temps, d'énergie et d'argent et de mieux valoriser les opportunités qui se présentent.

Ainsi, il est fréquent de voir des ressourceries s'échanger des propositions de collecte, soit pour des raisons de localisation, soit pour des questions de moyens manquants, d'organisation ou de planning. De

---

110 Pour nous, le mot « partenaire » est souvent galvaudé. Car les institutions politiques, par exemple, qui nous affublent régulièrement de ce qualificatif, peuvent décider unilatéralement du soutien éventuel accordé, de son niveau… ou de sa suppression. « Soumission » et « partenariat » ne s'accordent pas. C'est le moment de citer Albert Camus : « Mal nommer les choses, c'est ajouter aux malheurs du monde » .

même, l'échange d'informations sur des possibilités de financement ou de soutien est très utile, et souvent fructueux.

En principe, l'absence de concurrence entre structures caractérise l'ESS qui prend de la distance avec les logiques de marché et favorise les pratiques collaboratives, basées souvent sur des relations interpersonnelles et une confiance mutuelle. Nul besoin de convention ou de protocole écrit, documents qui nous semblent inutiles quand les modalités de fonctionnement sont bien posées et qu'on élimine par avance d'éventuels recours juridiques, longs et coûteux : on n'a jamais vu une petite structure ester en justice contre une organisation équivalente. La conviction d'œuvrer dans le même sens et la bonne entente sont prédominantes. Si un lézard se faufile dans les relations, l'éloignement s'effectue sans anicroche.

Pour qu'une saine collaboration s'inscrive dans le temps, veillons quand même à ce que le partenariat ne soit pas à sens unique car « *le partenariat, ce n'est pas prendre dans la poche de l'autre, mais mettre sur une table commune ce que chacun a dans ses poches* »[111]. Mais ne soyons pas pointilleux : l'équilibre des contributions respectives des partenaires n'est pas à rechercher à tout prix, pour peu qu'il soit possible à définir et, *a fortiori*, à atteindre. Les expériences accumulées au fil du temps, la taille, la notoriété, les réussites enregistrées sont autant d'éléments qui peuvent faire penser à l'un des partenaires qu'il « en fait beaucoup plus que l'autre ». Pourtant, quoi de plus normal de constater que certains ont les poches bien remplies ? Ne suffit-il pas que chacun souhaite la réussite de l'autre et agisse en conséquence pour que le partenariat soit efficace et robuste ?

Un partenariat n'a pas besoin d'égalité entre les participants, ni d'équité entre les bénéfices que chacun en retire, mais plutôt de réciprocité et de respect mutuel, à la manière des logiques de don et de contre-don.

S'inscrire dans des réseaux

Une forme de partenariat possible, qui dépasse les coopérations bilatérales et les relations interpersonnelles, est l'inscription dans un réseau. Quand la structure est bien établie et connue, il est fréquent qu'il lui soit proposé d'en rejoindre un puisque ce style de configuration fourmille et cherche à accroître ses adhérents, parfois pour des raisons financières et de crédibilisation. Les réseaux se constituent, soit selon

---

[111] Formule de Jean Casaubielh, anciennement viticulteur, investi dans la formation et le développement local.

l'entrée territoriale, soit selon l'entrée thématique. Pas étonnant dès lors que les sollicitations soient multiples. Il faut alors faire le tri, pour éviter de se « faire bouffer » et de dépenser temps, argent et énergie pour justifier l'existence de réseaux quand leur ambition principale, évidemment non dite, paraît être de subsister et de faire vivre ceux qui en sont à l'origine. Comment s'assurer que les temps de réunion, même en vidéo, sont réellement utiles et ne se font pas au détriment des actions de terrain ? Discours convenu contre la réunionnite, mode délétère à laquelle, soyons franc, il nous arrive de succomber …

Par contre, réjouissons-nous des réseaux particulièrement bienvenus et utiles.

> Réseaux sur le réemploi, organisés en poupées gigognes. Pour la Nouvelle Aquitaine, un réseau régional (ReNAITRE - *Réseau Nouvelle Aquitaine des Initiatives Territoriales du Réemploi*) fait le lien avec des instances régionales (Conseil Régional, ADEME, Agence Régionale de Santé, autres Directions Régionales de Ministères,) et offre des services propres à ses 130 structures adhérentes (accompagnement des porteurs de projet, formation, communication, réflexions stratégiques, compilation de données statistiques, information sur les appels à projet supra-régionaux, etc.). Pour limiter les déplacements dans cette vaste région, ReNAITRE a promu des référents départementaux, personnes issues des structures et élues par leurs pairs. Elles animent donc un réseau de proximité, plus réduit, à l'intérieur de cette grande entité administrative. C'est à ce niveau que se font les mutualisations de moyens. Les référents, douze comme le nombre de départements de la Région, échangent chaque semaine lors d'une courte visio. A l'étage supérieur, on trouve le RNRR (*Réseau National des Recycleries et Ressourceries).* Il regroupe tous les réseaux régionaux et plus de 300 ressourceries et recycleries réparties sur tout le territoire français, y compris outre-mer. Il est en charge des plaidoyers nationaux, pour essayer de faire bouger la législation, et des relations avec les éco-organismes, pour les orienter davantage vers le réemploi. Il propose aussi certains services (formation, études, accompagnements, …).

Les associations contribuant à l'hospitalité et à la solidarité vis-à-vis des migrants se rencontrent et coopèrent sous l'égide de réseaux, structurés ou non en associations.

> Par exemple, « Migrants en Isère » est un collectif sans statut juridique. Les associations membres ont chacune leur spécificité : accueil et accompagnement éducatif des mineurs, aide juridique, hébergement … Il est probable qu'aucune association ne soit pleinement autonome dans sa vocation d'accueil et accompagnement de migrants. La coopération est la règle, le réseau la sous-tend.

Le « Pacte du Pouvoir de Vivre » se définit comme un collectif d'organisations de la société civile unies, au niveau national et local, pour porter ensemble des réponses aux enjeux environnementaux, sociaux, économiques et démocratiques. Il s'agit surtout, théoriquement, d'influencer les pouvoirs publics et de favoriser des rapprochements locaux. L'intérêt réel est de fournir une caisse de résonance à quelques grandes figures et structures, de favoriser la connaissance mutuelle entre syndicalistes et militants associatifs, et de se préparer à agir en commun au niveau politique si les circonstances le rendaient nécessaire. La notion de réseau correspond bien à ce collectif créateur de liens faibles entre acteurs, avec une structure permanente assez légère. Le seul engagement véritable des membres est une obligation, non écrite, de non dénigrement mutuel.

Adhérer à une fédération

Comme le réseau, la fédération est un support de coopération, mais de manière plus engageante. La fédération implique des délégations de compétences ou de domaines d'action et, souvent, une mutualisation permanente de moyens. Elle induit aussi, quelle que soit sa forme juridique, une certaine hiérarchisation, les fédérés acceptant en principe la subordination vis-à-vis du niveau supérieur sur les sujets centralisés. Enfin, la fédération possède en général un critère thématique ou sectoriel d'appartenance, ce qui lui confère une plus grande homogénéité qu'un réseau. Autrement dit, la fédération est une structure stable, en partie hiérarchique et clairement délimitée là où le réseau est plutôt un ensemble flou, fluctuant, dont les membres conservent une entière liberté.

> « France Nature Environnement (FNE) » est une association tête de pont, figure de proue d'un mouvement fédéral qui réunit des associations de portée nationale ou territoriale. L'organisation territoriale est en grande partie calquée sur le découpage territorial administratif : nous avons des fédérations régionales, des fédérations départementales et des associations locales. Toutes les structures ont un statut associatif, ce qui leur donne une indépendance juridique. Une règle de base est la subsidiarité : chaque structure prend en charge de manière autonome les sujets qui correspondent à son périmètre. La hiérarchisation est implicite et souple : sur un sujet transversal donné (par exemple : l'eau, la protection des sols, le nucléaire, les pesticides …), il est souhaité que les positions prises à un niveau soient compatibles avec celles prises au niveau supérieur ; réciproquement, les structures de niveau supérieur sont invitées à consulter les niveaux inférieurs avant toute prise de position.

On retrouve les lourdeurs de notre millefeuille institutionnel et une diversité de points de vue qui traduit la diversité géographique et humaine de notre beau pays. La coopération au sein de la fédération implique des exigences de loyauté, des dispositifs énergivores de gouvernance et de bonnes capacités à se centrer sur l'essentiel pour accepter les désaccords secondaires. En retour, l'approche fédérale favorise la convergence des efforts de centaines de milliers de personnes, bénévoles ou salariés, avec une couverture très complète des territoires, des problématiques environnementales et des instances politiques et administratives concernées par les enjeux environnementaux. La fédération joue un rôle de mutualisation de moyens (juridique, communication, expertise naturaliste ...), de formation et échange d'expériences. Elle permet des parcours militants. Elle contribue à la vigueur du mouvement de protection de la nature et de l'environnement.

« Les Eclaireuses et Eclaireurs Unionistes de France (EEUdF) » ne sont plus une fédération, mais ils en ont gardé en partie la culture. Le passage de la fédération à une association unique s'est fait dans les années 1970. Il illustre bien la continuité entre une fédération au sens strict et une structure unique territorialisée[112]. Par la force des choses, le scoutisme étant une activité de terrain qui demande l'engagement de bénévoles, les groupes locaux ont, autrefois comme aujourd'hui, une large autonomie opérationnelle. De même, la dimension bénévole et la culture scoute qui s'appuie sur la vie d'équipe, l'immersion dans la nature, l'initiative individuelle et la débrouillardise limitent considérablement, de fait, la place que peuvent prendre les procédures et les contrats, malgré les bouffées normalisatrices qui émergent sporadiquement des niveaux régionaux ou national, comme dans toute structure centralisée. C'est donc la coopération qui, en pratique, régit la plupart des relations verticales et du travail en commun nécessaires à la vie du mouvement : la formation des responsables, l'organisation des camps, la gestion financière. La coopération se pratique aussi de manière horizontale, entre groupes locaux voisins, pour des rassemblements ponctuels, des prêts de matériels, des échanges de responsables, des relations institutionnelles.

[112] Dans le domaine environnemental, une évolution similaire a été faite depuis les années 2000 par la LPO – Ligue pour la Protection des Oiseaux – qui a progressivement intégré des associations locales au sein de ses structures régionales en renforçant la centralisation de certaines fonctions (finances, RH, stratégie).

Construire une société de coopération

Les sociétés marchandes ou capitalistes préfèrent souvent les relations clients – fournisseurs durement contractualisées, les fusions ou les absorptions, dans des logiques de rapport de force inhérentes au système libéral. De telles pratiques sont généralement étrangères aux structures de l'ESS. D'abord, parce qu'elles n'en ont ni les moyens, ni l'ambition. Ensuite, parce que parmi les gens qui les composent, bénévoles comme salariés, beaucoup s'en détacheraient. Enfin, la perte de sens qui s'ensuivrait détournerait probablement la plupart des adhérents, des clients, des soutiens même.

Dès lors, pour se développer, gagner en efficacité ou tout simplement continuer à exister, la coordination, l'entraide ou, mieux, la coopération entre organisations sœurs, cousines ou voisines, fragiles par nature, est souvent inévitable. Elle permet à chacune de conserver sa spécificité, sa culture. Et de garder une certaine agilité pour résister aux vents mauvais … ou explorer des champs nouveaux.

Le temps consacré aux réseaux et partenariats n'étant pas consacré à l'action directe, il est parfois perçu comme du temps perdu. Ce qui peut-être d'ailleurs le cas quand il est excessif ou que les rencontres sont peu préparées ou mal organisées. Regardons-le plutôt comme un temps d'investissement, certes quantifiable mais dont les retours, souvent sur le long terme, ne le sont pas toujours, eux ! Un autre exemple des effets différés[113].

Enfin, on peut considérer que c'est une responsabilité des acteurs de l'ESS de partager leurs expériences et si possible d'aider à ce que d'autres réussissent, ou de diffuser leurs innovations, par nature socialement utiles. Encore une différence, s'il est besoin d'en rajouter, avec les structures commerciales où la concurrence fait qu'elles n'ont pas intérêt à diffuser ni les bonnes pratiques, ni les réussites.

Les relations avec les acteurs publics, État et collectivités locales, sont omniprésentes dans l'ESS sous forme d'agréments, de mise à disposition de locaux, de conventions pluriannuelles d'objectifs, de pôles territoriaux de coopération économique (PTCE), de territoires zéro chômeur longue durée, etc. Cependant, ces relations ne sont pas toujours vécues comme une saine coopération, mais plutôt comme un passage obligé pour capter

113 Voir chapitre 11, sur l'évaluation.

des financements ou, du point de vue du secteur public, pour traiter un sujet que l'on ne peut pas prendre en charge en interne. Il est logique que les relations soient asymétriques, avec des donneurs d'ordre publics représentant l'intérêt général et des interlocuteurs privés. Toutefois, sans prendre comme modèle la cogestion État – FNSEA qui sévit dans le monde l'agricole, il serait souhaitable de progresser vers des relations plus équilibrées où les décisions, notamment de financement et d'agrément, seraient prises collégialement, en coopération entre toutes les parties prenantes.

Il s'agit en quelque sorte de généraliser et étendre des principes coopératifs définis par l'Alliance Coopérative Internationale[114] : la « *coopération entre coopératives* » est à élargir à la coopération entre acteurs de l'ESS, y compris les *partenaires* publics ; l' « *engagement envers la communauté* » est à interpréter au sens le plus large du terme, à savoir l'engagement envers la société.

114 https://ica.coop/fr

Chapitre 10 : Le nerf des batailles

Expression éculée qui rencontre la préoccupation constante de la plupart des structures et de leurs dirigeants. Vous voyez de quoi nous allons vous entretenir....

Nous ne parlerons pas ici des grosses organisations qui, malgré leur appartenance statutaire à la mouvance ESS, fonctionnent comme des entreprises classiques : forte intégration aux marchés, masse salariale considérée comme principale variable d'ajustement, fusion/absorption pour croître ou réduire les charges de structure, etc.

Intéressons-nous plutôt aux petites structures associatives, étrangères aux notions de profit, de lucrativité, d'intéressement des dirigeants. Un autre monde... Où on préfère parler d'excédent que de bénéfice. Où l'argent n'est considéré que comme un moyen d'atteindre les finalités énoncées dans leur objet social. Où des considérations humanistes mettent au second plan les enjeux financiers et les impératifs de résultats.

Les pouvoirs publics, les fondations ou des donateurs privés, quand ils sont en accord avec l'objet social, concourent à leur financement. Quand il n'y a pas de salariés et que les autres charges contractuelles[115] telles les assurances, les loyers, les abonnements (énergie, eau, téléphonie, accès à internet, etc.) sont peu importantes, les adhésions, les petites subventions de fonctionnement et quelques animations (lotos, vide-greniers, concours de jeux de carte, entrées des spectacles, repas, buvettes, ...) suffisent à équilibrer les comptes. Ainsi vivent et perdurent nombre d'associations sportives, culturelles ou de loisirs, sans autres objets que de proposer des distractions ou d'offrir du plaisir à leurs membres. Espérons juste que les restrictions budgétaires des collectivités territoriales, leur principal bailleur de fond, n'impactent pas trop toutes ces structures qui font vivre un territoire, installent ou confortent des liens sociaux et contentent ses habitants. Car, mécaniquement, la baisse des produits amène une

---

[115] Les comptables parlent plutôt de *charges fixes*. Mais cette expression n'incite pas à la dynamique et à l'habileté gestionnaire ! Mieux vaut considérer que rien n'est fixe et que tout se discute.

réduction des charges variables, avec comme conséquence moins d'activités, moins de services[116].

Il en va autrement quand les charges contractuelles, principalement les salaires et les loyers[117], sont importantes. Là, les subventions de fonctionnement et les aides, même s'il y en a quelques-unes en nature (locaux mis à disposition, par exemple), ne suffisent plus : la structure doit s'intégrer dans des dispositifs publics de financement indirect, dégager des revenus en propre par la vente de biens ou de services, changer de braquet dans la recherche de sponsors et mécènes., ou encore faire appel à l'épargne solidaire.

D'où vient l'argent ?

Une différenciation nette apparaît selon les finalités de la structure, selon qu'elle privilégie l'insertion de publics en difficulté ou non.

Une aide substantielle de l'État est là dans le premier cas. Les chantiers d'insertion reçoivent des sommes conséquentes pour (ré)apprendre le travail et les règles qui le régissent à différents publics que la Vie et ses aléas ont éloigné du marché du travail, les aider à construire leur projet professionnel et les former

Il en va (presque) de même pour les associations employant des personnes en contrats aidés pour lesquelles il existe de nombreux dispositifs. Sauf qu'elles doivent faire avec les évolutions des politiques publiques de l'emploi. Ainsi, par exemple, l'État prenait en charge jusqu'à 90 % du salaire brut il y a quelques années pour les Contrats d'Accès à

---

116 Hélas, les réductions budgétaires des années 2025 et 2026 laissent peu de place à l'optimisme. Voir LOCALTIS, média de la Banque des Territoires – 5 Mars 2026. Voir aussi, par exemple, Le Monde du 17 mars 2026 : « *Vers un plan social à bas bruit dans le théâtre subventionné* ».

117 Une ressourcerie amie, installée sur la Côte Basque, doit dégager 5000 €/mois pour la location d'un local de 300 m2. Avec un tel montant qui représente 65 % des ventes, il n'y a pas de viabilité économique possible hors soutien par des fonds publics ou philanthropie. AIMA, établie en zone rurale, a pu, parfois, disposer de locaux vacants gratuitement. Mais ces mises à disposition étaient forcément précaires. Le seul local que nous louons actuellement, pour 3000 €/mois, fait 1700 m2. Vive la campagne et son foncier abordable ! Quant aux autres locaux, nous avons préféré emprunter pour les acheter. Le montant des mensualités équivaut à peu près au prix des loyers : l'intérêt pour l'association, propriétaire d'un parc immobilier conséquent (quatre hangars pour plus de 9000 m2), ne se discute pas ! Et nous respectons les critères de Maastricht, avec un total de dettes inférieur à 60 % du chiffre d'affaires.

l'Emploi (CAE) ou leur équivalent[118]. Seulement de 35% à 50 % aujourd'hui, à l'exception de la période Covid, rappelez-vous du « quoi qu'il en coûte », qui a été faste en la matière : AIMA a pu embaucher à tour de bras, y compris des personnes diplômées Bac + 5 qui n'avaient rien à voir avec les publics relevant habituellement de ces dispositifs. Pour autant, loin de nous le souhait de voir revenir l'épidémie...

Tout dispositif d'aide à l'emploi est rapidement contourné par des opportunistes qui y voient une aubaine à saisir. Les aides à l'insertion sont aussi des mécanismes de subventionnement du travail et pas seulement au bénéfice de l'ESS. Baisser le coût du travail est l'obsession de certains milieux politiques et patronaux. Ils n'y ont pas trop mal réussi, obtenant des exonérations de cotisation pour les bas salaires, des soutiens généreux à l'apprentissage et, ici ou là, la bienveillance de l'administration fiscale peu encline à contrôler les activités bénéficiant du Crédit Impôt Recherche et les bourses de doctorants.

Il y a prescription, mais je fus complice, il y a quarante ans, d'un usage, très courant et néanmoins détourné, des Travaux d'Utilité Collective (TUC) permettant à une association de bénéficier pendant trois mois à un an d'un jeune travailleur rémunéré par l'État. Officiellement, il s'agissait de « répondre à des besoins actuellement non satisfaits ». En pratique, notre but était de compléter l'équipe bénévole assurant la logistique et l'intendance d'un camp de montagne sans pénaliser les finances de l'association ni augmenter le prix de journée. Je ne suis pas sûr que notre jeune permanent, rapidement baptisé entre nous, de manière assez peu amicale, *TUC TUC*[119] se familiarisa grâce à nous à la vie professionnelle, mais il découvrit la montagne et la vie dans une collectivité à l'organisation souple.

L'abrogation des TUC en 1990 permit l'arrivée des CES, Contrats Emploi Solidarité. Maintenus jusqu'en 2005, ils ont mieux résisté aux aléas législatifs que leurs prédécesseurs. À la fin des années 1990, je me trouvai trésorier d'une association de protection de la montagne avec, comme toujours, le souci constant de trouver des financements et des ressources humaines, bénévoles ou salariés-pas-chers. Le Conseil d'Administration hésitait sur la faisabilité d'un recrutement. Un administrateur dénicha un candidat parfait : motivé, très diplômé, chômeur longue durée, admissible au dispositif CES. Nous l'avons embauché, il est toujours en poste près de trente ans plus tard, incontournable et heureux comme un poisson dans l'eau, exemple formidable d'insertion professionnelle grâce à un dispositif d'emploi aidé.

---

118 Les intitulés ont souvent changé au gré des alternances politiques.

119 La stigmatisation des personnes en emploi aidé n'est pas un risque virtuel.

À sa manière, le RSA contribue aussi aux ressources de l'ESS. Il permet à des personnes motivées d'avoir du temps disponible pour des activités bénévoles au sein de structures associatives. Hélas, dans l'immense majorité des cas, le RSA est subi, un palliatif à l'absence d'emploi et de revenus. Par ailleurs, depuis 2025, le versement du RSA est conditionné à des *heures d'activité* obligatoires, dont l'immersion professionnelle, loin du bénévolat qui se distingue par son caractère volontaire, choisi.

Dès lors, le revenu universel, vieille utopie qui revient régulièrement sur le devant de la scène[120], reste une piste prometteuse qui bénéficierait tant aux personnes physiques bénéficiaires qu'à la société tout entière, notamment via l'ESS.

*

Au-delà des dispositifs publics de soutien à l'emploi, les ventes de biens ou de services sont nécessaires pour financer les salaires. Alors, l'objet de l'association rentre en jeu et peut ne pas être en phase avec l'accompagnement de publics en difficulté. L'activité, perçue comme support de l'insertion, et l'insertion proprement dite ne font pas forcément bon ménage.

Ainsi, les ressourceries, réparant et vendant du matériel réemployé, ont besoin, pour bien faire les choses, de personnel qualifié et stable. AIMA, par exemple, proposant aussi du matériel de professionnels, a choisi de ne plus avoir recours aux contrats aidés et dispose exclusivement de salariés en CDI. En effet, les donateurs, des entreprises ayant pignon sur rue pour la plupart, attendent le respect du jour et de l'heure des enlèvements des objets donnés et souhaitent des collecteurs rigoureux et professionnels. Les personnes effectuant ces tâches doivent connaître le métier : choix des objets récupérés, chargements et déchargements préservant les personnes et le matériel, enregistrement des opérations effectuées pour la traçabilité, etc. De même, quand le matériel trouve preneur, sa préparation (vérification, nettoyage, petites réparations, …) et sa livraison demandent aussi des aptitudes particulières. Le réemploi de matériel de professionnels exige des compétences spécifiques. C'est pourquoi AIMA a voulu limiter le turnover de ses équipes (inhérent aux contrats aidés) et a l'intention de

[120] Guillaume Allègre et Philippe Van Parijs, *Pour ou contre le revenu universel,* La vie des idées – PUF, 2018. Voir aussi : Pascal Riché, *Le revenu universel, une idée utopique et libérale qui revient en force dans la Silicon Valley*, Le Monde.fr, publié le 6 juin 2026

mettre en place des modules de formation propres en complément de la formation d'agents valoristes des biens de consommation courante[121] .

Pour assurer le paiement des salariés et les loyers des locaux occupés, en complément des aides publiques ou en autofinancement exclusif, il faut vendre, des biens ou des services. Dès lors, peuvent apparaître des écarts pour la fixation des prix de vente. Dans le cas d'une ressourcerie proposant des objets réemployés, faut-il penser à la pérennité de la structure quand elle a choisi de sortir de la précarité ses salariés en vendant à des prix raisonnables, en phase avec le marché de l'occasion ? Ou faut-il vendre à plus bas prix encore, pour privilégier le rôle social et rendre accessible plus de biens à plus de monde, y compris des personnes en situation de très grand dénuement ?

Depuis quinze ans qu'AIMA s'est orientée vers la vente, cette contradiction a fait l'objet de vifs débats qui n'ont, à ce jour, pas encore été tranchés. Si tant est qu'ils le soient un jour…

Ainsi, des objets similaires peuvent être vendus à des prix différents selon la ressourcerie où ils sont exposés. Les clients-adhérents ne manquent pas de nous le faire remarquer. Pour certains d'entre eux, on est toujours trop cher. On entend même : « Puisqu'on vous donne ces objets, pourquoi les vendez-vous ? ». Éternel dilemme du prix des objets d'occasion, avec des comparaisons délicates compte tenu de la marque, de l'état, de la rareté, de l'éventuelle vétusté. En comparaison aussi avec les prix, souvent attractifs, des objets proposés par des particuliers utilisant les sites de vente en ligne qui prolifèrent. Les questions de pouvoir d'achat aiguillonnent en effet les tentatives de vente directe au détriment du don.

La réponse à des appels à projets, pouvant stimuler d'ailleurs l'innovation ou la diversification des activités, est un autre moyen de « mettre du beurre dans les épinards » quand les dossiers sont retenus. Mais comme l'aide accordée est, la plupart du temps, inférieure au coût du projet, il faut, soit prendre le risque que celui-ci grève des comptes jamais trop florissants, soit détourner une partie du financement vers le paiement de charges de structure. Mais chut ! On ne le crie pas sur les toits. La généralisation des appels à projet génère une hypocrisie collective qui n'est pas saine et des coûts de gestion qui ne sont pas loin d'être du gaspillage. Cela étant, bon gré mal gré, les structures d'ESS s'adaptent au cadre qui leur est imposé.

---

121 Certification professionnelle de niveau III.

Finalement, entre les incertitudes concernant l'obtention de financements publics, les réponses aux appels à projet et, pour une ressourcerie, le nombre et la qualité des collectes, la fréquentation des adhérents-clients et le montant des ventes, bien malin serait celui qui prévoirait les rentrées d'argent à l'horizon de quelques mois. De quoi sourire en remplissant des tableaux Excel bidon, quand un financeur ou un prêteur demande un prévisionnel de trésorerie à trois ans…

La recherche de fonds, pour garantir la pérennité de la structure, est forcément consommatrice de temps et d'énergie. Avec le risque que les moyens se substituent aux finalités. Que celles-ci passent au second plan et soient dénaturées. Que la structure se consacre à sa survie en arrêtant de s'interroger sur sa raison d'être.

Mais la chance existe de la voir opter pour la mise en place d'activités nouvelles, en lien avec ses finalités. Se développer ou innover au lieu de péricliter. Une sorte de pari sur l'avenir, quand on est persuadé de répondre à des problématiques sociétales. Quitte à forcer un peu la main, en interne, aux tenants de l'immobilisme. Quitte à être soupçonné de mégalomanie. Quitte à faire encore blanchir davantage les cheveux des dirigeants bénévoles…

Comment trouver beaucoup d'argent ?

Quand une structure souhaite investir, les sources de financement mentionnées précédemment ne suffisent plus. Elle doit alors changer de braquet, emprunter, lever des fonds. C'est là que l'épargne solidaire devient pertinente. Elle demande souvent un montage juridique ad hoc qui unit l'opérateur, par exemple une association, et l'investisseur qui acquiert et gère le patrimoine. Ce dispositif est classique dans le monde de l'entreprise où une société commerciale, par exemple une SA ou une SARL, loge ses biens immobiliers dans une SCI dans le but, notamment, de les protéger en cas de défaillance de la société commerciale. Voici deux exemples relevant de l'ESS où l'on voit le rôle déterminant, indispensable, de la coopération au sein de réseaux :

> **Terre de Liens** : à l'origine, c'est une association créée en 2003 pour libérer la terre de la spéculation foncière, favoriser l'accès des paysans à la terre, promouvoir des projets citoyens pour dynamiser les territoires ruraux et appuyer une agriculture respectueuse de l'environnement. Aujourd'hui, Terre de Liens est un mouvement qui fédère l'association initiale (devenue Fédération), des associations territoriales, une Foncière qui collecte de l'épargne solidaire, achète des fermes et les loue ensuite à des agriculteurs

bio, et une Fondation habilitée à recevoir des donations et des legs. Terre de Liens veut être un moyen d'exercer collectivement la responsabilité de chacun d'entre nous envers la répartition et les usages de notre terre, de nos sols, de nos paysages, de nos campagnes. Terre de Liens est un outil de gestion d'un bien commun, la terre. La carte des fermes Terres de Liens est impressionnante, elle montre ce que peut faire une énergie collective, organisée, tenace, focalisée sur une utilité sociale indéniable. Au 31 décembre 2024, la Foncière est propriétaire de 360 fermes et 11 240 hectares de terres agricoles.

Forêts en Vie *est un fonds de dotation mis en place par des citoyens, des forestiers et des artisans du bois.* Forêts en vie collecte des dons de particuliers, mécènes et fondations et des legs pour acheter des forêts qui sont ensuite *mises à disposition d'associations grâce à un bail forestier spécifique et innovant.* La maîtrise foncière permet de préserver les forêts sur le long terme. Forêts en Vie s'inscrit pleinement dans des logiques de coopération avec le Réseau des Alternatives Forestières (membre du collège des fondateurs), avec des associations et des professionnels du domaine forestier, la banque, la NEF, Terres de Liens, des Conservatoires d'Espaces Naturels, des Parcs Naturels Régionaux, et au sein de la *Coalition des fonds et fondations pour les forêts françaises.*

Quelle est l'odeur de l'argent ?

La question est souvent posée : l'argent collecté sent-il la rose … ou autre chose ? Rançon de la vertu affichée, les structures d'ESS sont l'objet d'une suspicion permanente quant à la valeur morale, la conformité à l'éthique de la structure, de l'argent collecté et à son influence sur les choix et activités de la structure. Telle fondation est-elle vraiment sociale et verte ou bien secrètement financée par des banquiers peu scrupuleux sur la destination des prêts qu'ils octroient ? L'association conserve-t-elle son indépendance en recevant des subventions de cette collectivité territoriale ? Est-il acceptable de travailler avec cette entreprise visiblement engagée dans des démarches de greenwashing ? Faut-il vraiment rester dans ce qui est maintenant un marché concurrentiel couvert par des acteurs privés éloignés de l'ESS ?

L'ESS est soumise à une double peine : l'argent est rare, et il faut encore le justifier auprès des adhérents et alliés car il est suspecté d'être sale. Nous avons vécu cela, difficilement. Cependant, la méfiance peut être légitime, parfois étayée par des faits concrets : l'association s'abstient de dire ou faire ceci.

Ce sont aussi des autocensures visibles chez des partenaires et qu'il serait malhonnête de nier même si ce sujet glissant est largement tabou. Cela dit, répondre à un appel à projet d'une banque cherchant à se donner une image sociale est-il scandaleux ? Bénéficier d'une convention de mécénat avec la fondation d'une entreprise qui n'a cure de l'écologie fait-il perdre son âme à une association de protection de la nature ?

N'en déplaise aux intégristes, les réponses seront nuancées et circonstanciées. Toutes les nuances de gris existent et chacun peut régler le curseur selon ses exigences déontologiques. Il est cependant prudent de ne pas flirter avec n'importe qui. Connaître et faire connaître les faits : quelle est la part du financement qui vient de telle source ? Le financement est-il fléché sur des activités particulières ? Quelles sont les contreparties demandées par le financeur ? Bref, donner les éléments qui permettent à toute personne s'intéressant à la question d'apprécier si, à son niveau, le jeu en vaut la chandelle.

> Ainsi, à AIMA, il nous est arrivé de refuser des dons en matériel car l'entreprise donatrice nous demandait, en échange, d'en faire sa publicité. Par contre, nous délivrons des reçus fiscaux pour des entreprises donatrices, en étant bien conscients qu'elles bénéficient alors d'un avantage fiscal. Mais, après tout, la loi organise ainsi un financement public indirect qui permet de dynamiser, en quantité et en qualité, le réemploi solidaire.

Dans le cas des financements publics, la crainte de perte d'indépendance doit être retournée : le donneur d'ordre aussi devient dépendant de l'association qu'il rémunère pour services rendus, que ce soit directement, suite à appels à projet, ou indirectement via des subventions de fonctionnement. C'est la base de nos sociétés, le fondement de la vie : nous sommes tous interdépendants les uns des autres. Attribuer ou recevoir une subvention, c'est participer à la vie commune. Demander une subvention à une collectivité, ce n'est pas quémander un financement au prix d'une perte d'indépendance. C'est offrir à la collectivité une opportunité de s'impliquer dans des finalités partagées avec la structure, c'est orienter un budget public vers des finalités sociales, solidaires ou environnementales.

Vous l'aurez compris, l'argent public sent la rose. L'argent privé n'a pas d'odeur spécifique et forte, il faut renifler de près en faisant attention aux épines.

L'argent, c'est aussi du lien qui circule dans la société. Les velléités d'indépendance ou d'autarcie ont le mérite d'inciter à la débrouille, à la sobriété, au centrage sur un petit nombre de finalités. Mais il faut prendre garde au risque de l'entre-soi, du séparatisme qui n'est pas le monopole des ultra-riches qui font sécession.

Prenons au sérieux les principes de pluralisme et de diversité en les appliquant au financement. La mono-source fragilise comme la monoculture qui résiste mal à la sécheresse ou à l'apparition d'un nouveau ravageur. Diversifier l'alimentation, les intrants, les financements … diversifier et gagner en robustesse[122].

Où va l'argent ?

On peut dire déjà où il ne va pas : pas de plus-value sur le capital, zéro dividende pour les actionnaires, sauf pour les coopératives commerciales. Nulle somme dédiée à la rémunération de dirigeants bénévoles, sauf exception et sauf abus dans les notes de frais ou avantages en nature. D'où le besoin de bien définir le périmètre de L'ESS quand on la revisite ! Dans les grandes structures, coopératives ou mutuelles, l'argent s'échappe facilement vers des filiales ou au bénéfice de dirigeants fortement rémunérés d'une manière ou d'une autre.

Ceci bien posé, toute structure est confrontée aux dilemmes classiques de la gestion : ventiler les disponibilités, quand il y en a, entre les charges contractuelles, les charges variables, les investissements et les réserves. Et définir des priorités n'est pas aisé.

- Faut-il augmenter les salaires ou accorder des primes à des salariés, généralement peu payés dans les structures de l'ESS, pour entretenir leur motivation, accroître leur implication ou limiter le turnover ?
- Faut-il « être plus royaliste que le roi » en dépassant les normes réglementaires en matière de sécurité et de droit des salariés afin d'anticiper d'éventuels contrôles tatillons ou au nom du principe généreux « faire mieux que la loi » ?
- Faut-il consentir à des investissements pour se développer ou anticiper la dégradation d'immobilisations ?
- Faut-il constituer un matelas financier pour se prémunir d'une période éventuelle de vaches maigres ?

Ainsi, sont rapidement listés les tourments que vit tout gestionnaire.

---

122 Pour un plaidoyer sur la robustesse, voir Olivier Hamant, *La troisième voie du vivant*, Editions Odile Jacob, 2022.

Peuvent s'y rajouter, pour complexifier la donne, d'autres choix cornéliens : quelle finalité privilégier pour lui allouer quelques moyens supplémentaires, humains, matériels ou financiers ?

Pour illustrer ce questionnement, reprenons le cas d'AIMA :

- Des collectes médiocres, dont les objets ont peu de chance d'être réemployés, nécessitent des moyens humains et augmentent certaines dépenses (carburants, péages, ….). Mais elles évitent les dépôts sauvages ou un traitement inapproprié des déchets. La préoccupation écologique est prise en compte.
- Nos actions humanitaires nous coûtent un bras : plusieurs salariés y sont dédiés, opérant les collectes de matériel médicalisé, le transportant, le chargeant dans les camions ou les containers qui seront acheminés jusqu'aux destinataires. Et il nous faut prendre en charge les prospections, la coordination, l'enregistrement des données pour la traçabilité, les contacts avec les institutions donatrices et celles qui réceptionnent les envois, etc. A l'instar de certaines communautés Emmaüs qui affectent une partie du produit de leurs ventes à des actions à but humanitaire, AIMA ne renie pas son origine de « petite association humanitaire ». Les ressources des autres activités le permettent. Mais il s'agit là d'un arbitrage qui ne fait pas consensus en interne : faut-il réduire, maintenir, ou intensifier, nos actions au cœur de notre projet associatif ? Et comment s'assurer que les destinataires des envois ne sont pas en mesure de contribuer à nos charges ? Par leur niveau de développement, nettement en hausse pour les Pays Baltes comme exemple. Par des aides reçues, venant d'autres états ou des ONG, pour l'Ukraine, le Liban, des pays d'Afrique... Éternels questionnements : cette aide est-elle justifiée ? Ce geste de solidarité est-il fondé ? Ce don est-il opportun ?
- Comme on l'a dit, trouver le juste équilibre pour les prix des biens vendus entre le souci de faire rentrer du cash et le désir qu'ils soient accessibles aux plus démunis, est une gageure permanente. « A l'impossible nul n'est tenu » : notre rôle social est forcément bridé par la préoccupation de ne pas faire couler la boîte. Ce qui ne nous empêche pas d'offrir, en fin d'année, des bons d'achat aux associations du territoire ou d'intervenir gracieusement pour aider les victimes d'accident ou de catastrophe naturelle. Nous aimerions tellement faire plus ! En adaptant une formule usitée, on

ne peut pas pallier toute la misère du monde, ... même si nous nous efforçons d'en prendre une minuscule part[123].

Malgré l'apport des bénévoles, force de travail gratuite, malgré les subsides reçus, malgré le non-paiement de dividendes, les petites structures de l'ESS semblent condamnées à tirer le diable par la queue. Leur objet n'étant pas de faire du profit, ni d'accumuler du capital, elles ne possèdent généralement pas de réserves conséquentes pour leur permettre de faire face à des retournements de tendance ou à des difficultés conjoncturelles.

Les pouvoirs publics sont bien heureux de leur confier des missions d'intérêt général, mais ne les paient pas en conséquence[124] : les économies qu'elles permettent de réaliser par leurs actions sociales, sanitaires ou écologiques ne sont pas prises en compte. L'essentiel de leurs contributions n'apparaît même pas dans l'indicateur phare qu'est le PIB.

Un exemple parmi mille autres : un syndicat mixte gérant des déchetteries nous demandait une somme astronomique pour pouvoir y déposer les quelques tonnes de rebuts de collectes. Selon le même barème qu'une entreprise privée. Sans considérer les tonnages de déchets, bien plus conséquents, évités par notre activité de réemploi.

A l'autre bout, des opérateurs privés sont toujours prêts à bondir sur des opportunités de marché ... et de profit. Il en est ainsi pour l'éducation, pour la santé, pour le traitement des déchets, et, plus récemment, pour le réemploi. Des sociétés se sont constituées sur ce créneau et concurrencent les structures de l'ESS. L'hypothèse que s'ouvre une « guerre des gisements » (le terme circule depuis quelques temps) s'affirme de plus en plus dans notre réalité. Même les fabricants et certains commerçants ont flairé le bon coup, surfant sur les difficultés de pouvoir d'achat et sur les préoccupations écologiques : le réemploi devient tendance.

Coincées entre la logique du marché, qui tend à leur ôter les activités réellement rémunératrices, et les pouvoirs publics, bien heureux de les voir assurer des tâches d'intérêt général, les petites structures de l'ESS n'ont que la foi qu'elles ont dans leurs actions pour perdurer. Foi entretenue par

---

123 Saluons au passage la mémoire de Michel Rocard, auteur de cet aphorisme et qui fut un fervent défenseur de l'ESS.

124 Voir Alternatives Economiques : « les entreprises de l'ESS sont moins subventionnées que celles du privé marchand ». L'ESS ne reçoit que 7 % des aides publiques aux entreprises (https://www.ess-france.org/rapportde-la-cour-de-comptes-sur-les-soutiens-publics-a-l-ess-un-travail-indispensable-des) alors qu'elle représente 13,7 % des emplois privés !

les bénévoles qui les font vivre et par les soutiens qu'elles rencontrent. Parfois aussi, il faut le dire, soutien émanant des pouvoirs publics. Plus fréquemment, de citoyens, satisfaits de pouvoir bénéficier de biens ou de services à moindre coût, heureux de l'animation de leur territoire et des liens sociaux créés ou entretenus, fort satisfaits de voir porter leurs convictions.

Que faire quand l'argent manque ?

Dans les structures de l'ESS, l'argent manque souvent … Les réponses sont multiples et nous les mentionnons ailleurs : le bénévolat, la modération du train de vie, la chasse aux sponsors et mécènes, l'insertion dans les dispositifs publics, la vente de produits ou services, etc.

Une autre réponse, moins connue, est la sagesse, l'acceptation de la fragilité des structures.

> Au moment de prendre des responsabilités au sein des éclaireurs unionistes en Rhône-Alpes, j'avais consulté des amis et parents bien implantés dans le mouvement pour faire un rapide état des lieux. Comme nous évoquions les difficultés multiples présentes dans la plupart des groupes locaux, mon cousin Bertrand me rassura ainsi : « tu sais, ça va faire bientôt 100 ans que nous sommes fragiles, sur le fil ».

Une sagesse est de raisonner sur le cycle de vie. Se dire que la pérennité d'une structure n'est pas une fin en soi, qu'une structure ne meurt jamais complètement. Nous l'avons vu dans le chapitre sur les *Parcours* : les trajectoires des personnes et des structures s'entremêlent, les idées circulent, les personnes physiques et morales meurent un jour, mais la vie est plus forte.

Chapitre 11 : L'évaluation, moteur de progrès

L'évaluation est mise aujourd'hui à toutes les sauces : le marché et ses pendants, la concurrence et la recherche de la qualité, banalise les enquêtes de satisfaction. Qui n'a jamais reçu un questionnaire après l'intervention d'un technicien à son domicile ? Qui n'a jamais consulté les avis sur internet avant de choisir un hôtel, un restaurant ou un film ? Qui n'écoute jamais les opinions d'autres avant d'opter pour un produit, un loisir, une destination de vacances ? Car, finalement, l'évaluation n'est rien d'autre qu'un regard porté sur une personne, un événement ou une situation présente ou passée, pour porter une appréciation. Sur une relation, un vin, un repas, un film, un spectacle, l'état de forme, le sommeil, la tenue vestimentaire, le temps qu'il fait, que sais-je encore ? On évalue tout et tout le temps...

Alors, dans ce champ immense où tous ont un avis sur tout, permettez-nous de considérer le sujet pour le recentrer sur ce qui peut conforter, interroger ou infléchir les pratiques des petites structures de l'ESS. Avec comme entrées :

- L'évaluation des personnes
- L'évaluation de groupes ou d'équipes
- L'évaluation différée de l'impact
- L'évaluation peu utile
- L'évaluation prospective
- L'évaluation environnementale

L'évaluation des personnes et de leurs prestations

Dans une structure quelle qu'elle soit, un salarié vit sa première évaluation lors de son entretien d'embauche. Avec la procédure classique des seuls entretiens, quand il n'y a pas de mise en situation, apparaît, nous semble-t-il, un quiproquo. Car est alors évaluée la capacité du candidat à communiquer. A parler de ses motivations, en reprenant la fameuse lettre de motivation, écrite peut-être par quelqu'un d'autre ou par l'intelligence artificielle. A présenter ses expériences, sans qu'on sache si elles ont été enjolivées ou non. A décrire ses réussites ou ses difficultés, son habileté à les surmonter, sans qu'on puisse discerner le vrai du faux.

Quant à ceux qui se gargarisent de toujours bien recruter, chapeau bas ! Mais, comme il n'est pas possible d'évaluer ce qui n'est pas advenu, on est bien incapable de savoir comment se seraient comportés une fois en poste les candidats écartés. Peut-être bien mieux ?

Quant à nous, dans notre association, nous sommes sûrs, en tout cas, de nous être plantés à plusieurs reprises, mystifiés par les qualités de communicants des candidats.

> Pour le poste de responsable de ressourcerie, la candidate a su bien se présenter, bien faire le lien entre les attendus du poste et ce qu'elle pensait mettre en œuvre, répondre parfaitement aux questions et aux objections. Les cinq membres de nos deux jurys d'embauche étaient unanimes : cette personne était formidable et c'était une grande chance qu'elle postule ! Deux mois après, désenchantement général : son appréciation critique de la relative désorganisation de notre association en proposant des alternatives inatteignables, son incapacité à vivre avec les imprévus inhérents à nos activités (collectes dépendant du donateur et du transporteur, incertitude quotidienne sur le nombre de visiteurs et le montant du chiffre d'affaires, ...), ses difficultés à établir de bonnes relations avec les membres de son équipe et sa phobie des souris (ces petits animaux adorent les locaux vétustes et ce qui y est entreposé), ont amené à une rupture conventionnelle.
>
> Autre souvenir : qui aurait pu prévoir que ce chargé de développement n'était qu'un beau parleur, incapable de mettre en œuvre ses parfaits constats, ses belles propositions, ses pertinentes combinaisons de moyens et une planification appropriée des activités ? Là encore, les deux commissions d'embauche, composées de trois personnes chacune, se sont fait rouler dans la farine.
>
> Voilà qui incite à utiliser au maximum les périodes probatoires où on peut évaluer la personne sur ce qu'il est attendu qu'elle fasse, en correspondance avec la fiche de poste qu'elle a acceptée et en s'appuyant sur les faits avérés.

Ces expériences fâcheuses posent une question primordiale : qu'évalue-t-on ? Sachant que, des impressions subjectives peuvent interférer et faire passer au second plan l'objet de l'évaluation. Le moment, l'état dans lequel on est, le ressenti, l'intuition, peuvent en effet influencer fortement l'appréciation portée.

Ne pas dissocier l'évaluation du schéma carotte/bâton, options pouvant suivre l'évaluation, nous paraît peu pertinent. Evidemment, pour des fautes ou des erreurs répétées, point d'angélisme : un avertissement ou une mise à pied, bien expliqués et réalisés selon les modalités du Code du Travail, peuvent s'avérer nécessaires. À voir ensuite comment la personne concernée réagit. Si la sanction a eu un caractère éducatif (ce pourquoi elle a été délivrée) ou si, au contraire, elle a eu un effet contre-productif et a contribué à détériorer la situation et les relations. Nous avons tous connu des enfants ou des adultes pour lesquels la moindre punition, voire la plus petite remarque, sont insupportables et les conduisent à se rebeller. Mais sans faire la promotion de la sanction, gardons quand même en tête qu'elle est un message adressé aux collègues ou interlocuteurs de la personne concernée, ce qui peut rejoindre l'attention portée aux victimes.

Pour parler de quelque chose de moins désagréable, quel est l'impact, sur le futur, d'une récompense ? Sa délivrance peut être aussi interrogée :

- Garantit-elle un surcroît de motivation et une amélioration des résultats ?
- Qu'en est-il des autres salariés auxquels elle ne paraît pas justifiée ou qui pensent avoir contribué aux réussites ?
- N'ouvre-t-on pas la porte à des attentes de récompenses pour d'autres réussites ? Entrer ainsi dans une spirale sans fin ?

De la difficulté alors de définir des limites et des critères objectifs et partagés…

On en revient à l'enjeu fondamental de l'évaluation. Comme on ne peut refaire le passé, et en reprenant la formule « demain est le premier jour du reste de notre vie », l'évaluation a comme seul objet d'enclencher une dynamique de progression, que le futur soit meilleur que le passé et le présent, que la personne gomme les insatisfactions qu'elle porte ou qu'elle a éventuellement générées.

Là, rien de nouveau sous le soleil, même en réduisant son champ à la sphère professionnelle : le fait de mesurer la performance des salariés remonte au XIXème siècle[125], avec la révolution industrielle. Passons sur les étapes successives, pour arriver en France, à la fin du siècle passé, avec l'introduction des bilans de compétences et l'appropriation de la démarche évaluative par les managers, outil dévolu aux contrôles des performances ou à la stimulation du personnel. C'est là qu'ont été mis en place les entretiens d'évaluation. Ils sont courants dans les structures privées, puisque reliés aux résultats. Moins obsédées par la recherche de

125 Avant, soyons sûrs que les maîtres portaient un regard sur les « performances » de leurs esclaves, les seigneurs sur celles de leurs serfs, etc.

performances, les structures associatives, où ils sont souvent vus comme inadaptés à une organisation moins rigoureuse, n'en font pas l'alpha et l'oméga de leur fonctionnement. Pour autant, même non formalisée, et n'en déplaise aux réfractaires, l'évaluation, comme on l'a dit plus haut, est partout.

Un moyen garanti de rendre la démarche hasardeuse, voire périlleuse, est d'y intégrer l'évaluation relative. Presque inéluctablement, elle introduit la notion de jugement, réel ou perçu, sur une personne, ce qu'elle a fait ou ce qu'elle est. Réminiscence des classements scolaires ou sportifs connus pendant l'enfance et des blessures éventuelles qu'ils ont engendrées, elle est rarement bien vécue.

Cependant, le rapprochement d'indicateurs de performance de collègues menant des tâches similaires est nécessaire pour repérer ceux qui sont à la traîne et ceux qui ouvrent la voie à de meilleurs résultats. Nous pensons qu'introduire une logique de compétition et de concurrence dans les structures de l'ESS est incompatible avec la philosophie qui l'anime. Que faire alors, sinon du cousu-main ? Avoir en tête des indicateurs comparatifs mais sans les mettre en avant pour que soient mieux acceptés les axes de progression. Ce qui demande au n+ 1, responsable *in fine* de l'évaluation de ses subordonnés, de faire preuve de tact, de diplomatie, … et de psychologie.

Pour apaiser ces moments possiblement délicats, quoi de mieux qu'une démarche volontaire et individuelle garantissant l'appropriation de l'évaluation par la personne puisqu'elle en est à l'origine ? L'auto-évaluation est une démarche naturelle pour ceux qui sont ouverts à toute progression et courante pour les personnes soucieuses de ne pas reproduire des erreurs. L'auto-évaluation est une composante générique du professionnalisme, quel que soit le métier exercé. Beaucoup plus fréquente qu'il n'y paraît, car non identifiée et nommée comme telle, sa limite est qu'elle ne bénéficie pas du regard extérieur et d'une analyse distanciée.

De fait, elle n'est pas suffisante. Dans l'idéal, elle est complétée par les collègues de travail, ce qui suppose confiance entre les membres de l'équipe, capacité à se dire les choses et à les accepter, et présence d'une volonté d'aide mutuelle afin de trouver les solutions appropriées pour surmonter les difficultés identifiées ou rechercher des améliorations. Dans l'équipe ou la structure, le n+1 est généralement au contact des personnes concernées. Il peut (doit ?) intervenir au fil de l'eau, au jour le jour : il s'agit alors d'une démarche évaluation/ajustement permanente menée par tous les collaborateurs.

Il peut aussi initier une procédure plus formelle : l'entretien d'évaluation permet de faire le point à froid, en toute sérénité, d'autant plus si, on y revient, on n'en attend ni sanction, ni récompense. Là, la comparaison du travail effectué et des activités menées avec ce qui est notifié dans la fiche de poste semble aller de soi. Mais pas seulement : ce temps de bilan et de recul est l'occasion de poser un regard lucide, sur ce qui est passé, sur ce qui s'est passé, d'analyser les acquis et les lacunes, les réussites et les échecs, les facilités et les difficultés vécues par le subordonné, à partir d'éléments factuels, en laissant de côté les informations biaisées et les impressions. Pour choisir, à deux, et même avec l'ensemble de l'équipe dans un second temps, les axes de progression à mettre en œuvre. En les confrontant aux désirs, aux attentes de l'équipe, de la structure… et au principe de réalité. Car, sauf exception, et en se remémorant les enseignements de Maslow, si le besoin naturel de sécurité est pris en compte par la non inquiétude d'une possible sanction, soyons assurés que la plupart des personnes et des collectifs sont preneurs de valorisation et de progression.

Quant à l'évaluateur, il ne peut se laver les mains du fonctionnement de son subordonné. L'a-t-il suffisamment informé sur les attendus de ses activités ? Les objectifs assignés étaient-ils assez clairs ? Les moyens pour les mener à bien suffisants ? Quid de l'accompagnement nécessaire ?

Alors, nous proposons ici que, lors des entretiens d'évaluation, soit pris un temps pour inverser les rôles. Pour que le subordonné évalue son hiérarchique, la manière qu'il a de mener sa barque et les conséquences de son fonctionnement. Le risque existe alors qu'un système de défense induise un autre système de défense et on sait à quoi mènent les guerres de tranchées. Ou qu'une relation doublement démagogique s'installe entre les acteurs. Cependant, la volonté de coopération peut (doit ?) aussi exister : une synergie peut se créer, le mouvement de l'un induisant le mouvement de l'autre, une dynamique faisant naître une autre dynamique, l'une se nourrissant de l'autre et réciproquement.

L'évaluation de groupes ou d'équipes

Là, l'évaluation comparative est encore plus délicate : le « toute chose égale par ailleurs » s'applique rarement à des contextes forcément différents.

Refus des critères, mise en cause des données, justifications hasardeuses : l'acceptation des comparaisons ne coule pas de source.

Dans nos quatre ressourceries, comparer les données chiffrées de vente ou de fréquentation, l'agencement des objets, la qualité de l'accueil ou des relations avec les visiteurs, les capacités d'innovation, les mises en place de partenariats, donne lieu à des flopées d'explications. Quand le débat s'ouvre, et pour justifier des différences, sont mis en avant, l'espace disponible, la localisation, le bassin de vie, la qualité des objets récupérés, le niveau de vie des donateurs, etc. On échappe encore à la couleur des murs ou à l'âge du capitaine…

Mais, à l'instar des personnes, l'équipe peut vouloir, collectivement, rechercher des améliorations. Il s'agit alors de considérer tous les regards, de prendre en compte tous les avis et les propositions, enrichis par le fonctionnement et les expériences d'autres, de les mettre en débat, sereinement, pour qu'un consensus s'installe, plus tard validé ou amendé par un nouveau temps d'évaluation coopératif. Fonctionnement éminemment difficile et apparemment chronophage, mais qui permet que les aménagements qui en résultent soient mieux acceptés. Le temps passé pour élaborer des changements positifs et renforcer la cohésion de l'équipe est-il un investissement superflu ?

Les effets différés

Souvent, par souci de simplification, pour initier des comparaisons ou pour laisser de côté toute part de subjectivité, les évaluations sont produites à partir de données chiffrées relatives aux projets et activités à fournir aux commanditaires, aux financeurs, aux contrôleurs, pour les observatoires et les statistiques qu'ils compilent. Usage bien compréhensible quand il faut passer au crible des centaines de dossiers ou rassembler des milliers d'informations. Et il faut bien remplir les tableaux Excel …

Par quelques exemples, permettez-nous de pointer des apports non directement perceptibles, et donc peu ou pas évalués en tant que tels.

A la fin d'un module de formation, il est habituel de procéder à une évaluation de la session. Mais alors, qu'est ce qui est évalué ? Le programme, la prestation du formateur, sa personne, l'ambiance, l'organisation, le cadre, les à-côtés ? Les stagiaires sont invités à s'exprimer sur tous ces points, souvent par une notation simplc[126] ct à faire part de leurs **intentions** de changement pour la suite, à partir des apports formatifs.

Pour les temps futurs, cette évaluation est utile pour le formateur et l'organisme de formation afin d'améliorer leur produit. Un retour client, en quelque sorte.

Pour le stagiaire, il n'y a aucun indicateur d'évaluation sur l'utilité de la formation avant le retour en situation professionnelle. Un dessein ne change rien à la vie. A part l'apprentissage d'une technique ou d'un geste immédiatement applicable, l'utilité de nombre de formations ne s'apprécie qu'avec le temps ... en supposant une volonté réellc du stagiaire de changer ses pratiques et ses comportements en fonction des apports reçus, à condition aussi que le contexte dans lequel il évolue permette de tels changements.

Voilà pourquoi l'évaluation « à froid » est notre option privilégiée, même si d'autres paramètres interfèrent probablement dans les changements mis en place. Mais démêler les causes des effets, à supposer que cela soit possible, est-ce vraiment utile ?

AIMA, par son volet humanitaire, envoie à l'étranger environ un millier de lits médicaux électriques par an. Ce chiffre est mis régulièrement en avant, comme celui des 160 tonnes de déchets, à recycler ou à enfouir, évitées par le réemploi. Ce sont ces données qui sont communiquées et médiatisées. Mais le plus important, rarement évoqué, n'est-il pas la fatigue et les lombalgies évitées pour des milliers de soignants par des lits dont l'appui sur un bouton suffit désormais à les mettre à bonne hauteur ? Et le confort apporté à tous les patients qui y seront allongés ? Comme nous a dit une infirmière, lors d'un de nos voyages en Lettonie, quand on lui demandait quel type d'équipement lui serait le plus utile : « N'importe quel lit. Mais qu'il roule ! ».

Pour les lits électriques envoyés, l'évaluation se doit de prendre en compte les effets indirects, non apparents immédiatement, bien sûr : chaque lit, quel que soit le nombre envoyé, change quelque chose, amène du mieux-être, dans la vie de personnes, soignés et soignants.

Autre exemple un peu similaire : en réponse à des demandes d'assistantes sociales, AIMA fournit du mobilier d'urgence à des familles défavorisées. Là encore, les chiffres demandés par le commanditaire *(nombre et composition des familles aidées, type et quantité du mobilier livré)* n'insistent pas sur des réalités bien plus motivantes : un enfant qui peut disposer d'un

---

[126] Par exemple : échelle de 0 à 10, ou pictogramme avec des petits bonhommes rieurs ou fâchés.

bureau et d'une chaise pour ses devoirs, des vêtements, jusque là jonchant le sol, qui trouvent leur place dans une armoire, un parent qui ne dort plus sur un matelas posé à même le carrelage, mais dans un vrai lit, des conflits familiaux peut-être évités par de meilleures conditions de vie. Mais chut ! On a dit qu'il n'était pas possible d'évaluer ce dont on n'a pas connaissance. Ce qui n'empêche pas de faire des hypothèses prenant en compte les effets indirects des actions. Car ce sont bien ces effets qui sont finalement recherchés.

Enfin, pour enfoncer le clou, AIMA dégage un chiffre d'affaires de plus d'un million d'euros par an. Très approximativement, la moitié provient de particuliers. Un gros tiers de structures privées. Le reste, d'institutions publiques, dont des collectivités territoriales. Sachant que les objets réemployés en bon état sont proposés entre 20 et 30 % de leur prix neuf, on peut en déduire que plusieurs millions d'euros de pouvoir d'achat sont restitués aux particuliers et que, grosso modo, deux millions d'euros sont économisés par des structures privées et un million d'euros par des collectivités publiques sur leur budget d'investissement.

C'était notre détour sur l'intérêt de l'évaluation économique du réemploi, peu mis en avant sinon pour les économies réalisées pour le traitement des déchets, alors que ses retombées sociales et écologiques priment. On voit encore combien des hypothèses raisonnables peuvent enrichir toute évaluation.

L'évaluation peu (ou pas ?) utile

Si on accepte le postulat que l'évaluation ne sert qu'à agir sur le futur, plusieurs types de situations ne méritent pas d'en faire l'objet :

- celle où une situation ne peut se reproduire à l'identique, l'évaluation pouvant alors engendrer reproche ou ressentiment.

  Ainsi, quand ma femme me signale d'avoir trop attendu, au stop, le passage d'une voiture alors qu'elle estimait que j'avais largement le temps de m'engager, à quoi sert sa remarque sinon à pourrir l'ambiance dans l'habitacle ?

- celle où la situation n'a pas eu lieu, et qui fait naître des regrets : « on aurait dû faire comme ceci ou comme cela », énoncé si souvent formulé. Inutile donc, … sauf à ajouter, « la prochaine fois, on fera… ».

Efforçons-nous de prendre de la distance avec la spontanéité qui nous amène aux « 3 R » : Regret, Reproche, Ressentiment. En quoi l'un ou l'autre peut-il être utile pour construire un futur meilleur ?

En même temps que nous posons cette question, nous apportons une nuance d'importance : les situations, les événements, dont on tire des enseignements sont infiniment nombreux au cours d'une vie. Certains appellent ça le retour d'expérience. Et si on le dénommait les acquis des temps passés ?

Aussi, souvent peu utile et source possible d'insatisfaction ou de mal-être, la comparaison : on ne regarde pas si on est satisfait de ce qu'on a, de sa vie, de sa conjointe, de ... Mais on compare à ce que d'autres ont ou à ce qu'on aimerait avoir. Dans le cadre familial, ce n'est pas facile d'entendre régulièrement nos enfants asséner que c'est mieux ailleurs...

Vous allez nous prendre pour des naïfs. Car, dans notre association, quand on est satisfait du rapport qualité/prix d'un fournisseur ou d'un artisan, on ne fait pas jouer la concurrence en cherchant mieux ailleurs et en demandant d'autres devis. La confiance installée sur la durée ne vaut-elle pas plus que les trois sous éventuellement économisés sur une offre au début mieux-disante ? Même si, de temps en temps, on regarde à ne pas se faire abuser...

Pour cela et pour bien d'autres choses, se pose la question du contrôle, forme évidente d'évaluation. Certainement nécessaire, voire impératif, dans certaines circonstances. Mais demandant temps et énergie et pouvant susciter le rejet s'il est perçu comme un manque de confiance. Là encore, un équilibre est à trouver, équilibre forcément instable, avec la difficulté qu'il peut varier selon les situations, le moment et les personnes.

L'évaluation prospective

Nous avons dit que l'évaluation était un regard. Qu'il était donc impossible d'évaluer ce qui ne s'était pas passé et ce qui n'était pas encore advenu. Néanmoins, les perspectives d'un projet, les images d'un rêve ou d'une fiction peuvent quand même être examinées.

Pour toute évolution, pour tout changement avant sa mise en place, tout un chacun émet des hypothèses sur la situation future. Cela revient à tenter d'évaluer par avance plusieurs scénarios, des cheminements différents pouvant conduire au but, afin de choisir ce qui paraît préférable. Quitte à procéder à des ajustements ou à adopter la démarche essai-erreur. Mais nous n'avons pas inventé le concept de suivi-évaluation. Nous nous efforçons simplement de le mettre en œuvre tellement il permet d'éviter, s'il y a lieu, de rectifier le tir et d'enregistrer les avancées.

Pour répondre à des besoins des populations locales ou des territoires de proximité, AIMA a dû créer, innover. Chaque fois, il a fallu estimer la pertinence de tel ou tel développement. Afin de garantir une réponse rapide, pas d'études de marché ou de besoins, pas d'enquêtes préalables. Seulement des convictions, de l'intuition, et des opportunités saisies à bon escient. En vérifiant bien sûr qu'elles soient en rapport avec les finalités de l'association.

L'adaptabilité et la réactivité constituent des atouts indéniables. L'évaluation préalable, rapidement menée avant de se lancer, a alors plus porté sur les moyens et la faisabilité. D'où la mise en place d'un suivi évaluation rigoureux.

L'évaluation environnementale

Formalisée dans le Code de l'environnement, l'évaluation environnementale peut être vue comme une extension de l'évaluation prospective. Il s'agit, comme indiqué précédemment, d'anticiper plusieurs scénarios possibles sur un même thème, pour un même ensemble d'objectifs, avant d'opter pour la meilleure solution possible. Au-delà d'une prospective centrée sur une situation future souhaitée, l'évaluation environnementale s'intéresse également aux effets collatéraux sur l'environnement. Elle relève ainsi d'une approche globale, systémique, qui pose comme principe que toute action a des effets indirects, souhaités ou non, autour d'elle. En effet, nous agissons au sein de systèmes ouverts en interagissant avec des acteurs, des objets, des ressources, le tout inextricablement enchevêtré.

D'un point de vue légal, l'évaluation environnementale contribue à la planification et la conception des projets[127] ayant des impacts environnementaux. Le Code de l'environnement définit les règles permettant d'identifier les projets ayant obligation – ou non – de procéder à une évaluation environnementale avant autorisation par l'administration. D'un point de vue méthodologique, l'évaluation environnementale est une démarche générique qui pourrait être universelle, applicable à tout projet, d'où l'intérêt de s'y arrêter un instant. Après une présentation concise,

---

[127] Pour être précis, l'évaluation environnementale concerne les projets (notamment de construction ou d'extension d'une infrastructure), les plans et programmes (schémas d'urbanisme, plans de prévention des risques naturels, plans de protection de l'atmosphère, etc.). Pour simplifier, car il s'agit d'un domaine bien trop vaste pour le présent livre et pour faciliter la lecture, nous ne mentionnons que les projets.

institutionnelle[128], de la démarche, nous verrons en quoi elle est très pertinente pour l'ESS.

L'évaluation environnementale vise à concevoir des projets de moindre impact sur l'environnement. C'est une démarche d'amélioration intégrant l'environnement dans toutes les phases de vie d'un projet, depuis sa conception jusqu'à son démantèlement, pour en limiter les impacts.

C'est l'environnement dans son ensemble qu'il est nécessaire de prendre en compte (biodiversité, climat, eau, air, sol, terres, paysage, santé humaine, biens matériels, patrimoine culturel, etc.), ainsi que les interactions entre ces différents facteurs environnementaux.

En pratique, l'évaluation environnementale couvre l'étude des impacts sur l'environnement, la recherche de variantes et de mesures pour éviter, réduire, compenser les impacts, la consultation du public et de toutes les instances concernées par le projet.

L'évaluation environnementale est un outil de base des associations de protection de la nature. Les études d'impact sont scrutées à la loupe pour y repérer les arguments en faveur de la protection des milieux naturels.

Transposons maintenant l'évaluation environnementale sur les terrains historiques de l'ESS. Il s'agit alors, au démarrage d'un projet, d'appliquer une démarche que l'on pourrait nommer « évaluation prospective systémique » commençant par l'étude des impacts sur l'environnement social du projet, se poursuivant par l'étude de variantes et se concluant par le choix de la meilleure variante, celle qui évite les effets indésirables majeurs, réduit les effets inévitables et compense les effets résiduels. Vous avez pu prendre connaissance d'un exemple dans le chapitre portant sur le projet. L'évaluation environnementale rejoint pleinement la phase de *partage* lors du lancement d'un projet.

> Exemple d'une erreur faite à AIMA, défaut d'étude de l'environnement social : lors de l'ouverture d'une de nos ressourceries, nous n'avons pas pris en compte les deux associations déjà présentes sur le territoire et engagées dans le réemploi solidaire. Nous avons ensuite rectifié le tir en installant par la suite des partenariats. Mais nous ne sommes pas passés loin d'une fâcherie dommageable pour toutes les parties.

---

128 L'évaluation environnementale est bien documentée sur les sites du Ministère de l'écologie et du CEREMA.

Pour conclure

Sans doute, l'avez-vous déjà ressenti : l'évaluation est une problématique complexe. En effet, elle pointe des points forts qu'il convient d'entendre avec une humble fierté, mais aussi des insatisfactions, des dysfonctionnements ou faiblesses à écouter avec lucidité : « nobody is perfect ! ». L'évaluation ouvre sur des perspectives d'amélioration ou de progression. En ce sens, elle garde un caractère noble et peut être mobilisatrice. Souvent structurée, parfois à l'excès (Ah ! Les grilles, les référentiels, les normes, etc. !), elle peut aussi se faire de manière naturelle, au jour le jour, sans pression, et sans autre objectif que des petites améliorations. Elle se fait ainsi de manière globale et approximative. Sans rentrer dans le détail et l'analyse fine, on sait que telle ou telle association fait du bon boulot, en servant ses finalités, en répondant à des besoins ou en offrant des modestes corrections aux imperfections de la société. Telle autre milite et s'organise contre des projets contestés ou contestables.

Regrettons alors que les évaluations des structures de l'ESS, ou de leurs activités, prennent généralement peu en compte leur contribution à créer du lien social, à mener des activités peu ou pas intéressantes pour des entreprises lucratives, à proposer des services que les pouvoirs publics ne peuvent ou ne veulent plus mettre en œuvre, à être des pièces essentielles du puzzle sociétal. En bref, que ne soit pas assez considérée leur utilité sociale. Alors qu'elle est nommée dans l'agrément délivré à certaines. ESUS : Entreprise Solidaire d'Utilité Sociale. Si seulement la reconnaissance et les actes pouvaient s'aligner sur les titres et les mots…

Partie 3 :

Le flou et le gris

Chapitre 12 : Les rituels du consentement

Théoriquement, la gouvernance décrit comment sont prises les décisions avec, dans le cas de l'ESS, une référence constante à la démocratie. Nous avons vécu d'autres réalités : des choix sont faits par un noyau dur de personnes dirigeantes ; puis, sont mis en œuvre des processus, plus ou moins sophistiqués, de fabrique du consentement. Il n'y a là aucune dérive et aucun jugement dénigrant de notre part. Juste une invitation à réfléchir à la démocratie.

Une intuition nous vient : les ennemis de la démocratie ne liront pas ce livre. Alors, nous sommes entre nous, entre gens de bonne volonté pour qui l'aspiration démocratique est puissante. Or, sans épiloguer ici sur ce constat douloureux, la démocratie ne se porte pas si bien, non seulement dans le monde mais aussi en France. D'où l'envie, si répandue, de rejoindre des oasis où le réel et l'utopie se rapprochent, ce qui contribue pour une bonne part à l'estime générale dont bénéficie l'ESS.

La doctrine officielle[129] le dit et le place au premier rang des valeurs et caractéristiques de l'ESS : « Les entreprises de l'ESS adoptent des modes de gestion démocratiques et participatifs. Le fonctionnement des entreprises de l'ESS permet la participation de tous dans la prise de décisions. Beaucoup d'entre elles sont fondées sur le principe « une personne = une voix ».

En effet, la plupart des structures d'ESS donnent une large place à la délibération collective et ont adopté des statuts, règlements intérieurs, chartes ou projets associatifs qui manifestent une appartenance au monde démocratique. Cependant, le postulat de la « gestion démocratique » mérite un regard critique, sans complaisance.

S'agissant d'une valeur, on pourrait s'arrêter à l'idée que la démocratie dans l'ESS est un idéal lointain, un horizon théorique porteur d'espérance et que peu importent les écarts avec la réalité. Mais les illusions sont dangereuses. Quand elles se déchirent, elles génèrent frustration et amertume, et nous connaissons bon nombre de personnes qui ont quitté

---

129 https://www.economie.gouv.fr/cedef/fiches-pratiques/quest-ce-que-leconomie-sociale-et-solidaire-ess

fâchées une structure d'ESS quand elles ont découvert que la démocratie qui leur avait été promise n'était qu'un leurre.

La référence à la démocratie dans l'ESS est source de confusion et d'égarement tant sur la démocratie que sur la gestion, le management, la gouvernance, le fonctionnement. Le sujet est complexe car *gestion* et *démocratie* sont deux notions très englobantes, discutables et discutées à l'infini. Esquissons néanmoins une analyse dans un but de clarification et pour éviter les fausses pistes, avec ce postulat : la démocratie ne se limite pas aux mécanismes électifs de représentation.

> « La démocratie est un mode de vie régi par une foi agissante dans les possibilités de la nature humaine. La croyance en l'Homme du commun est un article familier du credo démocratique. (…) De toutes les manières de vivre, la démocratie est la seule qui croit sans réserve au processus de l'expérience en tant que fin et moyen » [John Dewey].
>
> « La démocratie consiste d'abord dans une expression saine et ouverte des conflits d'intérêts et des différends d'appréciation » [Pierre Rosanvallon].
>
> « Davantage que le pouvoir de tous, la démocratie désigne le pouvoir de n'importe qui, c'est-à-dire l'égale prétention de chacun à participer à la délibération collective » [Michaël Foessel]

L'ESS n'a pas besoin d'être démocratique pour être honorable et nécessaire, mais la démocratie interne est bienvenue ! La démocratie mérite mieux que d'être réduite au principe « une personne = une voix ».

Le peuple introuvable

La démocratie, « *gouvernement du peuple, par le peuple, pour le peuple* » [Article 2 de la Constitution[130]], se définit par ses dispositifs et comportements de prise de décision et par ses finalités (paix, bonheur, prospérité, respect des minorités …). Dans un état en paix, le « peuple », concept central pour une démocratie, est connu sans ambiguïté avec une première catégorisation facile à énoncer : les nationaux inscrits sur les listes électorales, les autres nationaux, les étrangers résidant dans le pays. Les débats portent sur les droits et devoirs à accorder à chaque catégorie ainsi que, plus récemment, sur l'extension du peuple à la « nature » (écosystèmes, êtres vivants non humains …). Le peuple ne se discute pas,

---

130 Avant sa reprise dans la Constitution, la formule est attribuée à Abraham Lincoln. En toute rigueur, il s'agit là d'un principe de la République. La Constitution de 1958 ne fait pas référence à la démocratie, laquelle reste donc une notion indéfinie, ce qui permet de la discuter.

il est là, il s'impose. C'est d'ailleurs pourquoi les tyrans et les dirigeants autoritaires ont toujours la tentation de s'affranchir du peuple ou d'en changer en tripatouillant les règles électorales.

En revanche, il n'y a pas de peuple pour une structure d'ESS, sauf à considérer que le peuple est choisi, ce qui serait l'exact inverse de la démocratie. Il y a, comme en économie, une galaxie de parties prenantes avec des salariés, des bénévoles, des donateurs, des sociétaires, des partenaires, des usagers ponctuels ou réguliers et qui ne sont pas tous connus. Dès lors, la participation « de tous » dans la prise de décision suppose implicitement soit une restriction de ce « tous » à quelques-uns, cadres et administrateurs, soit des modalités de concertation et de prise de décision propres à chaque structure, éloignées de l'universalisme républicain.

Une personne = une voix, mais toutes les voix ne se valent pas

> « Les hommes naissent libres et égaux, mais certains sont plus égaux que d'autres » [Coluche].

Je suis client et sociétaire d'une banque coopérative, une grande banque, très grande, parmi les premiers groupes mondiaux de banque et assurance, un fleuron de l'ESS. J'ai une voix, je peux aller à l'assemblée locale, à l'assemblée générale. Mais si je vous dis que cette voix pèse quelque chose et que cette banque a une gestion démocratique, vous allez rire et nous rirons ensemble, moquant gentiment les naïfs qui gobent le discours sur l'égalité démocratique dans les coopératives, et nous saluerons l'audace et le génie des communicants qui enjolivent ainsi l'ESS.

Le vote réputé universel n'est pas l'alpha et l'oméga de la décision démocratique. Il suffit d'examiner les procédures législatives pour s'en convaincre. Les textes soumis aux assemblées sont préalablement discutés, parfois négociés, entre élus, administrations et socio-professionnels ; les membres des commissions, notamment lorsqu'il est mis en place une commission mixte paritaire entre l'Assemblée Nationale et le Sénat, pèsent plus que les autres députés, mettant à mal le principe « un parlementaire = une voix » ; le conseil constitutionnel, non élu, exerce un contrôle de légalité pouvant aboutir à modifier (censure partielle, interprétation porteuse d'effet sur l'application de la loi) les textes votés ; les décrets d'application, non soumis à un quelconque vote, sont souvent de grande importance et peuvent même détourner l'esprit de la loi votée, voire l'enterrer purement et simplement s'ils tardent trop à être promulgués.

Des observations similaires peuvent être faites dans les associations et les entreprises, quel que soit leur statut, où l'élaboration de la délibération soumise au vote est bien plus déterminante que le vote lui-même. Par ailleurs, les dirigeants (salariés ou membres du bureau) conservent toujours une marge de manœuvre importante dans l'application des décisions votées.

A quoi servent les élections ? En bonne partie, à formaliser le consentement aux représentants élus, à légitimer l'autorité qui leur est conférée[131].

Dans un groupe de travail comme dans un conseil d'administration ou une assemblée générale, le pouvoir est rarement partagé égalitairement. En maîtrisant l'ordre du jour et le compte-rendu, l'animateur et le secrétaire de séance pèsent lourd, même si les débats eux-mêmes sont libres et animés loyalement. Presque toujours, les décisions sont prises sans vote réel. Le modèle n'est pas la démocratie, mais plutôt l'intelligence collective, l'administration ou le management.

> On connaît l'histoire de la constitution européenne : rejetée par un référendum, elle fut adoptée par le Parlement, d'où le triste précepte « si le peuple vote mal, il doit revoter ». J'ai vécu des scénarios analogues dans une association : une décision rejetée par le conseil d'administration est remise à l'ordre du jour quelques mois plus tard, quasi identique, mais avec une composition un peu différente du CA, ce qui suffit à inverser le vote. La situation est aussi fréquente en comité de pilotage avec décision par consensus : une décision est prise en l'absence du chef (président, chef de projet, directeur, leader implicite ...), celui-ci est présent à la réunion suivante, il remet la question en discussion et emporte une décision qui lui convient mieux.
>
> En tant que président d'association, je dois avouer avoir parfois utilisé la technique du contrôle de l'ordre du jour, retrait de textes ou report de vote, soit pour attendre des jours meilleurs (par exemple, l'absence d'un contradicteur influent), soit pour garder la main sans passer par l'assentiment formel du conseil d'administration.

Dans les dispositifs de type « collège électoral », les voix ne se valent qu'à l'intérieur du collège, ce qui donne des poids réels extrêmement variables. Par exemple, les statuts peuvent prévoir un collège de personnes physiques (adhérents individuels) et un collège de personnes morales qui,

---

131 Jon Elster et Arnaud Le Pillouer, *A quoi servent les élections*, PUF, 2013. Voir en particulier « La thèse des vertus légitimantes de l'élection présidentielle », avec une citation de De Gaulle : « (...) *l'investiture populaire sera nécessaire pour donner à ceux qui me succèderont la possibilité et l'obligation de porter la charge suprême* ».

en pratique, est constitué par un petit nombre de décideurs pesant chacun beaucoup plus que les « individuels ».

> Politis – extraits des statuts : une SCIC, Société Coopérative d'Intérêt Collectif ; une presse indépendante ; un journalisme engagé, exigeant, combatif ; une entreprise solidaire ; une gouvernance originale dans le secteur de la presse : « une personne = une voix ». L'article 12 des statuts prévoit quatre catégories d'associés, chaque catégorie correspondant à un collège de vote : salariés (30 % des droits de vote), bénéficiaires (dont les lecteurs, 30 %), partenaires (personnes morales, 20 %), financeurs (20 %). Il suffit d'un seul membre dans un collège pour ouvrir les droits de vote de ce collège. Ainsi, un petit nombre de personnes (partenaires et financeurs) pèsent à eux seuls 40 % des droits de vote. Le but, fort honorable, est de garantir le respect de l'objet social de la structure et sa philosophie politique en se protégeant contre une dérive qui pourrait venir d'une majorité de lecteurs. Il demeure que le principe « une personne = une voix » s'applique au sein de chaque collège et n'a aucun sens au niveau de la coopérative.

Dans une structure d'ESS, il convient de se protéger contre le détournement des actifs (immobilisations, trésorerie ...) ou leur appropriation par des personnes privées.

> Ainsi, AIMA, avec ses quatre hangars en propriété pour une valeur d'environ 1.5 million d'euros et sa flotte de douze véhicules, a refondé ses statuts pour se prémunir d'un éventuel putsch fomenté par quelques-uns de ses 5000 adhérents. Il a suffi d'instituer quatre collèges : le premier constitué par les membres fondateurs de l'association ; le second, par des membres de droit, adhérents depuis longtemps, des fidèles ; et le tour était joué. Impossible que le pouvoir change de main, que les finalités soient remises en cause, que les biens s'évaporent puisque les deux autres collèges (adhérents et bénéficiaires) auront une représentation minoritaire au sein du Conseil d'Administration.

Les scrutins indirects, où le processus électif passe par des grands électeurs, ont comme effet direct d'affaiblir la portée de ce beau principe égalitaire supposé essentiel en démocratie. Même de petites associations y ont recours.

> Dans mon association de protection de la nature, l'Assemblée Générale élit le Conseil d'Administration qui élit le Bureau qui désigne en son sein le Président. Trois échelons de « vote » pour une association avec quelques centaines d'adhérents. Les voix qui pèsent sont celles des administrateurs. Ceux-ci étant élus sans peine en raison d'un manque récurrent de candidats, les mandats exécutifs, au sein du bureau, sont en fait attribués, peu ou prou, à ceux qui le demandent. Nous avons ainsi des processus de cooptation entre volontaires, ce qui n'a pas grand-chose à voir avec la démocratie telle qu'elle est vue classiquement.

En milieu associatif, coopératif ou mutualiste, où les volontaires pour prendre des responsabilités ne sont pas légion, il est fréquent d'avoir des listes uniques de candidats aux conseils d'administration, avec parfois des sièges non pourvus. Les élections se font par acclamation, les candidats étant élus haut la main avec des scores dignes de l'Union Soviétique et des dictatures faussement électives qui sont encore nombreuses par le monde.

Quels que soient les statuts, les discours, les liturgies et la théâtralisation des instances de gouvernance, la règle est que l'ESS vit très bien sans élection digne de ce nom.

Les exceptions se produisent lors de situations conflictuelles, heureusement exceptionnelles. On peut se trouver alors en présence de deux listes de candidats à l'AG ou de deux motions d'orientation, et l'application des procédures prévues par les statuts permet de trancher le désaccord, sans violence physique mais bien souvent avec des séquelles dans les relations interpersonnelles. En pratique, il n'est pas rare qu'un désaccord tranché par un vote réel induise le départ des perdants. C'est, là encore, une différence majeure avec la démocratie où un échec électif ou le rejet d'une motion soumise au vote d'une assemblée ne provoque ni l'exil du battu ou sa mise en retrait volontaire du peuple, ni son ostracisation, mais tout au plus une blessure ou une amertume et parfois un coup de boost pour repartir dans la bagarre politique.

La *participation* est une vertu collective non spécifique de l'ESS

La vertu démocratique prêtée à l'ESS vient notamment du fait que les décisions y sont, souvent et en théorie, préparées de manière plus participative que dans les entreprises classiques. Dans l'opinion courante, véhiculée aussi par le discours officiel, la *participation* est gage de *démocratie*. Il est vrai que la participation est composante nécessaire de la démocratie, mais nullement suffisante (cf le risque de l'oppression majoritaire, repéré depuis longtemps par Tocqueville). Par ailleurs, la participation est aussi une bonne pratique de management dans toute entreprise ou administration.

Pour avoir conseillé des entreprises classiques et de l'ESS, je peux observer, en ne citant personne par déontologie, que les bonnes et les mauvaises pratiques de participation se rencontrent dans les deux mondes qui ne sont pas si différents du point de vue de leur fonctionnement. On peut en faire un théorème : plus une ESS grossit, plus elle ressemble à une entreprise classique. Une immersion dans les grandes coopératives ou dans les ONG avec plus d'une dizaine de salariés vous en convaincra aisément.

En prônant la participation, l'ESS adopte certes un principe démocratique, mais surtout une bonne pratique managériale.

A quoi sert la participation ? Un peu, à améliorer les décisions, et beaucoup à d'autres fonctions très utiles dans un collectif, quel que soit sa taille, du petit groupe au pays entier : faire circuler les idées, reconnaître et valoriser les personnes, favoriser la cohésion, limiter les risques d'erreur magistrale … et obtenir le consentement des participants aux décisions.

Le consensus roi

Le consensus a bonne presse. Il apaise les collectifs et rassure sur la pertinence des décisions. La décision par consensus est revendiquée dans la plupart des structures d'ESS où elle complète le principe « une personne = une voix ». Le consensus est supposé traduire le partage du pouvoir. Une décision consensuelle appartient au groupe, non à un quelconque chef.

Craignant et abhorrant les conflits et soucieux d'avancer dans les actions engagées, nous avons toujours cherché le consensus, c'est-à-dire un mode de cheminement en compagnie de camarades ou collègues où chacun est grosso modo d'accord avec les décisions prises, renonçant de bon cœur à quelques idées ou nuances qui semblent ne pas convenir aux autres.

Un consensus est l'aboutissement d'une discussion coopérative d'où un point de vue commun émerge au nom et au service du but commun des parties prenantes. Il y a une grande différence avec le compromis qui, lui, appartient plutôt au monde des rapports de force et de la négociation. Un compromis scelle la fin, souvent provisoire, d'un désaccord entre des points de vue et intérêts divergents. Un compromis entérine un rapport de force. C'est pourquoi l'ESS de terrain valorise surtout les consensus et peu les compromis[132].

Avec le recul, le consensus nous apparaît, par-dessus tout, comme un outil formidable d'amélioration des conditions de travail et de fidélisation des membres d'un collectif, bien plus qu'une méthode de décision. En effet, le consensus ne garantit aucunement la pertinence de la décision : la

---

132 Pour une discussion de haut vol de la notion de *compromis*, lire François Jullien, *Dénouer – Petite philosophie pratique de la médiation*, Editions Rue de l'échiquier, 2025.

recherche d'harmonie au sein du groupe se fait au détriment d'idées minoritaires ou divergentes, toutes les idées ne sont pas examinées avec le même soin et le groupe n'a aucune garantie de conclure sur la meilleure réponse à la question posée. En revanche, le consensus a des effets positifs avérés sur la cohésion de groupe. Il favorise la convivialité des réunions et, si l'animateur joue bien son rôle, donne à chacun le sentiment qu'il contribue au travail collectif.

En matière de consensus, l'excès de zèle consiste, à notre avis, à formaliser trop rigoureusement la méthode de progression vers le consensus. Tel est le cas avec la « décision par consentement »[133]. Celle-ci pose comme principe que toutes les objections à une proposition doivent être levées avant d'en faire une décision. Or, quelles que soient les précautions méthodologiques sur ce qu'est une objection et la manière de la traiter collectivement, cela revient vite à nier le pluralisme et à forcer l'expression de l'unité. Il en résulte une pression psychologique intense sur les membres du groupe exprimant une objection avec un dilemme douloureux : manger son chapeau ou partir.

> Placé un jour dans une telle situation où j'exprimai une objection sur un point qui me tenait à cœur, j'ai préféré quitter le groupe, un peu pour éviter d'avaler une couleuvre, peut-être par fierté mal placée ou obstination égocentrée, surtout par refus de l'oppression du collectif.

Un bon consensus s'obtient sans unanimité. Mieux vaut respecter le droit des personnes à penser autrement et préserver la diversité des opinions, comme une étoile qui continue à briller le jour en disant « une autre solution est possible », ce qui pourra être précieux plus tard.

Le consensus a sa place en démocratie, sans être central ou nécessaire, en sachant qu'il ne doit pas étouffer les controverses et les débats. Fondamentalement, la démocratie exige le respect des idées et des personnes minoritaires, l'acceptation et même la promotion du pluralisme. À l'inverse, les régimes totalitaires imposent une pensée unique, un soutien total à l'idéologie dominante et cultivent le mythe de l'unité du peuple. Les organisations consensuelles se situent dans un entre-deux, lissant les désaccords sans les faire disparaître, en recherche d'unité sans l'imposer, valorisant le pluralisme en tant qu'idéal sans en tirer les conséquences pratiques.

Dans une assemblée démocratique, les votes sont publics (à l'exception des votes nominatifs) et donnent lieu à des explications de vote. En

---

133 https://www.sociocratie-france.fr/la-prise-de-decision-par-consentement-un-outil-formidable-sous-conditions/

revanche, dans une organisation qui travaille « par consensus », un bon compte rendu de réunion doit veiller à tracer la diversité des opinions émises sans exacerber les désaccords entre les personnes ni faire apparaître trop clairement l'influence, voire l'emprise, des leaders. La démocratie a une exigence de transparence factuelle là où une organisation consensuelle fait preuve de souplesse, diplomatie, avec parfois une once de langue de bois ou de censure légère pour privilégier la cohésion de groupe.

La démocratie organise les confrontations d'idées. Les partis politiques, dont le rôle éminent est reconnu par la Constitution [Article 4], concourent à l'expression du pluralisme. En revanche, dans une structure d'ESS, il n'y a ni parti, ni courant, ni mouvement d'opinions organisés qui seraient résolument contraires aux valeurs d'unité et de consensus. Lorsqu'elles apparaissent, les chapelles, les clans, les baronnies, les pré-carrés sont, à juste titre, considérées comme des dysfonctionnements, non comme des expressions saines du pluralisme.

En démocratie, le pluralisme des opinions est porté par des collectifs. Une organisation consensuelle valorise plutôt la diversité de ses membres : personnalité, expérience, métier, milieu social, sexe, âge ...

On le voit, le consensus a sa propre beauté, hors du champ de la démocratie.

> J'ai suivi naguère une formation sur la prise de décision. Il était conseillé de procéder par consensus. Ma petite expérience comme le déroulement de la session montrent les difficultés à atteindre le consensus quand les finalités des participants sont différentes, voire antagonistes. Avec des salariés d'AIMA, comment élaborer un consensus pour décider d'un projet coûteux qui va sérieusement amputer la prime d'intéressement attendue en complément de leurs petits salaires quand les bénévoles qui portent cette proposition, et qui sont détachés de soucis matériels, n'ont comme préoccupation que la préservation de l'environnement ? Rajoutons à cela le non-dit d'un collègue qui verrait mieux ce projet porté, d'ici quelque temps, par une autre association qui lui est proche et vous aurez les ingrédients d'un consensus qui fut impossible à construire.

La « gestion démocratique » est un oxymore

Nous voudrions prendre le temps de casser cette idée de « gestion démocratique », dire quelques mots sur la gestion, la décrire comme un instrument neutre idéologiquement, plaider pour une bonne gestion qui ne soit ni culte de la performance ni abandon des finalités pour le rêve de la pureté des moyens. Cela sera peut-être dans un autre livre. Nous serons donc brefs.

La gestion est un ensemble d'activités (planification, organisation, contrôle, évaluation ...) qui se réfère à des choses, des ressources, des biens. Elle relève de l'économie, c'est une recherche d'optimisation du meilleur usage de ressources limitées au bénéfice de l'objet social de la structure concernée. En revanche, la démocratie, située dans le champ politique, est un ensemble de dispositifs institutionnels et de comportements qui se réfère à un peuple ou un territoire avec des buts non prédéfinis, mais qui font eux-mêmes l'objet de débats permanents.

La « gestion démocratique » est un oxymore. Utilisé souvent pour caractériser l'ESS, il dénote surtout une méconnaissance tant de la gestion que de la démocratie.

Pour respecter la *démocratie* et conserver quelques chances, aussi minces soient-elles, de l'établir, il est prudent de ne pas la travestir ou la galvauder en l'associant de manière inopportune à la *gestion*.

L'ESS est l'inverse de l'amour. Il faut l'aimer pour ce qu'elle fait, non pour ce qu'elle est – ou supposée être. En raisonnant ainsi, on évite de tomber de sa chaise lors de la découverte de la réalité managériale d'une organisation que l'on croyait humaine et démocratique, œuvrant pour le bien commun. On s'offre aussi la possibilité de travailler heureux dans une entreprise classique, en étant centré sur le faire, ce qui est produit et les conditions de cette production, sans s'attarder sur les profits générés et les dividendes distribués, qu'ils soient scandaleux ou tout simplement énormes.

La spécificité de l'ESS ne réside pas dans son fonctionnement interne, dans les modalités de prise de décision, mais dans ses finalités « autres que le profit » et dans sa gouvernance, non asservie au capital. L'ESS affaiblit le pouvoir de l'argent en en faisant un moyen et non une fin en soi. C'est une alternative précieuse au modèle dominant en économie.

Mythe et limites de la représentation et du vote

La démocratie se caractérise par des valeurs fondamentales (refus du racisme, respect des minorités, liberté d'agir et de dire dans un cadre légal défini pour garantir la cohésion de la société, respect de l'état de droit, etc.) et des principes de fonctionnement (élections de représentants ou de certains responsables et prises de décision par votes majoritaires).

Si nous sommes farouchement attachés aux valeurs et, à notre modeste niveau, toujours prêts à les défendre mordicus, nous avons de bonnes raisons de ne plus trop adhérer aux dispositifs de vote.

Pour la représentation :

Passons sur le taux de participation aux élections, de plus en plus faible, au point qu'a été popularisée la formule du « parti des abstentionnistes », premier parti de France[134], et sur la logique des partis qui détermine l'essentiel des votes pour tous les scrutins politiques supra communaux. Pour les élections municipales dans les petites communes, le choix de beaucoup d'électeurs est fonction de leur proximité ou de leur inimitié parfois transgénérationnelle avec les candidats (« Si vous saviez ce qu'a fait son grand-père au mien il y a cinquante ans »), de leurs activités ou de leur origine géographique (« Ah ! Celui-ci, il n'est pas d'ici. Il habite là seulement depuis quinze ans »). Combien d'électeurs se déterminent-ils par rapport aux programmes des candidats ?

Dans les structures de l'ESS, c'est du même acabit ! Évoquons trois situations vécues :

- En tant que sociétaire de mutuelles ou de coopératives importantes, nous sommes sollicités périodiquement pour élire nos représentants. Qui n'a jamais reçu une ou plusieurs listes de noms inconnus, accompagnée d'intentions bateau ou irréalistes ? Et n'a pas renvoyé les documents du vote ? Ou a fait son choix sur la bonne mine des candidats ou sur les trois lignes de leur présentation personnelle ? Ce genre d'élections, au taux de participation dérisoire (souvent moins de 5 %) n'a jamais, à ma connaissance, influencé la composition de la gouvernance et, par là même, le fonctionnement de telles structures.
- AIMA devrait figurer dans le Guiness book des records : lors de nos Assemblées Générales, où 5000 personnes sont conviées en tant qu'adhérentes du collège des bénéficiaires, le record de présence est de … deux. Des membres d'un autre collège doivent changer de casquette pour pourvoir les postes d'administrateurs qui leur sont réservés. En accord avec nos statuts, rassurez-vous. Et, en 22 ans, je n'ai pas souvenir d'une élection où il n'y eut pas eu unanimité. Grande marque de confiance, manque d'intérêt ou de motivation pour des fonctions

---

134 C'est pourquoi revient régulièrement sur le tapis l'option de rendre le vote obligatoire, comme dans d'autres pays européens.

d'administrateur, répulsion pour l'expression d'une opinion contraire dans un rassemblement convivial, statuts faits pour garantir une stabilité minimum de l'association afin de se prémunir des putschs et pour limiter le pouvoir des entrants *(voir ci-dessus)* : un peu de tout ça, sans doute. Si bien qu'AIMA, comme la plupart des petites structures de l'ESS, est en recherche d'administrateurs, à l'instar de petites communes en manque de candidats pour le Conseil Municipal. Causes ressemblantes, effets identiques.

- Après l'élection des administrateurs, vient celle du bureau. Là, c'est pareil. Unanimité constante, probablement pour les mêmes raisons que celles pointées ci-dessus, l'implication et le charisme reconnus de la présidente fondatrice en plus. Sauf compensation de départ pour des raisons personnelles ou sentiment d'inutilité fondé sur la dimension prise par l'association, peu de changement depuis quinze ans dans notre instance de gouvernance.
- L'élection des représentants du peuple ou d'une organisation, à de rares exceptions près, est sujette à questions. Mais y a-t-il moyen de faire autrement, pour mandater des responsables des affaires publiques ou d'organisations ? Sachant que, au niveau local, ils ne se trouvent pas sous les sabots d'un cheval. Et puis les rites, qui forgent les collectifs, sont sympathiques : n'avez-vous jamais assisté à un dépouillement dans une petite commune lors des élections municipales ? N'avez-vous jamais applaudi aux résultats de l'élection sans surprise de responsables associatifs, juste avant de vous précipiter sur le verre de l'amitié ?

Pour les prises de décision :

Là encore, les votes nous laissent perplexes. Tant la fonction occupée par celui qui les propose et la façon de les amener sont prépondérantes.

> Quand j'étais directeur d'un centre de formation, en présentant un argumentaire reposant sur des informations choisies, impossibles à vérifier, faute de temps et de connaissance des dossiers, par des administrateurs moyennement présents et impliqués, je faisais valider quasiment toutes les décisions que je préconisais. Même pour un projet d'envergure, impactant sérieusement l'association et son avenir, j'ai obtenu facilement une quasi unanimité. Le directeur qui m'a succédé, pour le même projet auquel il n'adhérait pas, a fait qu'il soit retoqué un peu plus tard par les mêmes administrateurs. La façon différente dont il avait présenté ce projet, en n'évoquant pas certaines informations et en insistant sur quelques oppositions, avait suffi à inverser les votes. La manipulation (politiquement

incorrecte) ou l'art de savoir présenter les choses (appellation plus soft) ne doivent-ils pas figurer dans la panoplie de tout responsable ?

Pareillement, à AIMA, faute d'informations ou de baigner dans le contexte, la plupart des décisions sont prises par ceux ou celles qui ont bossé le dossier. Ainsi, quels arguments ont les administrateurs pour s'opposer à des achats de locaux, à des remplacements de véhicules, à des créations de poste, à la mise en place de nouveaux projets dès lors qu'ils sont argumentés, justifiés, financés et qu'ils s'inscrivent bien dans les finalités de notre association ? Il est aisé alors, à chaque coup, de répondre aux questions ou de traiter les quelques objections.

Questionnements donc sur la représentation et sur la validation de décisions par des élections. Mais que reste-t-il alors de deux des principes fondamentaux de la démocratie ?

Regardons le fonctionnement des grandes entreprises. La plupart des décisions proposées par les DG ou les PDG, y compris celles qui concernent les grandes orientations, sont validées sans coup férir par leur Conseil d'Administration. Celui-ci ne s'imposera vraiment qu'en cas de résultat chagrin en congédiant l'incapable[135].

Et si, dans nos petites structures de l'ESS, on systématisait le contrôle démocratique *a posteriori* ? Si la démarche essai-erreur devenait monnaie courante, encouragée par les administrateurs, les adhérents, les partenaires, les pouvoirs publics et que le fait « démocratique » (le vote) n'intervenait qu'au vu des résultats et des effets, directs ou indirects, des projets et des actions ? Car peu de choses sont irréversibles. Seule la décision de continuer l'action ou de revenir sur le projet serait mise en balance. Une façon d'encourager l'innovation sociale, puisque nos structures sont aussi attendues sur ce champ-là.

---

[135] A moins que des décisions, économiquement aberrantes ou socialement injustifiées, comme racheter des actions ou licencier du personnel, augmentent les dividendes…

Chapitre 13 : Le bon usage du droit et des contrats

Les entités de l'ESS sont légalistes et citoyennes. C'est-à-dire qu'elles ont à cœur de respecter le droit et de s'impliquer dans la République.

Mais le droit n'est pas un objet facile à cerner. C'est un concept multiforme, en apparence rigide comme la justice mais qui s'assouplit quand on le malaxe avec savoir-faire. Pour le béotien des choses juridiques que sont les quidams de l'ESS, les contours du droit sont parfaitement flous car il y a continuité et confusion facile entre les règles légales, les dispositions contractuelles, les normes et pratiques recommandées dans le domaine ou la profession, les injonctions morales et les règles internes à une structure, les routines que plus personne ne discute, les manies imposées tacitement par les leaders.

Le droit induit toutes sortes de comportements et d'usages utiles à connaître. On apprend à l'école qu'il y a les honnêtes gens et les autres. La réalité est plus nuancée. Voyons ce qu'il en est pour l'ESS.

Prendre les droits fondamentaux au sérieux

Le droit est trop fluctuant, truffé de dérogations et d'incohérences qui le rendent illisible, pour qu'un honnête homme puisse prétendre un jour le connaître tout entier. Le droit s'apprend et se cultive si on en fait son métier. Sinon, il se chasse en tant que de besoin pour répondre à une situation problématique, à une faim d'agir et d'avancer. Un cueilleur de champignons n'ambitionne pas de devenir spécialiste en mycologie. Il sait ce qu'il cherche, où et quand il faut chercher. Le droit n'est pas une clôture qui enferme, mais un carquois avec un arc et des flèches pour percer les obstacles et éloigner les gêneurs trop curieux.

Cette vision du droit, peu souvent revendiquée car non politiquement correcte, est bien celle que nous avons constatée chez les entrepreneurs centrés sur leurs intérêts, à l'affût des opportunités et des aubaines, optimisant leurs charges fiscales en jouant sur le flou et les marges d'interprétation des règles, robustes aux injonctions de l'administration et finançant collectivement des bataillons de lobbyistes à l'efficacité redoutable.

En parcourant les statuts des entreprises de l'ESS, nous avons vu comment le droit peut être tordu au profit d'intentions et d'intérêts privés très éloignés du sens commun donné aux mots *social* et *solidaire*. Le droit n'est pas vu comme une obligation, mais plutôt comme un instrument avec lequel on joue, et certains sont virtuoses.

Posons une évidence souvent négligée : le droit et le statut réglementaire ne disent pas grand-chose du réel. Le réel ne se résume pas au droit. En poussant le bouchon, peut-être trop loin, faisons le pari que l'essentiel, l'essence de l'ESS et les phénomènes clés qui la gouvernent, peuvent être appréhendés sans s'embarrasser de tout le droit, mais en hiérarchisant à bon escient les règles de droit.

L'ESS que nous aimons prend au sérieux, comme des valeurs à respecter et non comme des contraintes avec lesquelles on peut jouer, les droits fondamentaux, notamment ceux issus de la Déclaration des Droits de l'Homme et du Citoyen et de la Charte de l'Environnement : droit à la santé, à l'éducation, au logement, au travail, à la non-discrimination, à la participation à la vie culturelle, droit de l'environnement, liberté d'expression, d'opinion et de conscience, refus du harcèlement et de la torture.

En revanche, reconnaissons que le droit administratif est une contrainte de second ordre, à prendre en compte au regard des valeurs et objectifs que l'on s'est fixés.

Il y a là un positionnement original vis-à-vis du droit qui distingue l'ESS du secteur public où le droit est mal hiérarchisé (un technocrate obtus peut s'accrocher à une règle procédurale tout à fait secondaire mais relevant de ses prérogatives) et du secteur privé lucratif qui privilégie beaucoup plus ses propres intérêts.

Le droit, créateur d'activités

En matière économique et sociale, le droit est de l'ordre de la contrainte (il crée le cadre de l'action), aussi de l'opportunité car il ouvre des domaines d'activité innombrables en économie circulaire, dans la santé, le bâtiment, l'industrie …

L'économie circulaire bénéficie des lois qui ont créé les éco-organismes, les redevances versées par les fabricants et les soutiens aux acteurs du réemploi.

Pour la préservation de l'environnement, le droit est source de multiples activités (ce que dénoncent sans relâche les aménageurs et maîtres d'ouvrage) : contrôle d'installations classées pour la protection de l'environnement, diagnostic écologique, étude d'impacts, gestion d'aires protégées, mise en œuvre de mesures compensatoires …

L'accompagnement juridique des personnes exilées est une activité économique directement générée par les discours et les lois qui cultivent dans l'opinion la peur des étrangers et prétendent lutter contre l'immigration clandestine.

La création d'activités économiques par le droit n'est évidemment pas propre à l'ESS. Pensons par exemple aux établissements de contrôle technique automobile : plus de 10 000 emplois disparaîtraient du jour au lendemain si l'obligation de contrôle technique périodique était supprimée.

En examinant les activités de l'ESS sous l'angle de leur origine juridique, on identifie trois types de missions souvent présentes au sein des mêmes structures :

- Missions *d'opérateur* de l'État : l'ESS prolonge l'État en mettant en œuvre des dispositifs conçus par l'État.
- Missions *militantes* : l'ESS pallie (tant bien que mal) les défaillances de l'État ou plaide pour des changements.
- Missions d'*expertise* : l'ESS fournit des prestations nées de dispositions réglementaires.

Accueil des demandeurs d'asile : Forum Réfugiés et France Terre d'Asile gèrent des CADA[136], ce qui est un rôle d'opérateur de l'État, fournissent une assistance juridique qui consiste par exemple à lutter contre les irrégularités administratives (rôle palliatif de contestation de décisions préfectorales, des départements ou d'agences gouvernementales) et interviennent dans le débat public pour faire connaître la réalité « terrain » qu'elles ont acquise par leur expérience et promouvoir leurs propositions.

Protection de l'environnement : les associations sont nombreuses à fournir des prestations d'éducation à l'environnement et au développement durable dans les écoles en complément des cours assurés par les personnels de l'Education Nationale et en application d'orientations définies dans le Code de l'éducation. Elles réalisent des missions d'expertise, par exemple des inventaires naturalistes, obligatoires pour certaines procédures environnementales lors de l'instruction de projets d'urbanisme ou d'infrastructures. Par ailleurs, les mêmes associations disposent, selon leur statut et après un an d'ancienneté, d'un

[136] CADA : Centre d'Accueil de Demandeurs d'Asile.

droit à agir pour contester des décisions administratives. Elles sont nombreuses à intervenir auprès des élus et de l'administration pour porter des propositions, commenter des projets politiques, s'opposer à des mesures qu'elles estiment contraires à leurs objectifs.

Théoriquement, les différents types de missions, opérateur de l'État, militantisme et expertise, s'exercent indépendamment l'un de l'autre. La réalité est bien sûr différente car le rôle d'opérateur sous contrat exerce une pression, plus ou moins forte selon les sujets et les moments politiques, sur les autres activités. Pour nous, l'ESS qui mérite vraiment son nom est celle qui préserve l'intégrité de ses activités militantes et d'expertise de toute pression liée à un rôle d'opérateur public et qui nourrit ses activités militantes par l'expérience acquise en tant qu'opérateur.

Le droit, levier d'actions

Le droit est un outil potentiellement puissant, bien que de maniement ardu et aux résultats incertains.

La personnalité morale confère l'intérêt à agir pour défendre ses droits ou les droits des acteurs pris en charge. Ce levier d'action est utilisé par les associations caritatives, par exemple pour défendre l'accès au logement ou à la santé, et par les associations de protection de la nature et de l'environnement.

Les contentieux ont parfois mauvaise presse dans l'opinion. Dans le domaine de l'environnement, il faut rappeler qu'ils sont relativement rares et portent sur une petite part des projets d'aménagement. Les contentieux n'interviennent qu'à la marge dans les délais des grands projets, comme l'a montré un rapport officiel en 2021[137]. *Neminem laedit qui suo jure utitur*[138].

Le droit, offre de démocratie

Le droit propose des outils utiles pour la démocratie. Encore faut-il que les acteurs s'en saisissent. C'est toute la difficulté de la démocratie participative.

---

[137] Rapport du Conseil Général de l'Environnement et du Développement Durable, octobre 2021 : Modernisation de la participation du public et des procédures environnementales relatives à l'autorisation des projets et l'approbation des plans-programmes.

[138] « Celui qui use de son propre droit ne lèse personne ».

Les membres de l'ESS sont des corps intermédiaires : ils participent aux procédures de concertation ou consultation auxquelles ils sont invités, ils siègent dans des instances consultatives, ils jouent un rôle de relais entre la population et les pouvoirs publics, ils s'impliquent dans les débats publics.

Dans le secteur privé marchand, la plupart des entreprises cherchent à prospérer sans faire de vagues. Pour vivre lucrativement, vivons discrètement. Elles délèguent cette fonction de corps intermédiaire à leurs organisations professionnelles, syndicats, chambres de commerce, chambres de métier. Seuls quelques grands groupes mènent leur propre lobbying. En revanche, l'ESS a dans ses gènes la participation à la démocratie, la contribution à des événements publics qui nourrissent la réflexion collective pour faire progresser la société.

> AIMA organise le salon du réemploi et participe au Forum Mondial de l'ESS à Bordeaux, octobre 2025. Passerelles organise chaque année le Festival « *Les murs ne servent à rien* ». Christophe Robert, délégué général de la Fondation pour le Logement des Défavorisés, est régulièrement invité par les médias sur les questions de pauvreté, de logement, d'inégalités.
>
> Les associations membres de France Nature Environnement répondent aux enquêtes publiques, participent à de nombreuses commissions institutionnelles à tous les niveaux de notre millefeuille territorial, interpellent les candidats aux élections locales, publient des articles engagés sur leurs sites internet et, quand ils peuvent, des tribunes dans la presse générale. En Isère et dans de nombreux départements, avant chaque élection, les membres du Pacte du Pouvoir de Vivre (ATD Quart Monde, La Cimade, Les Francas, France Nature Environnement, Territoire Zéro Chômeur de Longue Durée ...) interpellent les candidats pour qu'ils se positionnent sur les problématiques et propositions portées par le Pacte.

Ce critère de l'engagement dans la démocratie nous conduit à mettre un bémol sur la place dans l'ESS telle que nous la concevons de la plupart des associations de loisirs, sportives ou culturelles, qui cultivent un lien très intéressé aux élus, quémandent les subsides, et veillent à ne pas commettre l'impair qui pourrait leur faire perdre leur précieuse, bien que maigre, subvention.

Le mésusage du droit, le discernement bafoué

Durant plusieurs mandats de responsable associatif, nous avons souffert de salariés ou bénévoles victimes, à notre avis, du syndrome du « bon élève » ou du « prosélytisme du néophyte » : découvrant le droit ou, plus prosaïquement, une procédure recommandée ou imposée dans le secteur d'activité, ils mettent un point d'honneur à l'appliquer, parfois avec excès de zèle, sans chercher de marges d'interprétation, au détriment de la mission en cours ou de la vocation de la structure.

> Dans un camp scout, j'ai vu des responsables se compliquer inutilement la vie et perdre un temps précieux pour essayer en vain d'installer des douches solaires chaudes pour un week-end parce qu'ils avaient reçu un document le prescrivant comme « bonne pratique » pour le bien-être et la propreté des enfants, alors qu'il restait moult activités à préparer en lien avec le cœur du projet scout. Lors de visites de camps, des écarts apparaissaient entre des équipes de responsables focalisés sur leur interprétation des règles d'hygiène, ce qui pouvait conduire à des choix baroques comme l'utilisation effrénée du plastique et le refus de l'approvisionnement local, et d'autres que je trouvais plus pragmatiques, efficaces et dans la pédagogie scoute.

Que donnerait la stricte application de la réglementation concernant l'ERP (Etablissement Recevant du Public) ? Le maire d'une petite ville voisine nous a dit un jour, quand nous l'interrogions sur cette disposition pour une de nos ressourceries installée dans un hangar un poil vétuste : « *Vous savez, si on devait fermer les magasins qui ne sont pas tout à fait aux normes, il y aurait 70 % des commerces de la commune qui tireraient le rideau* ». Alors, si nous avons été hyper rigoureux pour la protection incendie (sorties de secours dégagées, extincteurs en nombre, alarmes vérifiées régulièrement), nous avons laissé tomber la question des grilles des caniveaux dans lesquelles les roues des fauteuils de personnes handicapées pourraient se coincer, pour un centimètre de trop. Ne peut-on pas éviter cette suspicion de piège par un accompagnement spécifique, quand même plus humain ?

Dans le même ordre d'idée, une stricte application des règles sanitaires ferait renoncer beaucoup d'associations aux repas qu'elles organisent, au détriment de ces moments de rencontre et de convivialité et des rentrées d'argent qu'ils génèrent !

La période Covid fut un triste festival d'égarements où cadres et salariés se sont lancés à corps perdu dans la mise en œuvre de protocoles préventifs pourtant immédiatement décriés comme mal conçus, inapplicables, absurdes et consommateurs d'une énergie folle. Mais les dérapages ne furent pas systématiques, signe heureux qu'il existe toujours des alternatives face à une même consigne. Ainsi, dans une même Maison des Associations, on rencontra des gestionnaires fiévreux se torturant l'esprit pour installer une signalétique aussi étrange que sans effet, des bureaux désertés, les salariés éparpillés, chacun pour soi ou accrochés à des visios acrobatiques, et, en contraste saisissant, des bureaux où la vie et le travail continuaient vaille que vaille, avec recul et sagesse vis-à-vis de la situation.

Les activistes, compagnons de routes

Légalistes par nature, les entreprises de l'ESS ne s'impliquent pas directement, en tant que personne morale, dans des actions de désobéissance civile, d'intrusion dans des sites interdits, d'occupation ou de blocage de sites, et tout autre procédé connu comme étant illégal mais à forte visibilité médiatique. L'ESS peut accueillir des personnes qui, à titre individuel, pratiquent la désobéissance civile mais celle-ci reste toujours un choix personnel, non une activité conçue ou organisée par une entité légale de l'ESS.

Voilà pour la théorie.

Un cas notoirement connu suffit pour plonger dans le monde réel. Greenpeace, association de très grande utilité sociale et écologique, appartient-elle à l'ESS ? Elle ne s'en revendique pas mais y est affectée d'office malgré elle en raison de son statut associatif. Greenpeace pourrait être qualifiée d'association de plaidoyer. C'est aussi une association de protection de la nature classique, notamment par ses groupes locaux. Sa posture vis-à-vis du droit est ambivalente : elle peut s'affranchir des règles (par exemple en s'introduisant frauduleusement dans l'enceinte d'un établissement) … pour dénoncer le non-respect des règles de sécurité par un industriel ou un exploitant de centrale nucléaire. Nous retrouvons le principe de hiérarchisation du droit mentionné précédemment.

Il existe toute une zone grise de proximité, coopération, confusion entre l'ESS légaliste et les galaxies activistes. Certaines ONG ne rechignent pas à des actions coup de poing destinées à marquer l'opinion, qui outrepassent le droit de manifester et exposent leurs auteurs à des sanctions pour illégalité. La tolérance des pouvoirs publics vis-à-vis de ces actions est à géométrie variable, selon les circonstances et la couleur politique du gouvernement. On le voit aisément en comparant, par exemple, l'accueil fait aux groupes d'agriculteurs déversant du fumier devant des préfectures ou des locaux de France Nature Environnement (FNE), les réponses graduées aux occupations d'immeubles vacants par des militants du DAL et les violences policières durant certains rassemblements écologistes[139] (Bure 2017, Sivens 2014, Sainte Soline

---

[139] Les aspects juridiques et sécuritaires des grands mouvements de protection de l'environnement sont largement documentés et médiatisés, ce qui permet à chacun de se

2023). L'interprétation du droit par l'administration et l'institution judiciaire est en partie affaire politique.

La zone grise résulte aussi de l'esprit de coopération entre acteurs poursuivant des buts similaires, du maillage des organisations de l'ESS et de la distinction entre personne morale et personnes physiques. Ainsi, les administrateurs des associations hautement institutionnalisées, voire notabilisées, du mouvement FNE peuvent avoir des liens avec des personnes physiques activistes. Le très honorable Secours Catholique ne s'interdit pas, via l'initiative de certains de ses membres actifs, de coopérer avec le DAL, par exemple en invitant des militants locaux à soutenir, par leur présence ou par des dons, une occupation illégale.

Toutes les configurations de relations existent, du partenariat pérenne aux liens informels, ponctuels, lâches en routine et resserrés lors des phases tendues incluant des actions de terrain. La revendication du légalisme par une association n'exclut pas de frayer avec des acteurs qui ne se fixent pas les mêmes contraintes de légalité.

Le contrat d'engagement républicain, imposé par la loi du 24 août 2021, vise, sans le dire, entre autres objectifs, à lutter contre ces zones grises. C'est peine perdue ! Nous avons pu le voir en 2023, sur un autre terrain juridique, avec la tentative ratée, à l'initiative du ministre de l'Intérieur, de dissolution des Soulèvements de la Terre. Monsieur Darmanin s'attaquait à une nébuleuse forte de la légitimité de ses objectifs et du soutien de structures solidement implantées dans le mouvement associatif. Il dut reconnaître son échec et, espérons-le, son erreur.

Le carcan des contrats

On sait, au moins depuis Rousseau, à quel point le contrat est fondamental pour le fonctionnement et la cohésion de nos sociétés. Impensable pour nous de ne pas tenir compte de son effet protecteur pour chacun des signataires, en principe au bénéfice du plus faible. Le contrat est un garde-fou dont l'utilité apparaît quand *les choses* tournent mal.

Néanmoins, nous viennent en tête des situations où il peut être remis en cause, jugé comme inutile ou même allant à l'encontre de valeurs qui

---

faire une opinion sur les responsabilités et les méthodes des acteurs en présence. Lire notamment : *Répression par l'État des manifestations et de la désobéissance civile environnementales : une menace majeure pour les droits humains et la démocratie* ; Papier de positionnement de Michel Forst, Rapporteur Spécial des Nations Unies sur les Défenseurs de l'Environnement au titre de la Convention d'Aarhus Février 2024.

nous sont chères. Est-il alors vraiment iconoclaste de remettre en question le dogme du contrat dans certaines circonstances ?

Présent à tous les niveaux, pour tous les âges, il définit et formalise les droits et les devoirs de chacun des contractants[140]. Entre les contrats qui s'expriment dans des documents spécifiques (contrats de mariage, de travail, de location, actes de ventes) et ceux moins formels mais complètement intégrés (n'importe quel achat, dès qu'il y a « accord sur la chose et sur le prix » ou acte de délégation), ils sont là, toujours et partout, s'immiscent dans les collectifs sous la forme édulcorée de chartes ou fiches de poste que les parties prenantes sont invitées à signer. Avec un risque de sanction pour ceux qui les transgressent. Est-ce cette menace, diffuse mais bien présente, qui induit la répulsion qu'ont certains à les parapher ? Ou le lien de subordination qui existe quelquefois entre les signataires, avec le refus de l'assujetti de l'accepter, consciemment ou non ? Ou bien encore la complexité de certains écrits, qui cherchent à tout prévoir sans pour autant envisager toutes les situations ? Ou enfin, le rejet de l'ordre établi ?

Quelques cas de figure pour illustrer ces interrogations :

La désobéissance civile, la délinquance cagoulée ou en col blanc, les abus d'autorité et les violences policières sont des formes de ruptures du contrat républicain au nom, pour ceux qui font ces choix, de valeurs supérieures. La diversité des situations devrait interdire tout jugement moral de principe, définitif. Par exemple, le lecteur de la phrase précédente aura peut-être sursauté en lisant une telle proximité entre désobéissance civile et délinquance. Les désobéissants se disent infiniment plus respectueux des principes démocratiques, de notre *contrat social*, que les agents des forces de l'ordre qui dérapent, consciemment ou non. L'analyse doit donc se faire en deux temps : quelles règles ont été respectées / enfreintes ? Au nom de quels principes ou valeurs supérieures ?

Les squatters ou les personnes qui volent des denrées alimentaires dans un supermarché sont des cas similaires : ils contournent le paiement d'un service ou d'un bien et peuvent être jugés délinquants. Nous l'avons dit, nous sommes légalistes. Mais quid de la loi sur le droit au logement ? Quid des dispositions sur les logements inoccupés ? Quid de l'obligation de donner les invendus alimentaires ? Il y a des trous dans la raquette. On ne peut que poursuivre l'utopie d'avoir, un jour peut-être, une distribution des richesses moins déséquilibrée qui atténuerait sans doute

[140] Les parents signant pour leurs enfants mineurs, le règlement intérieur de l'école ou de la colonie de vacances, par exemple.

l'appropriation illégale par les plus défavorisés et les priverait d'une explication morale[141]. Dans cette logique, les squatteurs et les voleurs ne font que sortir des contrats d'aujourd'hui en anticipant, rêvons un peu, les contrats de demain !

Venons-en à des situations moins contestables de renoncement à tout ou partie des contrats. Dans la mouvance du réemploi, se développent les zones de gratuité ou, mieux structurées, les *gratuiteries*. On rencontre aussi des exposants de vide-greniers pratiquer des prix libres. Les *boîtes à livres* appartiennent désormais au mobilier urbain banal. Autant de cas où est aboli le contrat de vente. Au-delà de la revente d'objets de seconde main ayant une faible valeur marchande, les prix *libres et conscients* se pratiquent de plus en plus dans le secteur culturel et pour les petits événements festifs locaux. L'absence de prix de vente rigide deviendrait-il un marqueur de l'ESS ?

> Bérénice est une de nos salariés. Épousant à fond les finalités de notre association, elle est particulièrement investie. Au point de ne pas appliquer strictement le droit du travail. Comme quand elle monte un dossier compliqué pendant son congé de maternité. Comme quand elle ne revendique pas d'heures supplémentaires ou à récupérer quand, lors d'un déplacement lointain, des barrages routiers la font rentrer chez elle « à pas d'heure ». Elle nous avoue que passer la serpillère à trois heures du matin lors d'une manifestation d'une autre association où elle est bénévole ne lui pose aucun problème. Mais qu'elle refuserait de le faire si un employeur le lui demandait. Travailler pour une cause est très différent de travailler pour quelqu'un... Et il est tellement plus facile de satisfaire une demande que d'obéir à un ordre. Mais loin de nous l'intention, ami lecteur, de vous entraîner dans des analyses psychologiques...

AIMA, avant de s'engager dans une démarche de professionnalisation de l'association et alors qu'elle était composée essentiellement de bénévoles, ne disposait pas de règlement intérieur. Des demandes réitérées nous ont amenés à en établir un. J'avoue ne pas avoir vu la différence et ne pas avoir repéré des moments où cet écrit a servi...

Dans le même ordre d'idée, et comme il est d'usage dans maintes associations, AIMA a mis en place une charte des bénévoles. Ce qui s'est avéré être à double tranchant. En effet, ce formalisme a fait reculer certains bénévoles potentiels : « *Je viens bénévolement et en plus faut que je m'engage ? Je ne signerai jamais votre truc. Au revoir, messieurs-dames* ! »

---

141 Maintes études sociologiques ou criminologiques montrent une corrélation fréquente entre inégalités sociales et délinquance.

En outre, on peut se poser la question de l'utilité d'une telle charte car la plupart des dispositions relèvent du bon sens (tenue correcte, politesse, etc.) ou sont d'ordre public (interdiction de fumer dans les lieux publics, de voler, d'agresser physiquement autrui, etc.). La loi générale est là pour sanctionner les faits graves et le bon sens prévaut pour les entorses moins dommageables. Explications, recadrage, changement de place, exclusion temporaire ou définitive : autant de solutions qui suffisent généralement à calmer les choses.

Pas d'ambiguïté : nous l'avons dit et le réaffirmons, les contrats sont en certaines circonstances utiles et nécessaires. Mais attention à l'excès de formalisme. Évitons de complexifier la chose. Et mesurons bien la faisabilité des sanctions éventuelles que mériteraient les contrevenants et leurs conséquences, sur les personnes et la structure.

Formaliser un contrat est en général un acte pétri de bonnes intentions. C'est aussi parfois un symptôme de l'illusion du contrôle, jamais très loin de l'hubris : croire que l'on va maîtriser les événements, les relations, les situations. Un bon contrat est humble. Il va à l'essentiel, sans prétendre tout prévoir, avec quelques orientations, lignes directrices, principes d'action qui cadrent un *agir ensemble*. Établir un contrat est un bon début. Ensuite, tout reste à faire : vivre.

Renoncer parfois à certains contrats, à certaines procédures, c'est autant de temps et d'énergie gagnés pour mener des actions quand même plus enthousiasmantes. Et, plus important, c'est parier sur le bon sens, privilégier la confiance, considérer l'autre en personne responsable.

Chapitre 14 : Incohérences fertiles

« *J'aime les gens qui doutent, les gens qui trop écoutent leur cœur se balancer*
J'aime les gens qui disent et qui se contredisent et sans se dénoncer
J'aime les gens qui tremblent, que parfois ils ne semblent capables de juger (…) »
(Anne Sylvestre)

Arrivé à ce stade du livre, vous avez sans doute repéré des contradictions et des incohérences dans nos propos ou entre les idées développées et la réalité, des injonctions contradictoires, des risques de dérives ou de détournements qui font douter de la pertinence de telle ou telle finalité ou disposition de l'ESS, idéalisée ou non.

Les incohérences résultent de la complexité du monde. Elles signent l'impossibilité d'une doctrine unique, nous obligent à penser, à rester les pieds sur terre pour trouver les bons arrangements et compromis afin de faire face aux imprévus et à la diversité des situations. Reprenons-en quelques-unes.

> S'inspirer du monde vivant selon Olivier Hamant[142] : « L'incohérence est un remède aux boucles d'amplifications toxiques qui animent nos sociétés contemporaines (…)
>
> Par souci de cohérence, on suivra la tradition, l'idéologie ou encore un leader, éclairé ou non. Plus nous nous engageons dans cette voie, plus il devient difficile d'en sortir. La force de la répétition nous empêche de penser. La cohérence ultime aboutit à des formes de dérive sectaire. L'injonction de cohérence tend à amplifier notre trajectoire vers des solutions, au fond, mal pensées, y compris dans le champ du développement durable (…)
>
> Les incohérences dans les systèmes sociaux sont des garde-fous internes ; elles permettent à la cohésion du groupe – familial, associatif, professionnel, politique – de ne pas dériver vers la pensée dogmatique et l'exclusion sectaire. L'esprit critique est d'ailleurs par définition une contradiction interne nécessaire à la désescalade. (…) L'harmonie du groupe n'est pas le produit de la cohérence, mais au contraire elle se construit en respectant des incohérences internes, voire en les alimentant. »

---

142 Olivier Hamant, De l'incohérence, philosophie politique de la robustesse, Odile Jacob, 2024.

La solidarité sous le feu des critiques

Épargnons-nous le débat sur l'assistanat. Non qu'il soit indigne, mais il est trop complexe pour être bâclé ici. En revanche, méditez cette critique sévère de l'aide alimentaire [143]:

> « Si l'aide alimentaire est indispensable en cas de coup dur, ce n'est pas une solution à long terme. Elle pose de sérieuses questions éthiques (car elle peut facilement générer un sentiment de honte, de stigmatisation…) et constitue un débouché lucratif pour l'agro-industrie qui, depuis la loi Garrot en 2016, défiscalise ses dons à l'aide alimentaire. (…) l'alimentation produite par le système agro-industriel génère des impacts écologiques (perte de biodiversité, pollution et érosion des sols, pollution de l'air et de l'eau…), sociaux (sentiment d'exclusion…) et sur la santé (obésité, diabète…) dont les coûts sont à la fois vertigineux (67 milliards d'euros d'argent public) et incommensurables... »

Composante majeure de l'économie circulaire, le réemploi se veut instrument de solidarité par les prix bas et l'approche écologique de la consommation par évitement de fabrication et transport de produits neufs. Ce qui est vrai. Mais, il y a encore un mais. Il se nomme *effet rebond*. Que font les acheteurs de l'argent économisé ? Nul ne le sait et nul ne connaît les impacts sur l'environnement. Les acheteurs, bénéficiaires de prix bas obtenus par du travail en partie financé par des dons du privé ou de l'argent public, sont-ils ceux qui en ont le plus besoin ? Vendre de la seconde main, n'est-ce pas aussi encourager la consommation, au mépris de la sobriété ? Le don pour réemploi, par exemple du mobilier professionnel en bon état pour usage, n'est-il pas alibi pour acheter du neuf ? Peut-on distinguer le nécessaire et le superflu ?

> J'aime bien jeter un œil dans les rayons livres, très fournis, de la recyclerie voisine. J'y rencontre facilement une connaissance. Je préfère chiner ici plutôt que traîner dans un supermarché, fut-il la propriété d'un coopérateur. Pour un euro, j'ai acheté un exemplaire un peu défraîchi de la *Critique de la raison pure*, Kant. Je ne le lirai jamais et il finira tôt ou tard au pilon, mais j'ai pu le feuilleter et découvrir à quoi ressemble cet ouvrage si célèbre. La recyclerie prolonge la durée de vie de l'objet, fournit des activités utiles à des salariés et des bénévoles, contribue à la vie culturelle.
>
> Le mois suivant, j'ai cassé la tirelire. Pour quatre euros, je suis reparti avec Gaspard Koenig, *La fin de l'individu*, dont un camarade m'avait parlé avec passion. En revendant un tel livre encore récent (2019), la recyclerie entre en concurrence avec la librairie du village. Désormais, « le marché du

143 Source : Notre Caisse Alim à Dieulefit et alentours - https://notre-caisse-alim.org/

livre de seconde main prospère au détriment du neuf. Le Syndicat National de l'Édition voudrait soumettre les ventes de livres d'occasion au droit d'auteur »[144].

Quant à l'aide humanitaire en dehors des situations d'urgence vitale, elle est régulièrement accusée de déstabiliser les économies locales, d'encourager la corruption, de bénéficier aux élites et mafias locales qui en détournent une partie à leur profit et utilisent le restant pour asseoir leur pouvoir.

En fait, l'objet de l'action solidaire ne suffit pas à apprécier sa pertinence ou utilité. Tout dépend, aussi, des destinataires, des bénéficiaires et des circonstances de l'action. Par exemple dans le cas du réemploi de mobilier professionnel, quand l'acheteur est une collectivité locale, l'effet rebond est réputé disparaître car la collectivité se doit d'être au service de l'intérêt général en utilisant de manière optimum ses ressources. La revente aux personnes privées est une sorte de solidarité inconditionnelle, aux risques d'un bénéfice non ciblé sur un besoin et de l'effet rebond. La revente à des acteurs publics ou relevant de l'ESS limite les risques de mauvais ciblage, mais relève aussi d'un entre-soi qui contrevient à un idéal d'ouverture.

Indépendamment de leur couleur politique et de leurs éventuels fondements objectifs, les discussions relatives à la solidarité soulèvent ainsi inévitablement des incohérences, des dilemmes que l'on ne peut pas écarter d'un revers de main. Le monde de la solidarité est pétri de contradictions.

L'accès sélectif à la solidarité

La question de l'accès aux droits sociaux[145], très prégnante pour les personnes vulnérables ou en situation de précarité, se pose aussi au sein de l'ESS, notamment pour les structures ayant des missions proches d'un opérateur de l'État. Le problème peut être élargi à l'accès à l'offre sociale, c'est-à-dire à tout ce que proposent les innombrables acteurs de l'ESS, quels que soient leurs statuts. Entre les actions de solidarité et les besoins, il y a la réalité. Prioriser de manière fiable les personnes qui ont les plus

---

144 Eve Charrin, Faut-il prélever des droits d'auteur sur les livres d'occasion ? Alternatives Economiques, septembre 2025.

145 Philippe Warin, Petite introduction à la question des non-droits sociaux, Editions Sociales Françaises, 2020.

grands besoins[146] est trop coûteux, intrusif, arbitraire ou impossible. En un mot : infaisable.

A Dieulefit, la Sécurité Sociale de l'Alimentation a établi un mode de calcul des cotisations en fonction de la situation personnelle, des revenus et du patrimoine. La solidarité entre *mangeurs* s'exerce selon un mécanisme de redistribution via la Caisse locale : selon les cas, la *cotisation* mensuelle est inférieure ou supérieure à *l'allocation* alimentaire. Pour garantir l'équilibre économique, le nombre de cotisants-bénéficiaires est limité, il dépend des cotisants-donateurs[147]. L'accès de nouveaux bénéficiaires se fait par tirage au sort, celui-ci étant considéré comme le mode le plus équitable, démocratique, impartial.

Le scoutisme est une formidable opportunité pour les enfants, mais aussi pour les parents qui sont invités à participer à un groupe local. Aux éclaireurs unionistes, la plupart des groupes organisent plusieurs fois par an des événements qui sont autant d'occasions de créer des liens entre parents : une réunion de rentrée, une fête de Noël, une fête de fin d'année, une journée d'entretien du matériel ou du local … auxquelles s'ajoutent souvent les moments de rencontre pour le covoiturage, en début et fin de sortie. Finalement, c'est comme ça que je l'ai vécu, inscrire ses enfants dans un groupe scout c'est aussi s'inscrire soi-même dans un collectif qui donne accès à des liens sociaux. Cependant cet accès n'est pas universel, non qu'il soit refusé à ceux qui ne sont pas du sérail, mais, comme pour les droits sociaux, l'accessibilité réelle dépend des efforts faits par la structure pour aller vers les familles et les accompagner dans l'insertion du groupe. Le scoutisme se veut mouvement pour tous, il est parfois perçu, et pas toujours à tort, comme un entre-soi. L'ouverture aux autres, coûteuse en énergie et qui demande une bonne capacité d'adaptation, entre en incohérence avec d'autres objectifs centrés sur le projet pédagogique pour les enfants qui sont là. En absence d'ouverture, le groupe devient fusionnel, communautaire ou sectaire. Chercher l'ouverture à tout prix est un moyen sûr d'affaiblir la qualité éducative.

Dans une action se voulant geste de solidarité avec des moyens limités, comment choisir les bénéficiaires alors que l'on voudrait ne pas choisir et se contenter de répondre aux besoins ? Se perdre dans des critères fiscalo-sociaux et singer la CAF ou les gestionnaires du RSA ? Mener un

---

[146] Petite remarque sémantique, illustration du fait que nous n'avons pas l'habitude de raisonner en fonction des besoins : il existe un mot pour désigner celui qui reçoit de l'aide, le *bénéficiaire* ; plusieurs mots pour celui qui donne ou aide, *donateur*, *bienfaiteur*, *aidant* ; mais il n'y a pas de mot actuel pour celui qui a un besoin ou un problème, le *nécessiteux* étant trop vieillot et connoté péjorativement pour que nous osions l'employer.

[147] La SSA de Dieulefit n'utilise pas ces termes de cotisant-bénéficiaire et cotisant-donateur. C'est nous qui les créons ici pour l'exposé du dispositif.

questionnement approfondi au risque d'intrusion dans la vie privée des personnes ? Accueillir généreusement tous les passagers clandestins ? Ici, on utilise le quotient familial, indicateur connu qui a le mérite d'être calculé par les services fiscaux. Là, on s'en remet aux prescriptions des assistantes sociales pour n'assumer aucun choix. Ailleurs, on invente ses propres tranches de revenus déterminant le droit d'accès aux tarifs de solidarité. Partout, on jongle avec des règles fluctuantes dont l'interprétation et l'application dépendent en partie des circonstances, du colloque singulier qui s'établit entre un usager et un gestionnaire. Il est alors primordial de prendre le temps de se comprendre, d'accepter les hésitations et les erreurs, les menues incohérences entre décisions, les iniquités.

Il n'y a ni profiteurs, ni perdants, ni justes, seulement des *gens* en recherche de solidarité.

Le temps jamais perdu

L'adage est bien connu : *seul on va plus vite, ensemble on va plus loin.* L'intelligence collective, les processus de délibération, les mouvements de groupe prennent du temps. Ce propos peut être généralisé : tout prend du temps !

> En randonnée, en particulier en bivouac, j'ai l'habitude de dire que le temps de démarrage d'un groupe, le matin, croit comme le carré du nombre de participants. La formule est mathématiquement approximative, mais subjectivement vraie pour quiconque s'est déjà agacé de la lourdeur d'un groupe en autonomie. A partir de là, chacun peut choisir : partir seul et aller plus vite ou combiner le plaisir de la marche et la chaleur de l'amitié.
>
> Pensons au traditionnel tour de table lors d'une réunion qui accueille de nouveaux participants. L'animateur qui le shunte en espérant gagner du temps pour tenir un ordre du jour chargé est rapidement rappelé à l'ordre, on ne badine pas avec un rite précieux pour la cohésion de groupe.

Peut-être est-ce une marque de fabrique de l'ESS : prendre du temps, résister à l'accélération[148], décélérer. On rejoint ici plusieurs philosophies ou postures politiques et de vie dans lesquelles les structures de l'ESS sont

---

148 Harmut Rosa, *Accélération : une critique sociale du temps*, La Découverte, 2013. « L'expérience majeure de la modernité est celle de l'accélération ». Du même auteur, voir aussi *Remède à l'accélération*, Philosophie Magazine, 2018 et *Rendre le monde indisponible*, La Découverte, 2023. La traduction du titre en français est peu compréhensible, il s'agit de promouvoir la rencontre avec l'indisponible, c'est-à-dire ce qui n'est pas immédiatement accessible. « Un monde qui serait complètement connu, planifié et dominé serait un monde mort. (...) La vie s'accomplit dans l'interaction entre ce qui est disponible et ce qui, tout en restant indisponible pour nous, nous regarde pourtant ».

très présentes : le soin[149], les mouvements *slow*[150] (slow food, slow city, slow travel …), les pratiques de contemplation et méditation, etc. De même, les rites dont sont friands les collectifs, tels que la *météo* en début et en fin de réunion, sont consommateurs de temps et n'auraient pas leur place dans des équipes centrées sur l'efficacité immédiate.

En même temps, pendant que nous cherchons la lenteur et la patience en voulant vivre comme les arbres qui font les forêts, les contraintes de performance et d'économie ne disparaissent pas par magie. Ce qui peut générer bien des dysfonctionnements, parfois graves, ou donner des comportements baroques, plus amusants que gênants.

Les professionnels de santé ou de l'action sociale sont constamment exposés à ce qui est perçu comme un manque de temps, sujet abondamment présent dans la littérature spécialisée[151], en résonance avec la notion de « travail empêché ». La problématique n'est pas propre à l'ESS, mais elle peut y être exacerbée en raison, dans les petites structures, de ressources humaines et financières moindres que dans le privé lucratif et des attentes éthiques élevées des acteurs, soignants, travailleurs sociaux, administrateurs, bénévoles accompagnants.

> Le groupe de travail associatif que je viens de rejoindre mène un travail important de positionnement stratégique. Les jours sont comptés car il faudra bientôt présenter le résultat en assemblée générale. Le groupe est rodé sur les outils d'intelligence collective. La *météo* est un passage presque obligé. Une réunion s'ouvre. D'un regard murmuré, le leader du groupe invite l'animateur à lancer la météo. Celui-ci s'exécute, hiérarchie réelle oblige. Les participants ont conscience du temps limité disponible et des discussions longues qui s'annoncent. Alors, le tour de parole court comme une fusée. Sans se concerter, les participants sont brefs, un mot, trois mots tout au plus. Tous se déclarent prêts, motivés, confiants ou un adjectif similaire. Le rite est accompli à la lettre. On gagne du temps sur une étape qui prend du temps sans renoncer à celle-ci. Faire semblant pour marquer sa présence dans le groupe. Incohérence sympathique.

---

149 Le *care* disent nos amis anglos-saxons et nos camarades de l'innovation sociale qui se souviennent de Martine Aubry, candidate à la primaire socialiste en 2011.

150 Pour une fois, gardons l'anglicisme et prenons-le comme un signe d'ouverture et de fraternité entre les peuples.

151 Pour explorer ce sujet, voir par exemple : *Qualité de vie et conditions de travail des soignants : quels enjeux éthiques ?* Sous la direction de Edith Salès-Wuillemin, 2025 ; *Le burn out des professionnels de santé*, Vuibert, 2025 ; *Le Livre blanc du travail social*, par le Haut Conseil du Travail Social, 2023.

La préservation du territoire malgré l'attrition des ressources

A un moment ou un autre, pour maintenir son périmètre, une structure de l'ESS est contrainte de faire des arbitrages de court terme pour maintenir son équilibre financier, au détriment d'activités concourant à ses finalités. La cohérence entre les fins et les moyens est ébranlée, parfois amochée. C'est une situation courante où la décision est rarement facile à car il y a *toujours* une alternative[152].

> Le président de ce Conseil Régional a décidé de réduire le pouvoir d'agir des associations de protection de l'environnement. Il coupe les subventions, demande à ses services d'écarter les associations gênantes des appels à projet et exige des agglomérations et communautés de communes qu'elles fassent de même. Pour les associations impactées, comment réagir ? D'un point de vue économique, le plus logique est de supprimer les postes salariés les plus directement impactés par les projets qui disparaissent, mais dans les petites structures tout le monde touche un peu à tout et les liens entre sources de financement et emplois ne sont pas univoques. Du point de vue social, mieux vaudrait se séparer de ceux qui sont volontaires pour quitter la structure, mais quid quand ce sont des piliers sur des missions en cœur de vocation ? Au regard de la raison d'être de la structure, l'idéal serait de se réorganiser pour concentrer les ressources humaines, salariés et bénévoles, sur les activités à plus fort impact, mais les conditions pour engager et réussir des changements importants sont rarement réunies. En pratique, chaque association fit comme elle put, acceptant son lot d'incohérences nécessaires à sa pérennité.

Les règles intenables

Nous l'avons abordé dans le chapitre *Le bon usage du droit et des contrats* : nous sommes légalistes … dans une certaine mesure.

Les ergonomes, nous en avons eu comme collègues, en ont fait leur mantra : au travail, il y a d'une part le *prescrit* (la réglementation, les procédures, les fiches de poste, etc.) et d'autre part le *réel* (ce que les gens font vraiment), jamais identiques, toujours ensemble, plus ou moins proches. L'écart entre le prescrit et le réel est un gisement infini de discussions, de disputes, de dysfonctionnements et parfois de souffrances

---

[152] Nous prenons ici le contre-pied du tristement célèbre TINA, there is no alternativ, asséné par Margaret Thatcher pour imposer ses choix libéraux, fermer des mines et combattre le syndicalisme.

et d'accidents. Il est aussi source de progrès, de souplesse, d'innovation, d'engagement et de joie au travail.

L'analyse des écarts prescrit / réel est un passage obligé dans les études d'organisation et d'amélioration de la performance ou des conditions de travail. Idéalement, tout manager a une vision approximativement réaliste, c'est-à-dire raisonnablement floue, des écarts qui concernent son domaine de responsabilité. A partir de là, le pilotage consiste à ajuster en permanence, en tant que de besoin perçu, le prescrit (modifier les règles), le réel (modifier les pratiques, les outils ...), le contrôle des écarts et / ou le dosage entre intransigeance et tolérance vis-à-vis des écarts.

Des domaines d'application courants des principes ci-dessus portent sur les modalités de décision vs la gouvernance formalisée, la gestion des horaires des salariés et personnes assimilées, le rangement du matériel après usage, les prélèvements individuels de fournitures dans les stocks collectifs, l'emprunt d'outils de la structure par des salariés ou bénévoles, l'entretien des locaux.

Faire avec les règles, *avec* les gens et trouver les bons arrangements sur le terrain, au cas par cas, c'est la vie !

L'ESS revisitée, celle qui se débrouille avec des moyens trop petits au regard de ses vastes ambitions, celle qui implique des bénévoles, innove et interagit avec des personnes atypiques, est particulièrement sujette à des écarts significatifs entre la réalité et les règles et normes. Ce qui fit dire un jour à un dirigeant associatif, volontairement provocateur, rencontré lors d'un forum : *le titre de mon prochain livre sera « Comment échapper au droit du travail »*.

Pour accueillir des sans-papiers[153] et les accompagner dans un parcours d'installation, le respect strict de la réglementation paraît hors de portée. Certes, grâce à la jurisprudence Herrou, « *il découle du principe de fraternité la liberté d'aider autrui, dans un but humanitaire, sans considération de la régularité de son séjour sur le territoire national* »[154]. Avancée notable qui ne lève pas tous les obstacles juridiques à contourner. En effet, les personnes accueillies ont

---

153 Théoriquement, nous évitons ce terme péjoratif qui réduit une personne à son statut administratif et laisse entendre que la dite personne n'a pas sa place *chez nous*. Mais ce chapitre a vocation à illustrer des incohérences. La dénomination *sans-papier* a le mérite d'évoquer l'exclusion dont sont victimes les personnes concernées et les tourments infligés par l'administration.

154 Conseil Constitutionnel, 6 juillet 2018. Nicolas Clinchamps, *L'affaire Herrou : la reconnaissance de la valeur constitutionnelle du principe de fraternité et ses limites*, 27 décembre 2022, publié sur www.actu-juridique.fr

besoin de travailler pour se rendre utiles, pour s'occuper et pour gagner un peu d'argent leur donnant un minimum d'autonomie. Or, ceci est interdit aux personnes sans titre de séjour.

> Je dois avouer ici, et j'espère que vous me soutiendrez si je suis convoqué au tribunal, être coupable d'avoir fait travailler quelques heures des jeunes exilés en situation irrégulière en les gratifiant en espèces d'une petite rétribution. Sans trop m'étendre sur le sujet, je fais l'hypothèse que je ne suis pas le seul dans le pays à avoir transgressé des règles injustes et incohérentes avec les principes de fraternité, de solidarité, d'hospitalité.

L'exception aux règles a aussi ses exceptions, en particulier quand il s'agit de sécurité ou de respect des personnes. Il s'agit alors de faire mieux que la loi. Par exemple, tel club de montagne, telle association d'éducation populaire qui organise des camps avec des enfants, s'impose des taux d'encadrement plus élevés que ce qui est prescrit par la réglementation.

> Dans ce club de montagne, les encadrants de ski de randonnée (*chefs de raid*) sont choisis chaque année par cooptation au sein d'une commission ad hoc. Les critères de décision sont l'expérience (la liste de courses), les formations suivies, l'avis des pairs, la forme physique (capacité à encadrer vraiment sur le terrain, en particulier en cas de coup dur), l'assiduité dans les sorties organisées par l'association, la motivation. Le dispositif fonctionne bien. L'autorité de la commission est reconnue. Arrive une situation imprévue, deux ou trois années de suite. Un cadre très expérimenté, autrefois fort montagnard et maintenant usé par les années, n'a manifestement plus la condition physique pour encadrer, mais il tient mordicus à son statut. La commission est partagée et n'arrive pas à décider de le *sortir* de la liste, eu égard aux services rendus. Il est nommé « chef de raid honoraire », statut créé pour l'occasion. Cette décision le fait hurler, il veut rester chef de raid, c'est tout. La commission bat en retraite, d'autant qu'il n'encadre plus jamais seul. L'année suivante, notre ami ayant poursuivi son déclin tout en conservant ses fidèles soutiens, la commission décide un avenant secret à son règlement : l'organisateur des sorties (le bénévole qui constitue les groupes) doit veiller à ce que le chef de raid ex-honoraire ne soit pas compté parmi l'équipe encadrante. Je ne connais pas le fin mot de l'histoire car j'ai quitté la commission en fin de mandat. Nous avions pris quelques libertés avec la procédure, sans gravité pour la sécurité, par souci de consensus et pour ne pas trop blesser un camarade fichtrement susceptible.

La concurrence presque sans complaisance

Dans un marché concurrentiel, il faut plaire aux clients pour qu'ils achètent, aux influenceurs pour qu'ils vous glorifient, aux fournisseurs pour qu'ils baissent leurs prix et ne rechignent pas trop à être payés tardivement, aux salariés pour recruter les meilleurs et les faire travailler *à fond*, aux pouvoirs publics pour qu'ils tolèrent au nom de l'emploi vos légers manquements à la réglementation, aux normes sociales et environnementales. Plaire, plaire, y compris s'il faut marcher la tête à l'envers.

L'ESS prétend l'inverse. Elle reste *droite dans ses bottes*, centrée sur ses finalités, respectueuse de ses valeurs.

Evidemment, la réalité est plus nuancée. Quand une association doit vendre un service ou un produit, elle est bien obligée de regarder ce que font les concurrents, souvent de *tirer les prix* vers le bas et d'entrer dans des logiques de performance, de productivité. Qu'on le veuille ou non, les bénéficiaires ou les usagers d'une structure sociale et solidaire sont des sortes de clients qu'il faut choyer pour qu'ils n'aillent pas voir ailleurs.

> Dans une recyclerie, les prix ne sont pas seulement fixés en fonction des coûts d'exploitation (collecte, remise en état, stockage, vente ...), mais aussi en référence au prix des produits neufs. L'insertion concurrentielle est permanente.
>
> Le supermarché associatif qui voit son chiffre d'affaires et la motivation des bénévoles s'amenuiser lentement est *naturellement* tenté d'assouplir ses règles en matière d'implication des adhérents ou d'augmenter sa tolérance non dite vis-à-vis des adhérents qui n'assurent pas correctement leur permanence bimensuelle.

Ah, qu'il est dur d'échapper à la réalité de la concurrence !

Le blanchiment des profits

L'autarcie n'existant pas et le monde n'étant qu'enchevêtrement inextricable d'individus, d'espèces, de ressources, de phénomènes ... toute action qui se prétend sociale, solidaire ou écologique bénéficie, d'une manière ou d'une autre, de façon visible ou non, de ce que nous détestons : l'accaparement, l'injustice, la violence, la destruction des personnes et des habitats, et bien d'autres choses encore. Les exemples les plus criants sont notre dépendance aux carburants fossiles, aux minerais, ce qui nous rend complices de conditions de travail effroyables dans de nombreux pays, à l'économie numérique (internet et maintenant l'IA), sans compter la part de la prospérité occidentale venant de la colonisation et de l'esclavage. Sur un registre moins violent, n'y a-t-il pas une belle incohérence à bénéficier de subsides issus de l'optimisation fiscale tout en militant pour la modération des rémunérations ?

Nous connaissons *l'Origine du monde*, mais nous ne connaîtrons jamais complètement l'origine des finances et des biens dont nous disposons. Les causes des décisions et des comportements sociaux ou humains nous sont aussi en partie inaccessibles, même si nous pouvons les rechercher et les affirmer avec l'assurance des sachants ou la mauvaise foi des plaideurs.

Voilà qui nous invite à la prudence et la modération dans nos jugements et, surtout, à la réflexion éthique. Un questionnement porte sur ce que l'on peut nommer le *blanchiment*. A quel moment, dans quelles conditions, l'argent sale, gris ou tâché devient-il acceptable, voire bienvenu, dans l'économie sociale ? Nous avons là typiquement une question dont la réponse est d'abord circonstanciée, locale, ponctuelle et collective. Autrement dit, une première réponse est procédurale, ce qui renvoie à la gouvernance : c'est une délibération collective qui permet, non de trancher définitivement, mais d'avancer prudemment sur le chemin escarpé de la collecte de financements privés utiles à l'utilité sociale.

Dans un monde nouveau avec une fiscalité et des politiques publiques différentes, on pourrait envisager les choses autrement. De même que l'État est réputé avoir le monopole de la violence et des pouvoirs régaliens, la République pourrait lui confier le monopole du blanchiment. En pratique, les compléments de ressources nécessaires à l'ESS (au-delà de l'autofinancement par les activités, les adhésions et les petits dons) proviendraient de l'impôt et seraient attribués par *les* pouvoirs publics ou par *des* dispositifs démocratiques ad hoc, à créer. Le pluriel est ici essentiel pour rester dans l'esprit démocratique qui est le partage du pouvoir. Ce schéma déplacerait les coûts de gestion : la chasse aux finances, si coûteuse pour les associations, deviendrait implication dans les instances de financement des activités socialement utiles. La dépendance des structures de l'ESS vis-à-vis d'autres pouvoirs serait conservée, sans grand changement (la dépendance au privé étant remplacée par une dépendance accrue au public) et sans dommage. En revanche, le financement de l'ESS serait libéré de la question éthique de l'origine des fonds.

Le retour des subventions de fonctionnement serait ainsi un vrai progrès démocratique[155].

---

[155] La discussion sur le financement de l'ESS peut être rapprochée de celle sur le financement des partis politiques et, plus généralement, de la vie démocratique. Voir notamment les travaux de Julia Cagé qui montrent que le financement public de la démocratie est très inégalitaire, « *les pauvres paient pour satisfaire les préférences politiques des plus favorisés* ». Julia Cagé, *Le prix de la démocratie*, Fayard, 2018.

Partage et accaparement du pouvoir

En bonne démocratie, le pouvoir est partagé, d'où les dispositifs plus ou moins sophistiqués de gouvernance. L'ESS elle-même, en tant que tiers secteur, est un dispositif de partage du pouvoir : elle permet à des gens ni élus, ni détenteurs de capitaux, ni héritiers, ni particulièrement doués pour une quelconque carrière professionnelle, de s'infiltrer parmi les dirigeants de la société civile. Jusque-là, tout va bien : l'ESS est une voie, parmi d'autres, de recrutement des cadres.

Le revers de la médaille est tout proche : ceux qui prennent le pouvoir aiment le pouvoir, parfois, insistons sur le *parfois* qui ne veut pas dire *souvent*, jusqu'à en chasser quiconque voudrait y participer. Les personnes toxiques naviguent dans tous les milieux et ne sont pas faciles à repérer au premier regard. La conjonction entre l'incompétence managériale brouillonne de nombreux collectifs et le manque récurrent de volontaires pour des fonctions bénévoles à responsabilité, et surtout à charge mentale et risques élevés de problèmes à répétition, favorise l'arrivée *aux manettes* de personnalités nuisibles, accrochées à leur poste comme une moule à son rocher.

Bienveillants de nature et pratiquant la mémoire sélective, nous n'avons pas d'exemples à rapporter. Le lecteur en aura sans doute.

Ce dysfonctionnement n'a rien de spécifique à l'ESS. En revanche, il est ici particulièrement choquant car il fait tache parmi les valeurs et l'éthique attendues. Plusieurs postures de défense sont disponibles : fuite, indifférence, repli sur un périmètre hors d'atteinte, coup de force collectif … Les tentatives de manœuvre subtiles (diplomatie, pédagogie, infiltration dans le cercle proche du dirigeant) sont rarement efficaces.

L'exclusivité non exclusive

L'observation répétée des associations conduit à un constat : pour que *ça tourne*, il faut, presque toujours, un petit nombre de personnes très impliquées, des *permanents* qui n'ont pas d'autres engagements similaires, qui consacrent quasiment tout leur temps de travail ou de bénévolat disponible à une seule structure, un seul mouvement, une seule cause.

En même temps, contrairement aux partis politiques, aux organisations syndicales ou religieuses, et à la plupart des entreprises privées, l'ESS tolère très bien les engagements multiples, non exclusifs. Les gros bataillons de bénévoles sont multicartes, à la fois encadrant au club de randonnée, sociétaire du tiers-lieu et bénévole à la recyclerie. De même, l'immense majorité des donateurs répartissent leurs dons sur plusieurs bénéficiaires. Les personnes impliquées dans plusieurs structures, plusieurs cercles associatifs et professionnels, sont très précieuses pour le réseautage.

Si tout le monde papillonne, tout s'écroule par manque de piliers. Si tout le monde s'engage de manière exclusive, tout meurt par enfermement sur soi et asphyxie.

Faire le lit des concurrents

Pour progresser continûment, l'ESS a besoin de challengers. Par chance, elle en crée ! L'ESS détecte des besoins sociaux ou sociétaux émergents, y répond et développe ainsi des activités nouvelles. Celles-ci se banalisent, deviennent indispensables, obtiennent des financements plus ou moins pérennes, attirent de nouveaux acteurs ... un marché est né. Les derniers arrivés sont plus motivés par le business que par l'ESS.

Sur le temps long de l'histoire, cette séquence s'est répétée maintes fois, des fondations caritatives aux hôpitaux privés, de l'éducation confessionnelle aux écoles à but lucratif. Sur la période récente, nous avons vu l'apparition d'intermédiaires (*brokers*) dans le réemploi du mobilier professionnel, surfant sur l'économie circulaire initiée par le monde associatif, captant les affaires les plus rentables.

Dans le domaine de l'environnement, les expertises naturalistes, développées par des militants associatifs venant du monde scientifique, sont maintenant assurées par des bureaux d'étude, préférés par les donneurs d'ordres car réputés plus neutres et souples (complaisants ?) que les experts associatifs. De même, l'éducation à l'environnement est désormais un secteur très concurrentiel occupé par le monde associatif qui résiste pour y conserver une place, par pléthore d'indépendants et qui est récemment guigné, pour les territoires de montagne, par de nouveaux acteurs venant du ski et qui anticipent la décroissance des activités liées à la neige.

La catégorisation du flou

Une incohérence traverse tout cet ouvrage. Elle reste irrésolue alors que nous approchons de la conclusion. Notre sujet est l'ESS et nous savons pourtant que son périmètre n'est pas très net, ses finalités peuvent être atteintes par d'autres moyens, son éthique ne lui est pas spécifique et le tout change constamment. Nous espérions circonscrire le problème en *revisitant* l'économie sociale et solidaire telle que la loi Hamon a prétendu la définir. Hélas pour nous, heureusement pour elle, l'économie se défend durement et s'incruste partout, la solidarité et les liens sociaux s'échappent des structures et statuts où on voudrait les enfermer.

Les frontières et les segmentations artificielles sont sources de violences et d'injustices. Les frontières *naturelles* n'existent pas car tout communique, s'échange et se déplace. Pourtant, nous avons besoin de cartographies, de catégories, de limites et aussi parfois de frontières pour penser, légiférer, administrer, organiser, agir[156]. Ainsi, nous avons écrit des chapitres et sous-chapitres, cité des notions et raconté des souvenirs découpés de nos mémoires. Tout cela est fort mou et sans doute en ferez-vous un autre assemblage, une autre soupe.

A propos de soupe, nous aimons bien la garbure, née dans le Béarn, si nourrissante, avec un fumet imprévisible et irreproductible.

Gagner la sortie et renaître

Pour les salariés, la fermeture d'une entreprise, ESS ou non, est d'abord une disparition d'emplois, avec son cortège de conséquences douloureuses : perte de revenu, déstabilisation professionnelle et familiale, sentiment de trahison, perte de confiance en soi et dans autrui, inquiétude sur l'avenir … Les impacts sur la santé peuvent être lourds, avec des séquelles handicapantes. Dans l'ESS, où les équilibres économiques sont souvent fragiles, la menace de perte d'emploi est fréquente, surtout dans les petites structures. Certains l'acceptent et le vivent avec légèreté, voyant là une opportunité pour rebondir ailleurs, mais ils sont plutôt rares.

En cas de liquidation, les détenteurs de parts sociales subissent une perte sèche en capitaux, revenus, promesses de profits. Dans le cas des coopératives, la non lucrativité ne protège pas contre les pertes en capital. Pour les petits sociétaires, qui en général n'avaient pas envisagé de demander un jour le rachat de leurs parts sociales, la défaillance de la structure est d'abord une déception, un sentiment de gâchis que ne parviennent pas à combler le retour d'expérience et l'idée que l'on fera mieux la prochaine fois.

C'est pourquoi les acteurs de l'ESS, salariés et dirigeants bénévoles, consacrent une énergie considérable à la pérennisation de leurs structures. Mais est-ce toujours raisonnable ? Ne pourrait-on pas *faire avec* les

---

156 Régis Debray, *Eloge des frontières*, Gallimard, 2010.

structures qui sont là, se réjouir et les accompagner quand elles prospèrent et les laisser mourir en paix lorsque leur heure est venue sans se faire entraîner dans leur chute ?

Les sciences l'ont abondamment montré, les religions le confirment et les sagesses l'enseignent : la mort est partie intégrante de la vie. L'économie n'y échappe pas et l'ESS encore moins. L'économie circulaire en est une illustration facile : la disparition d'un usager ou d'un usage ouvre une nouvelle étape dans le cycle sans fin d'emploi et réemploi de nos ressources. De même, le départ d'un dirigeant, pilier d'une association ou d'une entreprise, peut être, après quelques turbulences, le prélude à un renouveau fructueux de gouvernance.

Écoutons les amis espagnols. De l'autre côté de nos chères Pyrénées, la *retraite* se dit *jubilacion.* Poursuivons le raisonnement et poussons le bouchon très loin : lorsqu'une structure vacille, pourquoi s'y accrocher à tout prix, s'acharner à la maintenir en survie alors que, quoi qu'il arrive, des graines ont été semées, des valeurs indestructibles flottent dans l'air et se déplacent au gré des vents, des personnes seront touchées et porteront des finalités ressemblantes comme deux gouttes d'eau à celles dont le corps porteur aura disparu ?

De même, lorsqu'une adhésion devient sacerdoce et ne tient que par devoir ou loyauté, lorsqu'une motivation est moribonde, faut-il s'acharner à la faire survivre ?

Partir le cœur léger est un bel idéal, pas si facile à atteindre.

Pour les bénévoles en milieu associatif, du point de vue social et personnel, tout dépend de la manière dont se terminent les engagements. L'expérience nous dit que c'est rarement anodin. La douleur n'est pas financière, mais elle est bien là. L'engagement est à la fois course échevelée vers des idéaux et enracinement dans une culture, un collectif, des valeurs. Le déracinement est un exil où le deuil de ses racines est impossible. La mémoire travaille parfois sans qu'on la nourrisse. Dans certains cas, quitter un univers social relève d'un parcours crasseux du combattant : porter le fardeau des projets inaboutis, se vautrer dans l'amertume, s'aplatir devant les suivants qui doublent, casser des liens qui peinent à se rompre, écarter les tentations de retour en arrière, mariner dans les regrets, s'extirper avec peine du fond du trou.

Subir ces avanies n'est pas une fatalité. Le ressenti peut être différent, à condition de ne pas se penser propriétaire des finalités portées, de ne pas se croire sauveur du monde, de s'être vraiment investi pour les buts énoncés et de *retomber sur ses pieds* rapidement.

C'est ici que nous remercions Antoine Compagnon pour sa leçon de clôture au Collège de France[157]. Il nous raconte mille et une manières de vivre une fin, oscillant entre deux voies : « *une tentation mélancolique, celle des artistes qui réclament une seconde chance pour réaliser enfin leur chef d'œuvre, et une espérance rédemptrice, chez ceux qui acceptent de n'être rien de plus que l'avatar d'une lignée* ».

La seconde option nous semble préférable, encore faut-il s'y préparer. Compagnon nous y invite : « *Gagner la sortie, c'est se diriger vers elle, mais c'est aussi l'acquérir, la mériter, la réussir.* (…) *Une sortie ça se gagne, ça se conquiert, ça s'emporte, ça se prend* ». Les liens sociaux et la solidarité sont alors précieux.

Penser au futur, à la façon dont on peut rebondir, aide à tourner la page : « *Le rêve doit être plus long que la nuit* »[158]. Continuer à rêver n'est-il pas le préalable à la réalisation de belles choses ?

Sans avoir connu les traumatismes et les affres de la perte d'emploi, le destin, les dieux et les circonstances nous ont fait vivre en tant que bénévoles engagés plusieurs *sorties* et même quelques disparitions, au moins apparentes, de structures. En voici des exemples.

> Sortie froide : Dans une crèche parentale, il y a une règle logique : ne sont adhérents, a fortiori administrateurs, que les parents d'enfants accueillis en crèche. Pour quitter mon mandat de président lorsque mon cadet est entré en maternelle, j'ai repris à la lettre la méthode appliquée par mon prédécesseur : ne pas se mêler de la succession, convoquer une réunion du CA, placer sur la table les clés et un classeur avec les documents les plus importants, ne plus participer à aucune réunion. Rupture nette et définitive avec la structure, sans chaleur ni émotion. Les amitiés nouées avec quelques parents perdurent depuis plus de 30 ans. Prédominance évidente du lien social sur le structurel et l'administratif.
>
> Sortie laborieuse : je représente une association dans une instance officielle où je suis en fait nommé par décret. Par lassitude et pour prendre d'autres engagements, je souhaite démissionner. Mais, par loyauté, je dois attendre d'avoir un successeur pour ne pas laisser le poste vacant. Les candidats ne se bousculent pas. L'affaire traîne quelques mois pendant lesquels je reste un peu actif, un peu seulement. C'est une sortie sans affect, à la manière d'un tuilage administratif.
>
> Sortie cahotante : démission après des désaccords et trop de couleuvres avalées, réunion et discours de départ apaisant la colère et la rancune, retour éphémère en fonction après démission du successeur, vrai départ en

---

[157] Antoine Compagnon, *Gagner la sortie*, Collège de France, 2021.

[158] Belle formule entendue de Jean-Baptiste Etcheverry, combattant permanent du mieux-être et du mieux-vivre.

catimini, baisse lente de pression, maintien fragile de quelques liens chaleureux.

Fuite salvatrice : au moment où vous lirez ces lignes, j'ai quitté le conseil d'administration d'AIMA, association dont j'ai participé à la création il y a vingt-cinq ans. Investi complètement dans cette association, et de plus en plus une fois retraité, je pense avoir contribué à son développement et à ce qu'elle est aujourd'hui. Mais la taille qu'elle a prise, les enjeux qu'elle porte, les contraintes de gestion, les obligations réglementaires et, surtout, les "réalités humaines" inhérentes à une structure employant 40 personnes, accueillant près d'une centaine de bénévoles et des milliers de bénéficiaires, ont fini par me décourager. Quand il s'agit de passer plus de temps à mettre de l'huile dans les rouages, parfois sans succès, au détriment des actions en rapport avec les finalités. Quand le plaisir n'est plus là, que la motivation s'étiole et que l'envie s'affadit... Le mantra des structures territorialisées de l'ESS doit-il être "Small is beautiful" ? Toujours est-il que j'ai rejoint une structure de taille humaine et que, avec des amis, nous avons créé une association qui n'aura aucune perspective de croissance, les deux entités poursuivant des finalités sociales et écologiques, fondements de mon engagement.

Fermeture tranquille : C'est un club de montagne qui vieillit et perd des effectifs. A un moment, il est fait le constat d'une ambiance morose, peu dynamique, en lien évident avec le manque de renouvellement et d'adhérents. Décision est prise de dissoudre l'association. Une AG de clôture est organisée, événement convivial, apprécié de tous les participants. Le matériel est donné à une association sœur. Le noyau actif des adhérents, une dizaine de personnes, rejoint en groupe un autre club de culture et activités très proches.

Dispersion joyeuse : Une petite association communale de protection de l'environnement vivote avec une quinzaine d'adhérents peu actifs pour la plupart. La période faste, où il y avait un projet fédérateur à combattre, s'éloigne. Un consensus s'impose : il n'y a pas grand sens à maintenir la fiction d'une association. Faut-il dissoudre ? L'association est un outil qui peut être utile pour porter un contentieux. Il est décidé de ne pas se précipiter pour jeter l'outil. Une soirée de dispersion est organisée dans le jardin du président fondateur. Ambiance joyeuse. Il reste un peu d'argent en caisse qui est transféré à l'association de protection de l'environnement proche qui reprend les quelques dossiers en cours.

Sans conclure

Alors, que faire de ces incohérences ?

Rien. Les contempler. Elles sont là. Elles nous évitent la pensée unique, dernière étape avant fermeture des cerveaux, marchepied du totalitarisme.

Elles nous rappellent que nous sommes vivants, nous invitent à la lucidité et à la délibération.

« La seule boussole que nous puissions avoir et qu'il nous faut à tout prix préserver, c'est la connaissance et le respect des réalités factuelles. L'essence de la démocratie, c'est l'acceptation de la divergence des points de vue sur une même réalité ».[159]

[159] Les convivialistes associés, *Convivialisme ou barbarie, le nouveau manifeste convivialiste*, Editions Le bord de l'eau, 2025.

Invitation permanente

Sans vouloir paraître nostalgiques d'un âge d'or présumé[160], nous constatons qu'à bien des égards, l'ESS rejoint et prolonge le passé. Le réemploi a toujours existé, ce sont les déchets qui sont modernes. Les migrations sont nées avec l'humanité et même avec le monde animal. L'accueil des migrants était déjà un sujet de société au XIXème siècle avec la révolution industrielle, l'exode rural, les travailleurs polonais dans les mines du Nord, les italiens dans le Sud viticole puis pour la construction des grands barrages dans les Alpes. Les réflexions sur les biens communs s'inspirent explicitement d'expériences pastorales séculaires. Les dispositifs hybrides, entre collégialité formelle et influence réelle des personnalités, sont connus depuis la Grèce antique. La résistance au capitalisme est née avec les débuts du capitalisme.

Les aspirations solidaires et l'espoir d'un monde nouveau ne datent pas d'hier et ne sont pas près de s'éteindre. Faisons le pari, seule hypothèse raisonnable sauf à se coucher gorgé de pourriture numérique et assommé d'angoisse, qu'il y aura toujours des alternatives à promouvoir, des tables à renverser, des plongées expérimentales dans la mêlée sociale et des audaces élitistes prétendant montrer la voie, un tiers secteur à rejoindre pour sortir des rails dominants et exercer sa liberté d'entreprendre avec une bande de joyeux camarades.

Le besoin n'est pas de changer, mais de vivre ensemble, forcément ensemble.

Pour cesser de nous épuiser à réparer les erreurs modernes, il nous faut repenser l'idée du progrès vu aujourd'hui comme le remplacement du passé par du nouveau[161], et remettre les utopies au centre du jeu.

L'ESS a cette vocation : *concrétiser* de belles idées. Convaincre n'est pas le but premier, mais une retombée collatérale, cerise sur le gâteau. Ainsi,

---

160 Selon Hervé Defalvard, maître de conférences en économie, l'âge d'or pour les idées de l'ESS se situe au XIXème siècle avec le socialisme utopique (Fourier), le mutualisme (Proudhon), le coopératisme (Charles Gide) et le solidarisme (Léon Bourgeois). Source : webinaire « *Découvrir l'Economie sociale et solidaire* », 25 février 2026, organisé par l'association L'ESPER dont la finalité est *l'émancipation collective des élèves par l'éducation & et par l'ESS*.

161 Tim Ingold, *Le passé à venir – Repenser l'idée de génération*, Editions du Seuil, 2025.

l'idée d'*expérimentation* est souvent une fausse piste : tournée vers l'avenir, elle risque de manquer le présent ; elle penche vers l'hubris, croire que ce que l'on fait ici et aujourd'hui pourra être repris ailleurs. En réalité, nous avons assez à faire avec les situations qui se présentent à nous. Plutôt qu'expérimenter pour les autres, privilégions de vivre nos expériences et d'en témoigner.

Nous sommes donc en permanence invités à garder les yeux ouverts, les mains libres, la tête pensante, l'esprit souple et prêt à s'engager là où nous mènent l'émerveillement devant les beautés du monde, nos émotions solidaires et notre soif de liens sociaux.

Et l'État dans tout ça ?

Comme nous, il cherche sa place. Il a le souci du bien et peut s'engouffrer dans des impasses. L'État, auquel nous raccrochons les collectivités locales, sera d'autant plus robuste et fraternel, utopie sublime, que nous en serons proches, que nous serons exigeants et forces de propositions, cherchant la réciprocité avec nos interlocuteurs et volontaristes pour construire nos libertés d'action. Les rêves d'indépendance vis-à-vis des acteurs publics portés par certains militants associatifs sont contre-productifs. Mieux vaut plaider pour la solidarité entre les différentes formes d'économie et pour des aides publiques ciblées, là où elles sont vraiment attendues et nécessaires.

Notre parcours dans l'économie sociale et solidaire s'achève sans être conclu. Nous préférons préserver la complexité du sujet, l'ouverture des discussions et la réflexion personnelle des lecteurs.

Nous avons encore deux mots à dire, sans abuser de votre patience. Une invitation à revisiter la notion et le droit de *propriété*. Une proposition pour atterrir en cette fin d'ouvrage en confiant le soutien de l'économie désirable à des processus de coopération entre les acteurs concernés.

Propriétés collectives avec implication des personnes concernées

La propriété est un fondement central de la société. Les Révolutionnaires ont cru bien faire, et sans doute ont-ils agi au mieux dans les circonstances qui étaient les leurs, en déclarant le caractère *inviolable et sacré* de la propriété reconnue comme droit *naturel* et *imprescriptible*. Certains droits anciens ont survécu, cantonnés dans des niches rurales : le glanage, l'affouage, la gestion collective des estives, l'accès aux rivières. La réglementation en vigueur, notamment le Code de l'environnement et le

Code de l'urbanisme, ébrèche modestement le droit de propriété, mais les orientations libérales et les obsessions gouvernementales pour la *simplification* ont tendance à le renforcer en détricotant des dispositions privilégiant l'intérêt collectif.

Pourtant, l'immixtion franche et déterminée du décideur public dans les propriétés privées apparaît de plus en plus incontournable pour assurer, notamment le droit à un logement décent, la protection de l'environnement, les restructurations urbaines, le ménagement du territoire, l'installation de panneaux photovoltaïques en toiture, et autres opérations nécessaires au progrès écologique et social. L'idéal progressiste conduit ainsi à revisiter sans complaisance nos textes fondamentaux, notamment les articles 2 et 17 de la Déclaration des Droits de l'Homme et du Citoyen de 1789 relatifs à la propriété.

Dans ce contexte, l'ESS est un coin de bois fissurant quelque peu le socle robuste qu'est la propriété privée et son compère indissociable, le marché. L'ESS favorise la propriété collective non étatique, ni vraiment publique ni vraiment privée. Elle proscrit l'appropriation individuelle de l'actif des structures et leurs éventuels excédents. Le bénévolat, la générosité, les espaces de gratuité, les dispositifs de solidarité sont autant d'entorses au marché. De manière symétrique, dès qu'une initiative ou une action s'inscrit en faux vis-à-vis de la propriété individuelle ou du marché, elle contribue à cette économie *différente* dont nous témoignons dans ce livre.

Dans ses réflexions agrophilosophiques, Gaspard Koenig, souvent présenté comme philosophe libéral, débouche sur des conclusions similaires : « C'est donc toute la conception d'un droit de propriété *inviolable et sacré* qu'il faut repenser. Ce n'est pas une conclusion à laquelle je suis parvenu de gaieté de cœur. (...) il faut bien reconnaître que la prise en compte du vivant non humain bouleverse les fondements même de ce droit, qui reste d'origine éminemment agraire »[162]. Il en tire un de ses dix principes d'agrophilosophie : « les devoirs de propriété. Renoncer au principe de la domination, de l'homme sur la nature comme de l'homme sur l'homme, suppose de limiter le droit de propriété, en particulier dans ses dimensions d'usus et d'abusus, et de lui adjoindre des devoirs vis-à-vis de l'écosystème ».

L'Économie de la Fonctionnalité et de la Coopération relève de ces créations sémantiques et méthodologiques qui mêlent innovation sociale pertinente

---

[162] Gaspard Koenig, *Agrophilosophie – Réconcilier humain et humus*, Editions de l'Observatoire, 2024.

et habileté marketing. Misant sur l'usage des biens et non sur leur appropriation (achat donnant droit à propriété), elle rejoint l'économie solidaire à condition que les biens ainsi partagés soient propriété collective et considérés comme des communs.

Nous voyons là une piste fructueuse, une sorte d'extension de l'approche coopérative : ouvrir l'accès et la participation aux décisions de la propriété collective à des personnes concernées, ni sociétaires, ni adhérentes. Il s'agit d'une forme de générosité démocratique, à la manière d'un droit de participation ou même de vote accordé à un non citoyen (personne mineure, étranger).

> Application au matériel médical : l'association Autonomia 64, partenaire d'AIMA, met à disposition gratuitement du matériel médical de seconde main, adapté à des personnes âgées ou handicapées vivant à domicile. C'est une démarche d'économie circulaire et de fonctionnalité. Le financement est entièrement public. Nous avons là une économie mixte : une association qui est en même temps opérateur de service public, gestionnaire de matériels communs, dans des relations non marchandes avec les usagers, lesquels ont droit à la parole et participent à la décision pour que le matériel soit adapté à leur situation personnelle.
>
> Application au logement : La Coop Lucette possède un bâtiment dont un appartement sera géré comme un logement social, donc avec attribution décidée collégialement par une instance débordant la gérance de la Coop. La coopérative se prépare ainsi à céder une part de son pouvoir de propriétaire à la communauté locale, on se rapproche ainsi de l'habitat vu comme un commun.

Atterrir sur des coopérations locales organisées

Les controverses sur la définition de l'ESS et notre difficulté à clarifier de manière concise cette notion nous mettent enfin la puce à l'oreille. Quand un problème est insoluble, c'est qu'il est mal posé. Il nous faut revenir à un principe politique de base : agir en situation. Ce qui est *social et solidaire* n'existe qu'ici et maintenant. Il n'y a donc pas d'ESS générique, normée, cadrée, statutaire.

Puisque la démocratie est *délibération*, le périmètre de l'ESS doit être délibéré. Puisque nous voulons un tiers secteur, l'instance délibérative doit être plurielle avec des acteurs élus, des représentants d'organismes économiques, de structures hors marché et des citoyens venus de nulle part et qui ne représentent personne. La composition et les règles de fonctionnement de cette instance seront bien sûr délibérées par ce qui pourrait ressembler à une sorte d'assemblée constituante locale. Comme il faut bien commencer avec les instances existantes, disons que l'on pourrait travailler à l'échelle des agglomérations ou des communautés de communes à partir des *conseils de développement* qui ont déjà cette vocation de traduire cette étrangeté insaisissable que l'on nomme la société civile.

Chaque instance ainsi créée choisira elle-même son nom (par exemple, pour la suite de notre propos, CLASSE - Commission Locale de l'Agir Solidaire, Social et Ecologique), son objet et des modalités de vie l'émancipant de ses conditions de naissance.

Les CLASSEs prendront soin d'intégrer des dispositifs d'écoute et de participation de tous les *concernés*, à l'instar, par exemple, des Caisses Locales de l'Alimentation créées dans la mouvance de la Sécurité Sociale Alimentaire ou des Assemblées de rivières (Assemblée du Rhône, Parlement de l'Isère) qui veulent donner la parole et des droits aux non humains.

Ces nouvelles commissions auront deux missions essentielles. Une mission formelle, avec des impacts éventuels administratifs et fiscaux : orienter et participer à la désignation des structures et actions pouvant bénéficier des dispositifs actuellement fléchés vers l'ESS, à la manière du conventionnement des prestataires et produits par la Sécurité Sociale ou par les Caisses Locales de l'Alimentation. Ensuite, sans objectifs de résultats, organiser et animer la coopération entre les acteurs et concernés locaux.

A ce stade de l'atterrissage démocratique, les statuts deviendront secondaires. La loi Hamon pourra alors être abrogée et honorée pour avoir porté pendant plus d'une décennie une espérance sociale et solidaire.

Epilogue

Le bar n'a pas changé. Les personnages, Nathalie et Marc, ont un peu vieilli. Ils ont gagné en légèreté. Charlie s'active derrière le comptoir. Un parfum de tranquillité flotte dans la salle. Marc, attablé devant un grand verre de jus de gingembre, écrit. Arrive Nathalie, avec son cabas. Elle salue Charlie et rejoint Marc. Ils se saluent.

- Nathalie : je reviens de l'épicerie solidaire, j'avais une permanence, j'en ai profité pour faire des courses pour l'apéro ce soir. C'est la plénière de la CLASSE, on fête la fin du premier mandat, trois ans déjà. C'est dingue comme ça a passé vite.
- Marc : Du coup, ça m'inspire pour la scène ouverte de ce soir. Tu verras. A la manière de Pérec, *Je me souviens.*
- N'est pas Perec qui veut.
- C'est le jeu.
- Je me souviens de cette réunion à la com com sur l'ESS
- Je me souviens comme c'est parti en vrille
- Je me souviens d'Emilie au bord des larmes
- Je me souviens du jour où elle a proposé qu'on organise une CLASSE
- Il fallait sortir de l'économie et parler d'action. Elle en a eu l'idée en discutant avec des coureurs, après un trail en Navarre. En Espagne, c'est décentralisé, pas de loi Hamon. Chaque territoire choisit ses critères d'habilitation. Une association, contrôlée par le gouvernement autonome, agrée les structures qui veulent bénéficier du label ESS ou son équivalent pour obtenir les avantages qui vont avec.
- Leurs valeurs nous vont bien : l'équité, le travail digne, la durabilité, la coopération, la juste répartition de la richesse et l'engagement pour le territoire. Que vouloir d'autre ?
- C'est quand même mieux qu'une reconnaissance par le statut !
- Je me souviens de l'enthousiasme pour la CLASSE
- L'Agir rassemble, l'argent zizanille et le pouvoir déglingue.
- On a lancé les invitations, en oubliant juste le président de la com com

- Vexé comme un pou !
- Un brave type, il nous a aidé ensuite
- Je me souviens des discussions sur le conventionnement des orga, des assos, des coops
- Je me souviens comme c'était chaud
- Je me souviens que j'ai failli tout lâcher
- A l'ouverture de l'épicerie, ça se bousculait. Du monde partout, j'y croyais pas
- Là, j'ai commencé à y croire
- Je me souviens de la foire d'empoigne à propos du Crédit Rural
- On leur a tordu le bras
- C'était gagné
- 1 % de leur chiffre d'affaires pour l'agir solidaire local. La CLASSE décide l'affectation
- On rêve
- On n'était plus seuls. La com com des Deux Rivières avait fait sa CLASSE, l'agglo aussi
- La banque Rouge et Noire n'a pas suivi, elle perd tous ses clients, l'agence va fermer
- Pas dramatique. La directrice part en retraite et le conseiller est repris par la coop Cigales. Il faut protéger les personnes, pas les emplois.

Arrive Charlie.

- Je vais fermer ma caisse, si vous voulez bien régler
- Déjà ? Il est à peine 19 h.
- J'ai fait mon taf. C'est l'heure. Amandine va me remplacer pour la soirée, elle est un peu en retard.
- Maintenant que c'est un tiers lieu, tu fais le syndicaliste de base. Quand t'étais au black, t'étais plus souple
- Tout change
- T'as des nouvelles de Ludo ?
- Il a acheté un resto, endetté jusqu'au coup, travaille comme un malade
- Aurait mieux fait de rester ici
- Il voulait grossir, faire une grosse plus-value et s'arrêter de bosser à 40 piges

- Mauvais calcul. C'est toi qu'as raison. Allez occupe-toi bien de ton fils, il grandit vite

Charlie s'en va.

- C'est resté sympa ici. Pas vraiment vu la différence avec Ludo. Dommage pour lui. Il a pris la grosse tête, il se voyait notable enrichi inscrit au Rotary
- Pour Charlie c'est mieux. La précarité lui pesait. Maintenant il a un gamin et l'énergie pour s'engager aux Amis de la Campagne. Une belle histoire d'insertion. Tu pourrais faire une séquence sur lui à Radio Là ?
- Peut-être. Pas tout de suite. Dans six mois, les élections nationales. Les bébés Marine s'activent. On n'aurait pas dû accepter la Maison Jordanette au prétexte qu'ils font de l'éducation populaire. C'est un faux nez puant de politique
- Le prix à payer pour le pluralisme
- Les anars veulent les virer et supprimer le conventionnement au scrutin minoritaire
- C'est pourtant eux qui l'ont proposé, fin de la tyrannie de la majorité, t'es admis avec 30 % d'avis favorables
- On tiendra bon. Faut 60 % des votes pour changer le règlement intérieur
- L'histoire n'est pas finie
- Elle commence

Bibliographie commentée

Bibliographie générale sur l'ESS

Philippe Frémeaux, *La nouvelle alternative ? Enquête sur l'économie sociale et solidaire*, Alternatives Economiques – Les Petits Matins, 2011 – 2015. Equilibre remarquable entre le plaidoyer pour renouveler une vieille promesse historique d'alternative au capitalisme, et la lucidité sur l'économie sociale et solidaire telle qu'on peut l'observer. L'auteur a été rédacteur en chef et éditorialiste à *Alternatives Economiques.*

Timothée Duverger, *L'économie sociale et solidaire*, Editions La Découverte, 2023. Une synthèse pédagogique, avec une présentation des enjeux actuels.

Jérôme Saddier, *Pour une économie de la réconciliation – Faire de l'ESS la norme de l'économie de demain*, Editions Les petits matins, 2022. Plaidoyer pour l'ESS par le président d'ESS-France, président du groupe Crédit coopératif.

Robert Boyer, *L'économie sociale et solidaire – Une utopie réaliste pour le XXIe siècle ?* Editions Les petits matins, 2023. Approche théorique, macro-économique. L'auteur, économiste, a été parmi les principaux promoteurs de la théorie de la régulation.

Josiane Stoessel-Ritz, Maurice Blanc et Francis Kern (sous la direction de), *La réciprocité dans la coopération – Créativité de l'économie sociale et solidaire en temps de crise*, Presses Universitaires de Rennes, 2024. Analyses de cas en Tunisie, Algérie, Sénégal, Haïti, Inde, Equateur, Vietnam … et aussi une étude sur la « logique du don » à propos de la coopération autour d'un projet de système alimentaire territorial dans la métropole du Grand Lyon.

Relations du travail dans le monde associatif : des ouvrages qui explorent la face sombre des relations salariales et comment en sortir

Matthieu Hély, *Les métamorphoses du monde associatif*, PUF, 2009. Un auteur de référence sur le monde associatif. Le livre analyse la place des associations dans l'économie. Il met en exergue l'assujettissement des associations aux pouvoirs publics et dénonce largement toutes les *confusions* entre bénévolat et salariat.

Matthieu Hély et Maud Simonet (sous la direction de), *Le travail associatif*, Presses Universitaires de Paris Ouest, 2013. Ouvrage collectif nourri d'analyses de cas dans différents secteurs : animation socio-culturelle, aide alimentaire, finance « solidaire », lutte contre la pauvreté, etc.

Simon Cottin-Marx, *C'est pour la bonne cause ! Les désillusions du travail associatif*, Les Editions de l'Atelier, 2021. Un regard sans complaisance, parfois déprimant, sur le monde associatif. L'auteur décrit souvent les relations entre salariés et employeurs, entre associations et pouvoirs publics, sous l'angle des rapports de force.

Simon Cottin-Marx et Baptiste Mylondo, *Travailler sans patron – Mettre en pratique l'économie sociale et solidaire*, Editions Gallimard, Folio actuel, 2024. Centré sur l'autogestion qui apporte « une économie démocratique, une économie juste, travailler autrement ».

Démocratie, coopération

Karine Banderier, Pierre Leroy et Albane Roussot, *Petit manuel de démocratie vivante*, Actes Sud, 2025. Très vivant et pédagogique. Discours ultra positif. Il s'agit surtout de démocratie participative locale. Centré sur l'engagement et les relations entre élus et citoyens (société civile, associations …).

Claire Thoury et Patrice Douret. Entretien avec Laurent Berger, *L'engagement associatif, poumon démocratique*, Editions de l'Aube, 2026. Une « ode à l'engagement et un manifeste optimiste pour le fait associatif ».

Eloi Laurent, *Coopérer et se faire confiance*, Editions Rue de l'échiquier, 2024. Se fonder sur la coopération pour « régénérer nos liens intimes, sociaux et vitaux ». Une « démocratie coopérative » serait, en quelque sorte, un dépassement de l'ESS.

Alain Caillé, *Extensions du domaine du don – Demander, donner, recevoir, rendre*, Actes Sud, 2019. Un livre puissant, généreux, érudit. L'auteur est à l'origine du Manifeste convivialiste. Comme la coopération, l'approche par le don est un fil conducteur que l'on peut suivre pour transformer la vie sociale. L'ouvrage se termine par des rapprochements prometteurs avec les écrits de Harmut Rosa.

Harmut Rosa, *Résonance – une sociologie de la relation au monde*, Editions La Découverte, 2018. Cherchant les voies pour une « vie bonne », l'auteur déploie le concept de « résonance » qui passe par l'aptitude à se laisser toucher et transformer par le monde. Se faisant il explore tous azimuts l'importance des liens humains, sociaux, avec la nature, avec le territoire.

Les convivialistes associés, *Convivialisme ou barbarie – Le nouveau manifeste convivialiste*, Editions Le bord de l'eau, 2025. Faire société, avec une approche universaliste et mondialiste. « Transformer la société, la culture, l'économie, la politique et nous-mêmes simultanément » … et bien sûr, dépasser l'ESS.

Didier Fassin (sous la direction de), *La société qui vient*, Editions du Seuil, 2022. Ouvrage collectif monumental (67 auteurs, 1200 pages) abordant « les principaux enjeux auxquels la société française doit faire face ». Une encyclopédie politique, pluridisciplinaire, en livre de poche. Voir en particulier les chapitres Démocratie, Participation, Droits humains, Communs, Economie solidaire, Horizons productifs, Consommations.

Philosophie, l'écologie comme source d'inspiration pour l'économie

Olivier Hamant, *La troisième voie du vivant*, Editions Odile Jacob, 2022. L'auteur propose de s'inspirer des « piliers du monde vivant » (la circularité, le collectif, la robustesse) pour quitter l'obsession de la performance et orienter nos sociétés vers « un avenir viable et réconcilié avec la nature ». La partie « Un contre-modèle ? » aborde des thèmes tels que « un modèle social inclusif », « un monde de la coopération », « faire commun », « redéfinir le travail ». Du même auteur, voir aussi « Antidote au culte de la performance » et « De l'incohérence ».

Gaspard Koenig, *Agrophilosophie – Réconcilier humain et humus*, Editions de l'Observatoire / Humensis, 2024. Excellent et inspirant, à la fois dense et léger. Voir en particulier les chapitres « Repenser le droit de propriété » et « Principes de l'agroécologie ».

François Jullien, *Dénouer – Petite philosophie de la médiation*, Editions Rue de l'échiquier, 2025. Un très bon petit livre pour découvrir l'auteur qui reprend ici deux concepts qu'il a développé par ailleurs : l'écart et la dé-coïncidence. Voir en particulier les deux derniers chapitres : *Compromis* et *Eloge du com-possible.*

S'il fallait choisir parmi ces livres et n'en conseiller que deux, nous recommandons les publications d'Olivier Hamant et Gaspard Koenig, deux auteurs inspirés par l'agronomie tout en étant affranchis de tout enfermement disciplinaire.

La boucle est bouclée. Après de longs détours, nous retrouvons l'agro de nos jeunesses estudiantines, non pour y retourner, mais pour nous ressourcer et y puiser des pistes de réflexion.

Peut-être est-ce cela l'âme de l'ESS, une économie pour et avec le monde vivant.

Remerciements

Nous remercions vivement nos relectrices et relecteurs. Leurs remarques, critiques, observations et encouragements nous ont aidés à remanier nos premières moutures et à persévérer pour aboutir finalement à cet ouvrage.

Que soient ainsi remerciés Yvan Bareyre, Christiane Carretero, Anny Clarac, Sigrid Dumaz, Michel et Marie-Hélène Dupoirieux, Vincent Durieux, Cécile Koehler, Maïté Lafaye, Danielle Lassalle, Jean-Marc Lefebvre, Dominique Maillet, Bernard Odier, Vincent Plauchu.

Notre gratitude s'adresse aussi, sans fin, à toutes les personnes et tous les gens, camarades, compagnons, compères, amis, collègues, associés, fournisseurs et autres impliqués qui ont contribué, d'une manière ou d'une autre, à nos expériences et idées rapportées ici.

A toutes et tous nous adressons un salut *valédictoire*, mot rare que seul un professeur émérite de littérature, Antoine Compagnon, peut nous apprendre et nous inciter à glisser dans un texte que l'éditeur trouve bien trop long.

Un mot nous suffit pour gagner la sortie : *Vale*.

Et pour ceux qui ne comprennent pas le latin mais sont attachés à leur territoire, à la diversité des cultures et des langues : *Zaindu ; Portatz-ve-plan.*

Portez-vous bien.

Revue « Marché et Organisations »

Promouvoir la recherche originale sur les relations de plus en plus étroites entre le marché et les organisations. Les acteurs économiques de taille, de puissance et de pouvoir différents dont les intérêts peuvent être convergents, complémentaires ou, le plus souvent, antagoniques, ont tendance à organiser les marchés. La raison du marché, pourtant, est la référence stratégique pour l'entreprise ainsi que pour les institutions publiques de décision économique.

N°6 : Entrepreneuriat et accompagnement. Outils, actions et paradigmes nouveaux, 2008
N°7 : Développement durable des territoires. Economie sociale, environnement et innovations, 2008
N°8 : Développement durable et responsabilité sociale des acteurs, 2009
N°9 : Gouvernance : exercices de pouvoir, 2009
N°10 : Le travail collaboratif. Une innovation générique, 2009
N°11 : Economie sociale et solidaire. Nouvelles trajectoires d'innovations, 2010
N°12 : Relations à la marque et marques de la relation. Regards croisés sur le management relationnel de la marque, 2010
N°13 : Les contrats au service de la recherche ?, 2011
N°14 : Le potentiel économique de l'Afrique subsaharienne, 2011
N°15 : Management de la distribution, 2012
N°16 : Territoire Vert. Entreprises, Institutions, Innovations, 2012
N°17 : Eco-conception, conception et innovation. Les nouveaux défis de l'entreprise, 2013
N°18 : Intelligence économique : entreprises et territoires, 2013
N°19 : La finance globale. Un monde fini, 2013
N°20 : La crise du « développement », 2014
N°21 : La Chine innove. Politiques publiques et stratégies d'entreprise, 2014
N°22 : Go East! Nouvelles Economies de Marché, 2015
N°23 : L'économie du changement, 2015
N°24 : Le temps des artisans. Permanences et mutations, 2015
N°25 : Innovations de proximité et esprit d'entreprise, 2016
N°26 : L'avenir des économies du Maghreb : entre inertie structurelle et envie de rupture, 2016/3 (n° 27)
N°27 : Le sport aux frontières du marché du travail, 2016
N°28 : Dynamiques internationales des entreprises, 2017
N°29 : L'univers du risque, 2017
N°30 : Les petites entreprises dans l'histoire industrielle, 2017
N°31 : Economie sociale et *social business* ? Au défi d'entreprendre et se financer, 2018
N°32 : Éducation et fertilisation des économies africaines, 2018
N°33 : L'entrepreneuriat innovant dans les pays du Maghreb, 2018
N°34 : L'entrepreneuriat scientifique : institutions et innovation, 2019
N°35 : Le champ économique de la culture, 2019
N°36 : Economie sociale et solidaire ? Modèles d'innovation et modes de gouvernance, 2019
N°37 : Rethinking Luxury Business, 2020
N°38 : La santé connectée. Nouvelles technologies et réorganisation des soins, 2020
N°39 : Options stratégiques et systèmes complexes d'innovation, 2020
N°40 : Les services : intégration des systèmes productifs et lien social, 2021
N°41 : Crise pandémique, crise globale. Réalité et controverses théoriques, 2021
N°42 : La crise de la covid-19. Le marché et les organisations en perspective, 2021
N°43 : (Re)faire système. *Bug & reset*, 2022
N°44 : Aléas du marché et management du risque, 2022
N°45 : Le renouveau du transport et de la logistique : les systèmes d'information, 2022
N°46 : Entrepreneuriat et innovation dans l'enseignement supérieur, 2023
N°47 : Le tourisme créatif. Culture, créativité, patrimoine, management, 2023
N°48 : L'Afrique : questions de performances, 2023
N°49 : *Fintech* en sciences du management, 2024

https://www.cairn.info/revue-marche-et-organisations.htm

Collection « L'esprit économique »
fondée par Sophie Boutillier et Dimitri Uzunidis en 1996

Dernières parutions

► ***Série Economie et Innovation***
M. TOMAS, *Gouvernance territoriale et développement économique au Maroc : l'opportunité d'une étude économétrique*, 2025.
R. GUILLET, *Le fruit du travail : inverser la logique*, 2026.
P. MOLEKA, *Au-delà du PIB : vers un indice de prospérité durable, inclusive, culturelle et spirituelle*, 2026.
T. MICHAUD, *La science-fiction : anticiper le présent, imaginer le futur... innover*, 2026.
► ***Série Le Monde en Question***
E. FAKABA SISSOKO, *L'État, le marché et la fragilité : dynamiques croisées de l'investissement public et privé dans l'Alliance des États du Sahel (AES)*, 2025.
Ch. PROVIDENCE, *Développement durable dans la Caraïbe francophone : économie, culture et politique sociales face aux enjeux territoriaux*, 2025.
J. O. IGUE, *L'économie du Bénin : de l'indépendance à l'ère de la rupture : 1960-2026*, 2026.
A. EL HAJRI, *Intelligence économique territoriale en Afrique : stratégies de résilience, d'entrepreneuriat et de développement international*, 2026.
J.-C. MATONDO, *Inflation post covid-19, guerres commerciales et chaîne alimentaire mondiale - TOME 1 Inflation alimentaire post covid-19 et zone euro*, 2026.
J.-C. MATONDO, *Inflation post covid-19, guerres commerciales et chaîne alimentaire mondiale - TOME 2 Guerres commerciales us et inflation alimentaire*, 2026.
► ***Série Krisis***
V. SOYER, *Critique de la théorie contemporaine de la valeur*, 2024.
E. CARREY, H. LANDIER, *De l'économie financière à l'économie du sens et du soin*, 2025.
J.-E. BRUNIE, *Faire le choixce : Une monnaie universelle pour réparer le capitalisme et protéger le vivant*, 2026.
H. MADOUCHE, *Le sous-développement durable : les pays en « voie de développement » se sont trompés de voie !*, 2026.
► ***Série Clichés***
B. S. BONBON, *Géométrie parabolique tridimensionnelle ou perspective parabolique*, 2023.
S. BOUTILLIER, B. LAPERCHE, S. T. K. LE, *Ports industriels en transition : De l'économie circulaire à la décarbonation*, 2024.
B. HAGIARIAN, *En route vers le capitalisme.* Suivi de *Qu'est-ce qu'un supermarché ?*, 2025.
► ***Série Cours Principaux***
Y. KEHO, F. B. DOUCOURE, *Économétrie des données de panel : rappels de cours et applications avec Stata*, 2025.
Z. T. M. VAHI, *Modélisation du risque de crédit bancaire/ Les enjeux de la norme IFRS 9*, 2025.
M. Y. EL ALAOUI ISMAILI, J. AYEGOU, B. GBAOUI, *Méthodologie de recherche en sciences économiques : réussir sa thèse et son mémoire de fin d'études*, 2026.
M. KUENGIENDA, *Qu'est-ce que l'économie ? Introduction aux théories économiques*, 2026.
► ***Série L'économie formelle***
J.-N. COTTIER, *Les financières de l'immobilier locatif : SCPI, OPCI (SPPICAV et FPI) et SIIC*, 2025.
O. S. AWAL, *Fiscalité, financement structuré et le rôle du leveraged buyout : théories financières, nouvelles approches de valorisation et application aux économies émergentes*, 2026.
Y. DOSQUET, *Monnaie et raison d'État : une histoire de l'argent dans les civilisations occidentales. Volume I. L'Antiquité*, 2026.
Y. DOSQUET, *Monnaie et raison d'État : une histoire de l'argent dans les civilisations occidentales. Volume II. Le Moyen Âge*, 2026.
Y. DOSQUET, *Monnaie et raison d'État : une histoire de l'argent dans les civilisations occidentales. Volume III. La Modernité*, 2026.
E. PAGET-BLANC, F. SOUISSI, S. SOUISSI, *La dette publique : monétisation, notation et restructuration ?*, 2026.

Structures éditoriales du groupe L'Harmattan

L'Harmattan Italie
Via degli Artisti, 15
10124 Torino
harmattan.italia@gmail.com

L'Harmattan Hongrie
Kossuth l. u. 14-16.
1053 Budapest
harmattan@harmattan.hu

L'Harmattan Sénégal
10 VDN SICAP AMITIE 3
BP 45034 Dakar-Fann
direction@senharmattan.com

L'Harmattan Cameroun
Tsinga/Derrière polyclinique FECAFOOT
BP 11486 Yaoundé
Jacques.koukam@harmattan.fr

L'Harmattan Burkina Faso
Villa 281, secteur 23 623, rue 14.32
Ouagadougou
zagbie@outlook.fr

L'Harmattan Guinée
Almamya, rue KA 028 OKB Agency
BP 3470 Conakry
harmattanguinee@yahoo.fr

L'Harmattan RDC
185, avenue Nyangwe
Commune de Lingwala – Kinshasa
matangilamusadila@yahoo.fr

L'Harmattan Congo
219, avenue Nelson Mandela
BP 2874 Brazzaville
deunovmikhael@gmail.com

L'Harmattan Mali
Immeuble Mgr Jean Marie Cissé
Aci Hamadallaye
BP 145 Bamako
syllaka@yahoo.fr

L'Harmattan Togo
Djidjole – Maison Amela
face EPP BATOME
02 BP 20680 Lomé
didieramela11@gmail.com

L'Harmattan Côte d'Ivoire
Résidence Karl – Cité des Arts
Abidjan-Cocody
03 BP 1588 Abidjan
harmattan.ivoire@gmail.com

L'Harmattan Bénin
Rue 604, (Immeuble à l'entrée
de la rue UCAO- Cite de Saint-Jean)
Cotonou
stepcorpus@gmail.com

Nos librairies en France

Librairie internationale
16, rue des Écoles
75005 Paris
librairie.internationale@harmattan.fr
01 40 46 79 11
www.librairieharmattan.com

Librairie des savoirs
21, rue des Écoles
75005 Paris
librairie.sh@harmattan.fr
01 46 34 13 71
www.librairieharmattansh.com

www.ingramcontent.com/pod-product-compliance
Lightning Source LLC
LaVergne TN
LVHW050807061126
851857LV00012B/711
* 9 7 8 2 3 3 6 6 4 0 4 6 4 *